中国城墙

（第五辑）

主编 贺云翱 郑孝清

科学出版社
北京

内 容 简 介

《中国城墙》是国内首本专门、系统研究中国城墙和"城墙学"的辑刊，由中国城墙研究院、中国明清城墙联合申报世界文化遗产办公室、南京城墙保护管理中心、南京大学文化与自然遗产研究所共同主办。本书旨在深入持久挖掘、研究、推广、保护、利用中国城墙遗产，加强国内外学术交流，助力中国明清城墙申报世界文化遗产，传承弘扬优秀传统文化。

本书适合历史学、考古学及相关领域的研究人员和院校师生参考、阅读。

图书在版编目（CIP）数据

中国城墙. 第五辑 / 贺云翱，郑孝清主编. —北京：科学出版社，2023.10
ISBN 978-7-03-076651-9

Ⅰ.①中⋯ Ⅱ.①贺⋯②郑⋯ Ⅲ.①城墙–历史–中国–文集 Ⅳ.①K928.77-53

中国国家版本馆CIP数据核字（2023）第194363号

责任编辑：郝莎莎 / 责任校对：邹慧卿
特约编辑：黄文浩 陈 云 / 封面题签：谢辰生
责任印制：肖 兴 / 封面设计：曹 洁 张 放
封面图片：临海台州府城墙
封底图片：彭连生拍摄

科 学 出 版 社 出版
北京东黄城根北街16号
邮政编码：100717
http://www.sciencep.com
北京汇瑞嘉合文化发展有限公司 印刷
科学出版社发行 各地新华书店经销

*

2023年10月第 一 版 开本：787×1092 1/16
2023年10月第一次印刷 印张：16 1/2
字数：480 000
定价：208.00元
（如有印装质量问题，我社负责调换）

《中国城墙》编委会

主 编

贺云翱　郑孝清

委员（按照姓氏笔画排序）

马　麟　向左元　刘东华　严文英　陈启东
金连玉　周　源　郑孝清　胡贵卿　贺云翱
黄文浩

执行主编

严文英　马　麟　林　琨

执行副主编

周　源　金连玉　赵梦薇　考　薇　陈　云

成 员

周　萌　夏　慧　高柳雪　马怡晨　沈玉云
夏连杰　陈　静

支持单位

南京古都城墙保护基金会
南京城墙研究会

目　录

城墙考古

郑州西山遗址版筑遗存性质商榷……………………………………高范翔（001）

南京城墙石城门门名考辨……………………………………………马陈城（009）

城墙历史

中国北方地区史前石城建筑技术探究…………………………………常　璐（018）

郑韩故城城门及规制初探……………………………………………郭铁峰（033）

"海门廉州"地望及其城池变迁………………………………陈启流　牛　凯（050）

　海城城墙考略………………………………………………………江权哲（077）

济南清代圩子墙历史研究……………………………………李　振　刘丽丽（091）

城墙学研究

从窑窿坡窑址的发掘谈明初城墙砖生产的几点认识…………………奚培坤（106）

明清湘黔苗区边墙史迹考……………………………………………陈文元（125）

军事城防遗产导则下我国军事城防遗产价值再认识——以南京城墙为例…付梓杰（136）

城墙铭文

江苏沭阳发现明代铭文城砖及其相关问题初探……………田　帅　徐秋元（150）

己卯栖霞寻访古窑记…………………………………………………路　侃（159）

城墙保护

长城九眼楼段修缮用灰浆的失效问题分析……………周双林　李　莎　席艳峰（164）

关于完善地方性法规《南京城墙保护条例》的探讨研究……………刘　斌（177）

博物馆研究功能在基本陈列展中的体现和思考——以南京城墙博物馆为例……………………………………………………………………………………………………龚 哲（193）

世界城墙遗产观察

试论粟特对东回鹘建筑的影响…………………………………………………………
……………………王国豪（L.A.G.Arden-Wong）著 买合木提江·卡地尔 译（202）
世界遗产阿维拉古城及其城外教堂——兼论城墙类遗产申报反映出的遗产保护
　理念变化……………………………………………………………………… 黄 雨（248）

城墙考古

郑州西山遗址版筑遗存性质商榷*

高范翔*

摘　要：郑州西山遗址版筑遗存应为土坯砖城墙之基础，本身并非城墙，也不是护沟墙。土坯砖应直接垒砌于版筑遗存顶端，不存在垒砌至地表进行展宽的行为。从修筑过程来看，修筑第Ⅲ段版筑遗存时，对墙高的要求明显强于第Ⅰ、Ⅱ段版筑遗存。版筑遗存上还有柱洞、基槽等遗迹，应为城墙附属设施、建筑遗存，非版筑痕迹。

关键词：西山遗址；版筑；城墙；土坯砖

郑州西山遗址位于郑州市北郊，作为中原地区发现最早的"城址"而闻名于世。该遗址发掘材料见于正式报道的为一篇发掘简报[①]，其中公布有 TG5 东壁的剖面图，较为直观地展示了"城墙"的剖面结构。据报道来看，其为版筑结构，因此在未言明其性质的情况下，本文中笔者暂将其称作版筑遗存。

一、版筑遗存性质讨论概述

诸位先生对西山遗址版筑遗存性质的讨论寓于对其构筑过程的认识中。先生们的共识是：要修筑版筑遗存，应先向下挖出斗形基槽，再分层分段夯筑。分歧点在于对基槽夯筑后的工作。余西云先生认为高出基础槽口以后，沿内侧地面展宽筑起[②]。张玉石先生也认为构筑至地表时可能会进行展宽，并详尽地推

---

* 本文由"国家重点研发计划项目中华文明探源研究"项目"中原和海岱地区文明进程研究"课题（2020YFC1521602）支持。
* 作者简介：高范翔，中国社会科学院大学。
① 张玉石、赵新平等：《郑州西山仰韶时代城址的发掘》，《文物》1999 年第 7 期。下文中简称为《简报》。
② 余西云、赵新平：《西山城的情境分析》，《考古学研究（十）》，科学出版社，2012 年。

算了城墙收杀幅度与高度等问题[①]。曹桂岑[②]、钱耀鹏[③]、韩建业[④]、马世之[⑤]、杨肇清[⑥]等先生也有相关讨论，与上述观点基本一致。而裴安平先生认为基槽内的版筑结构即为墙体全部，不存在构筑于地表的展宽，应称为"沟墙"，仅顶部略高于地表[⑦]。这一观点显然与上述学者的认识不同。需要强调的是，两派观点在讨论时都很少涉及遗迹的共时性问题，仅有裴氏注意到壕沟外有早期遗迹，从而说明沟口内外地表可能等高，但也未进一步对其他遗迹现象的共时性进行讨论。然而，裴氏观点亦值得商榷，如其所举的蒲城店、新砦等同类案例，其言道这两处遗址环壕内均有水，因此需要护坡墙。裴氏也对西山遗址壕沟内是否有水进行了详细的辨析，认为其应属一条干沟，但如此解释显然存在些许矛盾。

纵观两派的观点可知，二者的分歧归根结底是对西山版筑遗存性质认识的不同。余、张氏等学者强调其高出基槽后展宽筑起，说明这些学者虽将版筑遗存称为"城墙"，但只将其认定为城墙的底部或者说是基础部分；而裴氏则认为版筑遗存就是墙体的全部。双方的意见都有可商榷之处，共同的问题便在于如何解释第Ⅰ、Ⅱ段版筑遗存仅修筑至基槽的半腰。

二、版筑遗存的构筑过程

《简报》中公布有三组层位关系，将仰韶文化遗存分为依序发展的七组。余西云先生对其中B组层位有过专门的讨论，认为《简报》的分期基本是可信的，笔者亦以《简报》中分期为准。

从堆积形成过程来看，第Ⅰ、Ⅲ段版筑遗存、H1861内侧共线，很有可能

[①] 张玉石：《西山仰韶城址及相关问题研究》，见许倬云、张忠培主编：《中国考古学的跨世纪反思》，商务印书馆，1999年，第179页。其中部分内容已于《简报》中讨论。
[②] 曹桂岑：《河南早期古城建筑考古》，《文物建筑》（第1辑），科学出版社，2007年。
[③] 钱耀鹏：《关于西山城址的特点和历史地位》，《文物》1999年第7期。
[④] 韩建业：《西山古城兴废缘由试探》，《中原文物》1996年第3期。
[⑤] 马世之：《郑州西山仰韶文化城址浅析》，《中州学刊》1997年第4期。
[⑥] 杨肇清：《试论郑州西山仰韶文化晚期古城址的性质》，《华夏考古》1997年第1期。
[⑦] 裴安平：《中国史前聚落群聚形态研究》，中华书局，2014年，第202—205页。

是一次性从地表向下挖成。外侧情况较为复杂，H1233、H1858、H1860年代较早，表明在壕沟开挖前，这里有先民生活的遗存，G9、G25的开挖破坏了早期堆积[①]（图一、图二）。

那么，G9、G25又开挖于何时？从沟内堆积年代来看，分别属第六组、第七组遗存。但沟内废弃堆积的年代不一定等同于其开挖年代。G25的显然已与版筑遗存的关系不大。G9的形成过程无疑需进一步讨论。从相对年代来看，G9的①—④层与G9⑤—⑨层分属两组，第Ⅱ段版筑遗存叠压于G9⑤层之上。显然，在构筑第Ⅱ段版筑遗存时，G9⑤—⑨层已经形成，两者必然不可能存在功能上的联系，而此时G9的①—④层尚未形成，可作为壕沟来使用。第Ⅰ段版筑遗存与G9⑤—⑨层的关系亦是如此。此外，G9⑤—⑦层似打破了G9的⑧、⑨层，很有可能是对壕沟清理之后形成的。而G9的④层内侧与第Ⅱ段版筑遗存外侧共线，表明G9④层也很有可能是构筑Ⅱ段版筑遗存时有意向下挖成的。

第Ⅱ、Ⅲ段版筑遗存可能也存在时间差。从版筑的质量来看，第Ⅱ段版筑遗存质量较好，与第Ⅰ段相差无几，且平面两者共面，极有可能是为扩展第Ⅰ段版筑遗存修筑的。而第Ⅲ段版筑遗存质量较差，较为疏松，可能不是与第Ⅱ段版筑遗存同时修筑，或就算两者同时修筑，其目的必然不同。

第Ⅰ段版筑遗存与第Ⅱ、Ⅲ段版筑遗存遗迹结构上存在很大的共性。版筑遗存均为阶梯状（《简报》作者认为在"城墙"收杀部分可能抹泥防止攀爬，

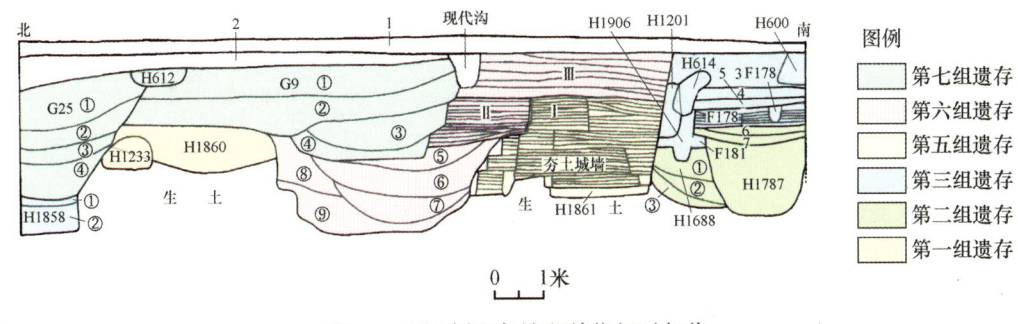

图一　TG5剖面各堆积单位相对年代

[①] 裴安平先生提到"城墙"内外原地表应等高，并不一定。见裴安平：《中国史前聚落群聚形态研究》，中华书局，2014年，第205页。

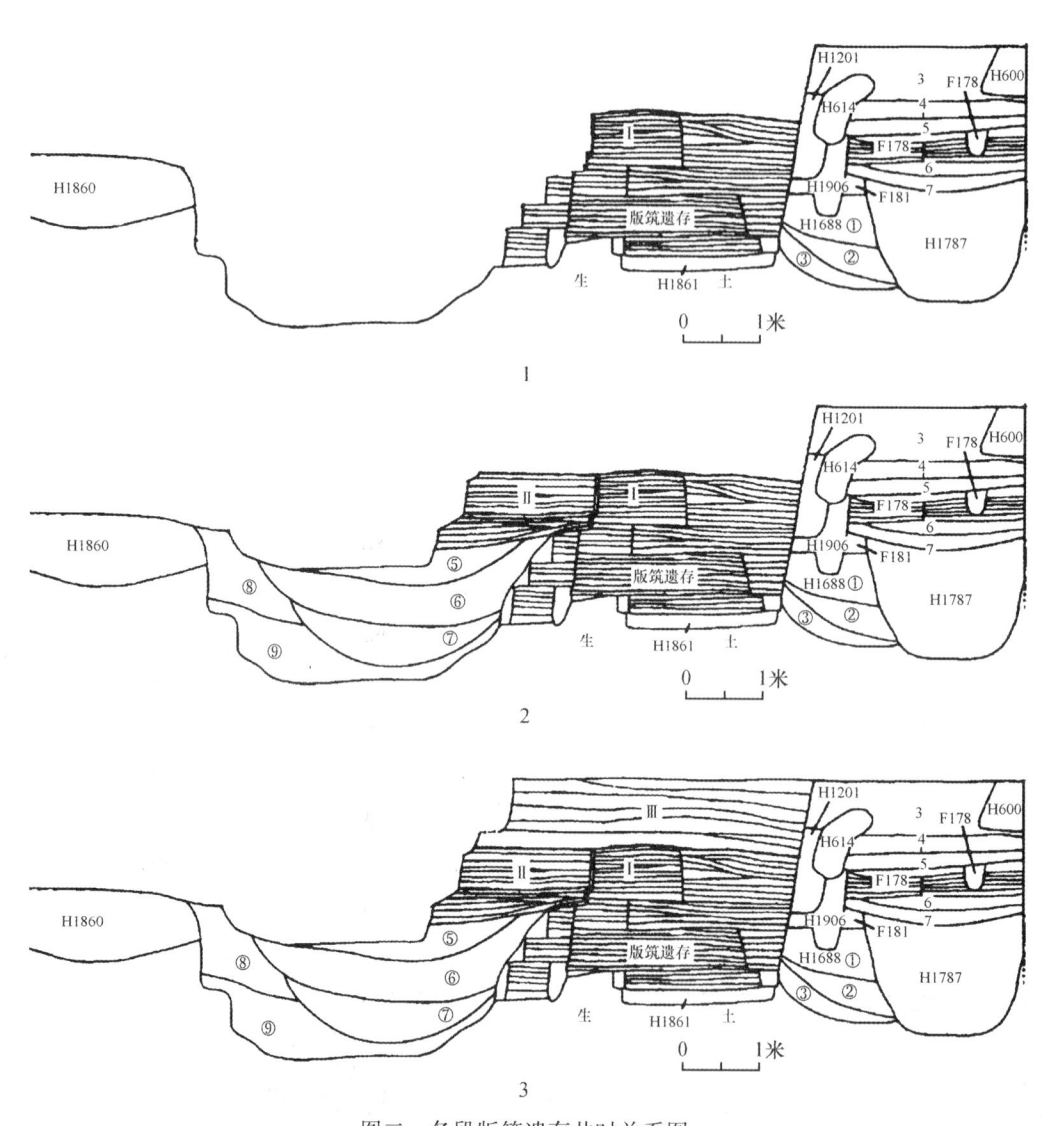

图二 各段版筑遗存共时关系图

1. 第Ⅰ段版筑遗存共时关系 2. 第Ⅱ段版筑遗存共时关系 3. 第Ⅲ段版筑遗存共时关系

但在第Ⅱ、Ⅲ段版筑遗存处却没有类似的描述与图示），沟底略低于版筑遗存基底[①]。第Ⅱ、Ⅲ段版筑遗存与外侧的壕沟形制无疑是前一段同类遗存的延续。

---

① 裴安平：《中国史前聚落群聚形态研究》，中华书局，2014年，第205页。

三、黄土湿陷性：版筑遗存性质的新理解

通过对各段版筑遗存共时关系的讨论我们可以发现，如果各段版筑遗存上没有其他遗存，那么便很难理解为何要修筑这样一组遗迹。若是为防御，仅挖壕沟便可，若是要修筑护壕墙，则为何不像新砦一样斜夯至地表。若有其他遗存，那其究竟为何种遗存，为什么在发掘中仅发现三段可分作两组有叠压关系的版筑遗迹。

何驽先生提出的湿陷性黄土地基处理等问题[1]，给了笔者深刻的启发。何氏认为陶寺遗址城墙基础内夯土的密实度低，以换土的方式，层层阻隔地表水和地下水对湿陷性黄生土地基的浸入，从而全部消除地基黄土的湿陷性，以保障地表以上墙体的安全与稳固，而不是通过夯实地基提高承载力来支撑墙体，反而需减轻夯土的自重。在地表墙体重量一定的条件下，减小基础自重压力。出于上述因素的考虑使得陶寺的夯土在质量上不算上乘，大多数夯土的干密度不及生土，从遗迹现象上来看，陶寺城墙地表以上墙体应时常维护或废弃后解体，以致难以在地表发现存在过墙体的迹象。

对比陶寺遗址夯土情况，考虑到青台遗址已有土坯砖垒砌屋墙的先例[2]，假设西山遗址版筑遗存为土坯城墙的基础，那么一些难以理解的遗迹现象便可得到较好的解释。

从土样的物理性质来看，西山遗址版筑遗存的夯土干密度低于该遗址生土的干密度（远低于郑州商城夯土的干密度），与陶寺遗址的情况相近。从遗迹现象上来看，西山版筑遗存最让人难以理解之处在于，为何第Ⅰ段版筑遗存不直接版筑至③层表，第Ⅱ段版筑遗存仅为拓宽第Ⅰ段版筑遗存修筑，第Ⅲ段版筑遗存修筑到③层表时版筑质量很差。若采用处理湿陷性地基的思路便可理解这些行为。版筑遗存修建的主要目的并不完全是加固地基，而是通过换土来阻

---

[1] 何驽：《湿陷性黄土地基：陶寺城墙建筑技术的关键问题》，《华夏考古》2018年第6期。
[2] 方燕明：《2017年度河南省五大考古新发现》，《华夏考古》2018年第3期。

隔地表水和地下水对黄土地基的侵蚀，同时还要尽量减轻版筑遗存的重力，因此，可采取降低版筑质量和不将其修筑到地表等手段实现。所以第Ⅱ段版筑遗存仅为拓宽第Ⅰ段版筑遗存，也没有将其修筑至地表的必要。但这也意味着，城墙高度有限，笔者认为应不存在地表展宽垒砌城墙的情况，城墙的主体应均坐落于版筑遗存之上。修筑第Ⅲ段版筑遗存时考虑的主要因素则转变为城墙高度的问题，因此尽管下面叠压第Ⅰ、Ⅱ段版筑遗存，增加了受力面积，但为尽可能地减轻自重采用了较为疏松的版筑方法。在版筑方法的细节处理上，也体现出其不完全要求版筑质量的目的，如现存城墙平面一般排列3版，先筑内外两版，中心版块直接填土，再稍加夯打[1]。同时，由于土坯砖的使用，清理时需将前一阶段残留的墙体清除，且并非难事，如此便可以理解为何第Ⅲ段版筑遗存与第Ⅰ、Ⅱ段版筑遗存之间并无墙体残留了。

综上所述，笔者认为应将西山遗址的三段版筑遗存定性为土坯城墙的基础，而并非墙体本身，也不是护坡墙。其上应使用土坯砖再进行垒砌，而非夯土城墙。

四、城墙展宽与柱洞、基槽问题

上文已经提到，笔者认为土坯砖应直接垒砌于版筑遗存之上，不存在垒砌于地表再展宽的可能。主要原因是，若在地表进行展宽，那么便会导致处于文化层之上的一侧城墙直接叠压虚土，使建筑向文化层的一侧发生偏沉。现代工程中或可使用抗拔桩抵消掉向文化层一侧的倾覆力矩，但前提是需要城墙为混凝土结构。而土坯砖垒砌的城址为砌体结构，本身拉结强度不大，不可能采用现代工艺进行固定，因此不应在地表进行展宽。

还需注意的是，在版筑遗存上发现有基槽与柱洞，形制极为规整。《简报》中认为其为建筑遗存，可能是望楼一类的设施[2]。但发掘者张玉石先生近期将其

---

[1] 张玉石、郝红星：《中原大地第一城：郑州西山古城发掘记》，《大众考古》2016年第5期。
[2] 张玉石、赵新平等：《郑州西山仰韶时代城址的发掘》，《文物》1999年第7期。

解释为版筑过程中设置固定夹板所用①。笔者认为若将其认定为设柱固定夹板的设施，则存在如下问题：一是从常理上考虑，如果固定夹板的柱子撤除后再立，即填土进行夯筑，不一定会形成明显的柱洞与基槽。二是从《简报》图版公布的照片来看（图三），部分柱洞并不位于槽的中央，而是打破了槽壁，这显然不可能是用柱子固定夹板能形成的，也不可能是没有撤走柱子而形成的遗迹现象。三是根据张玉石先生回忆发掘辨析"城墙"遗存过程中西门北侧、西北隅的"城墙""夯土中有排列规整的纵横基槽……柱洞残留朽木……曾先以房基编号谨慎清理……中心柱洞巨大（笔者按：张玉石先生提到西门北侧的中心柱洞直径达 42 厘米，柱深 94 厘米），当时编为 F33，发掘时发现其基槽打破 F71 版块……"，可知存在规格明显不同于基槽内柱洞的大柱洞，显然也不

图三　西门北侧城墙平面

---

① 需强调的是《简报》中认为是建筑基槽的遗迹所用照片与张玉石先生本注中认定为版筑柱洞所用照片为同一幅。但《简报》中亦提到有固定模板所用柱洞，但未列证据。

可能为固定夹板所用；还有便是存在基槽打破下层版筑的现象，倘若基槽形成于不断垒起的版筑空隙，从常理上来讲将木板拼接固定好即可，没有向下挖一个凹槽的必要；再次既然柱洞内用于固定的柱子有的未曾抽走，那么每一版版筑时应受柱子位置的影响在空间上下位置应较为固定，但显然并非如此，其反证便是存在一些斜向夯筑的版块。因此，笔者认为基槽与柱洞应仍为建筑遗迹。倘若在版筑遗存上存在多层的建筑遗迹，那么显然对应位置、层位的版筑遗存是当时暴露在地表的一个"面"，其上应不存在墙体。但笔者也不认同将建筑遗存定性为望楼。若真为望楼一类的建筑，其应有较深的柱洞，但多数柱洞深度为30厘米左右，并不一定能盖高。该类建筑遗存在西门北侧、西北隅的版筑遗存上，应与西门、西北隅存在功能上的联系。因此笔者推测可能在局部的版筑遗存上修建有房址等建筑遗迹，其性质或为门墅一类的建筑。

五、结语

通过对比《简报》所公布的平剖面材料，笔者认为就已公布的内容来看，西山遗址的版筑遗存应为土坯城墙的基础部分，其上使用土坯砖垒砌为墙，第Ⅰ、Ⅱ段版筑遗存修筑之时，城墙的高度可能较为有限，与壕沟共同组成一组防御系统。第Ⅲ段版筑遗存修筑时，城墙的高度成为考虑的首要目的，因此使用较为粗疏的版筑方式将其垫至地表，再垒砌土坯墙。版筑遗存之上的柱洞与基槽，为房址的可能性较大。还有一些大柱洞，这些柱洞深达90余厘米，直径达40厘米，可知其要承托的建筑之重，据已有的报道来看，有发现于西门北侧、西北隅者，有的或许与吊桥一类的设施有关。由于未公布其所在具体位置和数量，笔者不便于做过多的推测。总之，西山城址应不单单是土坯砖垒砌的城墙结构，其上还有一些可能用于防卫的建筑遗存以及相关设施。

南京城墙石城门门名考辨

马陈城[*]

摘　要：南京城墙石城门是古都南京城西的锁钥与屏障之一，其历史沿革可追溯至杨吴南唐时期。"石城门"之名的记载所知最早见于北宋，故而，清初顾祖禹《读史方舆纪要》中"石城门为明太祖更名"的记载有误。"西门""大西门"的别名延续使用至南宋，逐渐被"汉西门""旱西门"取代。"汉西门"的出现是因"汉""旱"二字同音借代，"汉西门""旱西门"门名至少在明代已然为坊间通用。城门外跨城壕桥、门外通衢大道皆受石城门名影响，以"石城"为名。石城桥与石城门之间因城壕宽度，形成特殊的位置关系。汉西门大街铺设之初，利用前朝丰石，毁于晚清，地名保留至今。

关键词：石城门；旱西门；汉西门；西门；石城桥

今日之石城门，作为南京现存四座明代京师城门之一，石城门（图一）的城垣形制虽逊于聚宝门（中华门）、神策门，其历史却非常久远，可与聚宝门并驾齐驱，并列诸京师城门之首。石城门作为南京城西的锁钥与屏障，在历史长河的政权交替中自然不能独善其身，郑成功复明之役、太平天国攻占南京、清廷剿灭太平天国等历史上重大战役皆涉及石城门，足可见此门之意义重大。石城门自杨吴至今，本名鲜为人知，而屡屡变化的别名却广为流传。南宋及以前，《景定建康志》中石城门多以"西门""大西门"为化身，呈现于史官、墨客笔下。南宋以后，"西门"之名在坊间的热度骤减，逐渐被百姓口中的"旱西门""汉西门"取代，甚至石城门前的通衢大路也以"汉西门大街"命名。关于此城门的门名问题，学术界的关注不多，专题的论文尚未见到。本文就此城门名称的相关问题略作浅析，以求教于方家。

---

[*] 作者简介：马陈城，南京师范大学社会发展学院。

图一　石城门及其瓮城今貌

一、石城门门名的由来

清代以来，主流观点认为"石城门"之门名始于明初，是因其毗邻石头城，故而明太祖朱元璋钦定如此。明末清初的顾祖禹更是明确指出"石城（门），本旧西门，亦曰大西门，太祖更名"[①]。但是我们认为石城门之门名至少自北宋年间始，直至今日，一直是为此门之本名。因历史原因，南宋景定年以前的旧志无存，关于石城门的记载幸而在传世的文人诗词中有零星线索。现存文献中，"石城门"三字最早见于北宋，在贺铸《庆湖遗老诗集》中记载：

---

① （清）顾祖禹：《读史方舆纪要》卷二十，光绪图书集成局铅印本。

《投宿清凉寺》

庚午十二月望日，自秦淮亭信马出石城门赋。

建业衣冠集，秦淮舟楫屯。

东西万里客，朝暮两潮浑。

何处契心赏，片时清耳根。

仆夫浪见问，但出石城门。①

从贺铸的自述来看，"投宿清凉寺"的起点是府城内的秦淮亭，终点是府城外西面的清凉寺，诗文中的"石城门"作为途经之地，然不知此处的"石城门"是泛指建康府城的城门，还是具体所指今天的"石城门"。欲探明此处所指，可以结合南宋的文人笔记及城图加以分析。

我们先看南宋陆游的记载：

七日早游天庆观，在治城山之麓……云堂道士陈德新，字可久，姑苏人，颇开敏，相从登览久之，遂出西门，游清凉广慧寺。②

陆务观游历建康府城的路程亦是从府城内的天庆观到府城外的清凉寺，出府城所过之门，文献中明确记载为"西门"（石城门）。我们再结合《景定建康志》所载城图，建康府城西侧有三座城门，即"西门（石城门）""龙西门（水西门）""下水门"，其中西门是距离清凉寺最近的城门，宋人无论凭吊古石头城还是礼佛清凉寺，从西门（石城门）出城是最符合常理的。故此，北宋贺铸自秦淮亭出府城投宿清凉寺，确是从"西门"而出，贺铸诗中之"石城门"即具体指为建康府城的"西门"。况且"西门"以方位定名，显然并非城门的本名，而是民间俗称，后因历史原因，石城门本名没落，直到明初定都南京，朱元璋"修旧城、拓新城"，重新将"石城门"的本名恢复。

---

① （宋）贺铸：《庆湖遗老诗集校注》，河南大学出版社，2008年，第259页。
② （宋）陆游著、蒋方校注：《入蜀记校注》，湖北人民出版社，2004年，第62页。

二、石城门的俗称

石城门作为故都的城西门户，其别名之多冠绝京师十三城门。其中以"汉西门"广为今人熟知，"西门""旱西门""大西门"则鲜为人道。

（一）西门

杨吴时期的西门作为明代石城门的前身，在杨吴太和四年[①]已经具备规模，历南唐，至南宋《景定建康志》之《府城之图》记载，城西面有"龙西门""下水门"等多座城门，为何以石城门为正西门？笔者认为是建康府城的城市规划布局与军事角度决定的。

从城市布局上而言，西门（石城门）与东门之间内有横街相连[②]，交通便利。石城门位置与武烈帝庙、紫极宫等重要建筑距离极近。

从军事角度考虑，"南唐都城城墙虽坚固，却不利于防守"[③]。而西门依靠山势，有制高点，可以弥补地势较低的缺点。另外，石城门处囤有大量军队，"破敌军寨在大西门里、创游击新军寨屋三千余间于西门内"[④]，屯军即可守卫建康府城，把控进出城门的关卡，亦可外调出城作战。

综上，从城市布局、军事角度考虑，石城门的交通最为便利、战略意义重大，故为建康府城的正西门。

（二）旱西门

关于"旱西门"，有两个问题值得引起关注。首先，我们来看第一个问题，"旱西门"之名是如何产生的？自民国以来，南京地方学者已然对之做出了讨论。《新京备乘》卷上记载："金陵石城门，《府志》旧称大西门，俗称汉西门。

---

① 杨国庆、王志高：《南京城墙志》，南京凤凰出版社，2008年，第107页。
② 经《南京城墙志》中论证，宋元时期建康府城东西向横街有五条，本文不再赘述。
③ 杨国庆、王志高：《南京城墙志》，南京凤凰出版社，2008年，第111页。
④ （宋）马光祖、周应合：《景定建康志》卷二十三，南京出版社，2010年，第671页。

初疑其对水西门而言，因作旱西门。"① 如是说。坊间百姓惯于使用城门的俗名，而石城门与三山门（水西门）同属城西，为了区分两座西门，坊间以陆门②为旱西门，水门③为水西门，是符合常理的。再者，我们来看第二个问题，"旱西门"别名产生于何时？虽然现存"旱西门"的记载，最早出现于明代，但是笔者认为，"旱西门"与"水西门"二者相对应，很有可能是同时期出现的，根据"水西门"④最早记载于南宋《景定建康志》的线索，故而推测"旱西门"名称的出现亦不晚于南宋，是因某种历史原因，记载有"旱西门"名称的宋代文献鲜存于今。

（三）汉西门

民国时期地方学者最早对"汉西门"之名的由来做出研究。《新京备乘》卷上记载：金陵石城门，俗称"汉西门"，"既而考南唐宫城遗址，内桥本名天津桥，其水自东而西，穿铁棂而出，如云汉然，谓为'汉'不误也"⑤。《新京备乘》的观点未免有穿凿附会之嫌，过于牵强。中华人民共和国成立以后，关于"汉西门"的问题，学界主流观点认为，"'汉西门'之别名，是清代以来，满汉民族意识演绎出来的"。而笔者认为，"旱西门"之"旱"与"汉西门"之"汉"为同音字，坊间百姓对之并不考究，以至于误用"汉西门"讹传至今。通过检索文献发现，"汉西门""旱西门"在明代文献中同时期出现，并且通用。"旱西门"最早记载于明代《菽园杂记》："南京洪武门、朝阳门、通济门、旱西门，皆不许出丧。"⑥ "汉西门"最早记载于明代蔡清《虚斋集》："今既出汉西门，

---

① 陈诇勋、杜福堃：《新京备乘》，南京出版社，2014年，第19页。
② 石城门为陆门，其构成如《南京都察院志》所载："（石城门）官厅十八座，南北中栅栏三座，旗台二座。"
③ 关于水西门，《南京都察院志》记载：水西门"南边城脚有水关，通于城内，水从中城自东川出本城外河……（水西门）左有河道、水关，捆载船只出入之区，水兑各场，民生国计之所"。文献中可以看出，水西门内有附属建筑——水关，极大程度上利用了水流之便。
④ （宋）马光祖、周应合：《景定建康志》卷四十四，南京出版社，2010年，第1098页。
⑤ 陈诇勋、杜福堃：《新京备乘》，南京出版社，2014年，第19页。
⑥ （明）陆容：《菽园杂记》卷四，上海古籍出版社，2012年，第28页。

心始少安。"①《菽园杂记》成书于明中期。《虚斋集》刊行于明正德十六年,也处于明中期。两者"跃然于纸上"的时间极为相近,所以至少在明中期,民间已经通用"汉西门"与"旱西门"两种名称,故而"满汉民族意识"造就"旱西门""汉西门"的说法就不成立了。

三、石城门门名的影响

今天的汉中门广场内仍然可以见到石城门当年雄踞城西的气势,门户虽在,昔年因门而名的一桥一路已非旧貌。

(一)石城桥

石城桥作为石城门外跨城壕的桥梁,因石城门而得名。其连接京城与府城以西的外郭,地理位置及战略意义尤为重要。通过检索文献发现,石城桥的历史记载最早可见于明代的文献。明朝初期,官方重建石城桥,石城桥下"立庙镇护"②,明代重建的石城桥,形制上为石台桥。经明清两朝对石城桥均有所修缮,形制不改。直到1934年"石城桥的石台木面更换木梁"③。20世纪50年代前后,南京城市道路的建设工作本着"维修为主,改建扩建为辅"的原则,所以在1954年修缮石城桥过程中,对于老旧的桥体构件只是更替木梁,采用叠合木梁载重,并且重修桥面。但是伴随时代的发展,始建于明初洪武年间的石城桥因影响水陆交通,所以旧桥不幸于1970年遭到拆除,历时六百年的城西古桥终于消失在南京的城市建设中。

值得关注的是,石城门和石城桥的位置关系尤为特殊。譬如同列城西的三山门(水西门),其城门外觅渡桥(三山桥)正对于三山门的主城门;城南的聚宝门(中华门),城门外长干桥正对于聚宝门的主城门。而石城桥并非正对石城门的城门,两者位置上形成"L"形。

笔者认为,石城门与石城桥特殊的位置关系是由于地理位置因素造成的。

---

① (明)蔡清:《虚斋集》卷二,清刻本。
② (明)葛寅亮:《金陵玄观志》卷二,南京出版社,2011年,第50页。
③ 南京地方志编纂委员会编:《南京市政建设志》,海天出版社,2003年,第158页。

石城门及原石城桥下的城壕今仍存。府城西侧的城壕属外秦淮下游，其水流较为湍急，明初兴建一座石台桥尤为不易。参考民国时期的航拍图（图二）及《陆军学堂新测金陵省城全图》（图三），不难发现原石城桥下的城壕明显窄于石城门外的城壕宽度，在窄处造桥合乎情理，兼节省材料之优点。故此，石城门与石城桥的位置关系异于水西门、聚宝门等京城"门桥"，形成了特殊的"L"形。

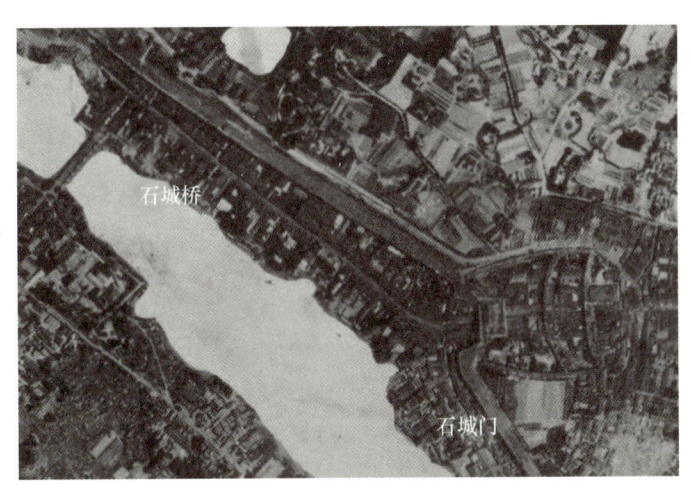

图二　民国时期南京鸟瞰图（局部）

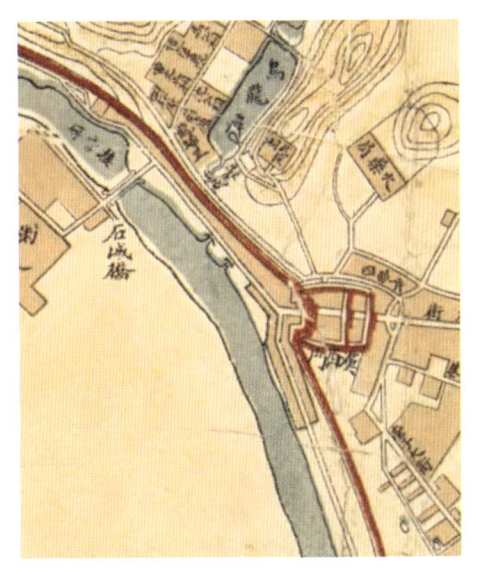

图三　《陆军学堂新测金陵省城全国》（局部）

（二）汉西门大街

汉西门大街本名"石城门大街"，坊间又称之"（石城门）长街"，原为石城门之通衢大道。其历史沿革自洪武年间始，历明清两朝，毁于清晚期，地名保留至今。关于铺建"石城门大街"的记载，不见于文献。但是关于石城门大街被毁的记载，并不罕见。首先，我们来推测"石城门大街"罕见于明初文献的原因。笔者检索文献发现，石城门大街虽始于明初，但直到晚清甘熙《白下琐言》中方有相关记载。其曰："石城门至通济门，长街数里，铺石皆方整而厚。洪武间，令民输若干，予一监生，谓之监石。"① 石城门大街在明初官方文献中鲜见记载的原因不言而喻。按甘熙《白下琐言》中相关记载解释，石城门大街铺路的石料为明朝官方向百姓"索贿"而来，百姓某某家捐石若干，则子弟可得"监生"名额，此举对明朝官方名声有损，所以无载。其次，我们来看石城门长街被毁原因。《炳烛里谈》中对此事有较为详明的考证："江中有八卦洲，旗人产也。其柴薪皆以牛车辇运，入自汉西门过大中桥，进小门口，至驻防城。每黎明即闻车声隆隆，至午刻始毕，如此者二百余年，街中监石，皆为碾裂。"② 晚清满人为了将柴木积薪运输至江中八卦洲，依靠牛车搬运，途中通过石城门，柴薪笨重、运输时间长且频率高，故而造成石城门长街的损毁。

关于铺修石城门长街的石料除监石之外，还有"前朝丰石"之说。按清人《花随人圣庵摭忆》："南都街多青石，故老云皆先朝丰石也。"③ 所谓丰石即为碑刻，欲究明此说真伪，我们需要结合出土材料来分析。《中央日报》在1931年9月25日刊登一则新闻《汉西门城湾发现古碑确系元代旧物》足以证明"前朝丰石"说。按照报道，"本京汉中路自新街口起至汉西门止并在汉西门城湾另开一新门，直达城外……现已拆至城脚，昨日下午五时拆城工人在城墙脚掘出青石一块，长约三尺，宽约二尺，原有八寸，碑头刻有题名二字，系篆字，现题名二字之左，

---

① （清）黄濬：《花随人圣庵摭忆》，山西古籍出版社，1999年，第810页。
② （清）陈作霖：《金陵琐志九种·炳烛里谈》上卷，南京出版社，2008年，第300页。
③ （清）黄濬：《花随人圣庵摭忆》，山西古籍出版社，1999年，第810页。

刻一麟，右刻一凤，皆昂首作立状，惟刻工之粗劣，碑面均系赵字，则颇清晰，其文如下：资善大夫，江南诸道行御史台……以该碑确系元朝遗物"[1]。石城门城墙段掘出的青石按照其上铭文来看，"江南诸道行御史台"是为元代监察机构，此碑为元代遗物无疑。那么石城门大街的铺修，的确很可能存在利用前朝丰石为材料的情况。

四、结语

明初南京的京师十三城门中以石城门的别名最多，按贺铸诗《投宿清凉寺》载，石城门之名至少自北宋以来便为之本名，并非明初朱元璋命名。坊间惯以"西门""大西门""汉西门""旱西门"代之，"汉西门""旱西门"为同音字借代，明代已然通用，二名的形成与"满汉民族矛盾"无关。石城门外有一桥一街，沟通往来。石城门桥与石城门的位置关系特殊，推测与桥下城壕宽度有关。汉西门大街利用监生捐石、前朝丰石修设，毁于晚清，今地名仍存。

附记：本文选题缘起师门小课，作文期间，幸蒙业师王志高教授悉心指导，成文前夕，南京城墙博物馆周源先生与金连玉女士提供重要资料并提出建设性意见，在此致谢！

---

[1] 《汉西门城湾发现古碑，确系元代旧物》，《中央日报》1931年9月25日。

城墙历史

中国北方地区史前石城建筑技术探究

常 璐[*]

摘 要：北方地区营建石城聚落的传统肇始于仰韶晚期阶段，南流黄河两岸地区最先出现了白草塔等石城遗址。到了庙底沟二期，大青山南麓、南流黄河两岸和陕北地区石城多有发现。龙山阶段，南流黄河两岸、岱海地区、陕北和晋西地区石城不胜枚举，这种传统一直延续到青铜时代早期。以南流黄河区为代表的内蒙古中南部地区，石城建筑技术具有较强的区域传承性，以平地起建或基槽起建的直立式矮墙为主，有着明显从单一到复杂的技术发展历程。陕北和晋西地区石城年代较晚，壕沟起建、开挖基槽、台阶式护坡、石砌包土、夯筑等多种方法组合运用，建筑技术成熟而多样。石城的多元性发展得益于建筑技术的传播，其背后反映了文化交流与人群迁徙。

关键词：北方地区；史前石城；建筑技术

带有浓厚地域特色的北方地区石城，在中国史前城址发展史上占有重要地位，是北方地区史前文明进程的重要阶段。仰韶晚期阶段，石城开始酝酿萌新，庙底沟二期呈现出方兴未艾之势。龙山时期邦国林立，地域间的交流与摩擦日趋频繁，石峁石城"石破天惊"，顺势而出，将中国史前城址的发展推向了一个新的高峰。本文以石城城墙的建筑技术为视角，对中国北方地区史前石城进行梳理和研究，探讨不同时空下石城的建筑技术、发展脉络及区域交流等相关问题，从另一种维度理解中国早期文明的形成与发展及地域差异。

---

[*] 作者简介：常璐，中国农业博物馆。

一、石城建筑技术的时空分布

广义的中国北方地区指长城沿线及以北的狭长区域，自东向西包括了燕山地区、辽西地区、晋陕北部、内蒙古中南部和甘青地区，一般还包括长城以北的广阔草原地带[1]。而狭义的北方地区仅指"三北"地区中的"北方"，即中原以北、北方草原地带以南的地区，包括了内蒙古中南部、陕晋北部和冀西北的部分地区。按照自然地理特征和石城分布的聚合度，可以将北方地区石城聚落划分为五个区域，分别为大青山南麓区、南流黄河区、岱海区、晋西区和陕北区。下面逐区分析石城建筑技术特征。

（一）大青山南麓区

大青山南麓区石城遗址位于黄河大回折的东北岸，经过发掘的有阿善[2]、西园[3]、莎木佳[4]、威俊[5]、纳太[6]等。这几座石城的年代大致相当，为庙底沟二期阶段，结合地层和出土陶器器型来看，文化面貌属于阿善文化[7]。

大青山南麓区石城的墙体均为直立式的矮墙，具体筑法以平地起建为主，即直接在平地之上打墙基，然后筑石墙。以阿善石城为代表，在生土之上直接

---

[1] 苏秉琦：《中国文明起源新探》，辽宁人民出版社，2009年，第33页。
[2] 内蒙古社会科学院蒙古史研究所、包头市文物管理所：《内蒙古包头市阿善遗址发掘简报》，《考古》1984年第2期。
[3] 内蒙古社会科学院历史研究所、包头市文物管理所：《内蒙古包头市西园遗址1985年的发掘》，《考古学集刊（8）》，科学出版社，1994年，第1—27页；内蒙古文物考古研究所：《内蒙古包头市西园新石器时代遗址发掘简报》，《考古》1990年第4期。
[4] 包头市文物管理所：《内蒙古大青山西段新石器时代遗址》，《考古》1986年第6期。
[5] 刘幻真：《内蒙古包头威俊新石器时代建筑群址》，《史前研究》1988年。
[6] 内蒙古文物考古研究所：《土默特右旗纳太遗址发掘简报》，《草原文物》2000年第1期；魏坚：《准格尔旗寨子塔、二里半考古主要收获》，《内蒙古中南部原始文化研究文集》，海洋出版社，1991年，第163页。
[7] 崔璇、斯琴：《内蒙古中南部新石器至青铜时代文化初探》，《中国考古学会第四次年会论文集》，文物出版社，1985年，第173—184页。

建墙基，墙体截面呈梯形，厚约1米。以错缝平砌的方式层层垒筑，交接处以黄泥固定，空隙以碎石填塞（图一）。

东台地北墙　　　　　　　　　西台地南墙

图一　阿善遗址石墙[①]

本区还发现了数量较多的地面石砌房屋，砌法与石城墙相同，均为平地起建，错缝叠砌。阿善文化早段，房址还是以半地穴式为主，但是已经开始出现带有槽沟结构的地面房址。槽沟较半地穴浅，是由半地穴式房址转变为地面式房址的过渡形态。到了晚段，石砌技术更加成熟，石城聚落内的房址几乎均为石砌地面房址，房址的石墙较为考究，石块较平整的一面朝外，石块的大小基本相同，石墙内侧还有柱础石来稳固（图二）。石城墙的修筑时间也大致始于阿善文化早段的末期，与石砌房址几乎同时出现，二者在技术方面共通。平地起建的直立式筑法使得墙体不能修筑得太高，作为房屋的墙体高度适合，因此石筑技术很有可能是首先应用在房屋上，而后人们才开始运用这种新的建筑方式在聚落的四周砌筑矮石墙。房址的石墙较石城墙考究，选用大小均等的石块，并且将平整的一面朝外。而石城墙由于修筑的工程量大、所需石材多，在选材方面不是很一致，位于底部的石块较大，上部的石块大小不一，墙体的厚度也不尽相同，曲直不一，修筑得较房址石墙粗糙。

---

① 内蒙古社会科学院蒙古史研究所、包头市文物管理所：《内蒙古包头市阿善遗址发掘简报》，《考古》1984年第2期。

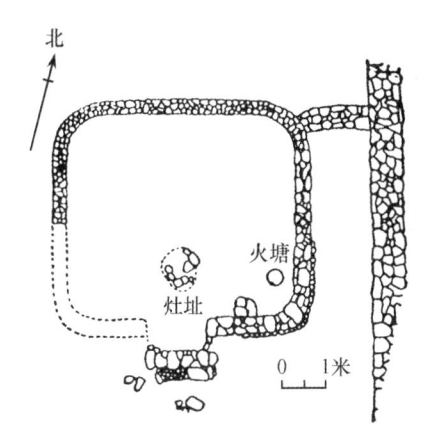

图二　阿善遗址 IF1[①]

（二）南流黄河区

南流黄河区石城遗址分布范围涵盖了南流黄河上游和浑河下游地区。经过发掘的石城有白草塔[②]、寨子塔[③]、寨子上[④]、寨子圪旦[⑤]、小沙湾[⑥]、后城咀[⑦]、

---

① 内蒙古社会科学院蒙古史研究所、包头市文物管理所：《内蒙古包头市阿善遗址发掘简报》，《考古》1984年第2期。

② 内蒙古文物考古研究所：《准格尔旗白草塔遗址》，《内蒙古文物考古文集》（第一辑），中国大百科全书出版社，1994年，第183—204页。

③ 内蒙古文物考古研究所：《准格尔旗寨子塔遗址》，《内蒙古文物考古文集》（第二辑），中国大百科全书出版社，1997年，第280—326页；魏坚：《准格尔旗寨子塔、二里半考古主要收获》，《内蒙古中南部原始文化研究文集》，海洋出版社，1991年，第161—164页。

④ 内蒙古文物考古研究所：《准格尔旗寨子上遗址发掘简报》，《内蒙古文物考古文集》（第一辑），中国大百科全书出版社，1994年，第174—182页。

⑤ 鄂尔多斯博物馆：《准格尔旗寨子圪旦遗址试掘报告》，《万家寨水利枢纽工程考古报告集》，远方出版社，2001年，第1—21页。

⑥ 内蒙古文物考古研究所：《准格尔旗小沙湾遗址及石棺墓地》，《内蒙古文物考古文集》（第一辑），中国大百科全书出版社，1994年，第225—234页。

⑦ 内蒙古文物考古研究所、清水河县文物管理所：《清水河县后城嘴遗址》，《内蒙古文物考古文集》（第二辑），中国大百科全书出版社，1997年，第151—164页；崔利明：《清水河县后城嘴新石器时代遗址调查》，《内蒙古文物考古》2003年第1期；内蒙古自治区文物考古研究院：《内蒙古清水河后城咀龙山时代石城瓮城发掘述要》，《考古与文物》2022年第2期。

下塔[1]等，浑河下游、清水河流域分布的石城遗址进行过区域性考古调查[2]。这些石城的年代跨度较大，最早的白草塔石城时代早至仰韶晚期，属于庙子沟文化阶段。阿善文化时期石城有小沙湾、寨子塔、寨子圪旦、马路塔[3]等。龙山时期石城有寨子上、下塔、后城咀、大宽滩[4]等。

本区石城的城墙建筑技术总体来说均为直立式建筑，按照墙基的修筑方式可以分为三类（表一）。第一类为基槽起建，即先在生土中打基槽，再砌筑石墙。此类可以分为两型，A型有白草塔石城，先在生土之中挖基槽，然后墙面外侧以形状较为规整的石块错缝叠砌，内侧不砌石块，以生土作为内侧，中间用土块和石块混杂填塞。由于向下挖基槽，墙体依附于生土向上垒砌，也起到了加固生土的作用，因此这类墙体也可以当作护坡。B型有酒铺焉石城，也是此类筑法，只不过在基槽的两侧都用片石向上垒砌，中间填以石块和土块。

第二类为平地起建，即直接在平地之上打墙基。以寨子圪旦石城为代表，墙基筑于生土或基岩之上，墙体内外两侧均为石块垒砌，底层为较大的石料，向上取大小相近的石板或石块逐层水平垒砌，缝隙用土填平。墙体内外两侧均向内倾斜，截面呈梯形，墙体中部由碎石块和土块填充。这类石城的石板或石块一般就地取材，剥取自墙体之下的基岩。此外，有些石城的城墙还会加宽，小沙湾石城第二道石墙在基岩之上起建，先砌出两侧墙体，在中间填塞碎石块和土块，向上逐层垒砌。墙体断面呈梯形，并且为了加固墙体，又在原墙体之外做了加宽处理。

第三类为土石结合，即以土墙辅助石墙。根据土墙与石墙的相对位置又可分为三型。A型为土墙在下，石墙在上。以寨子塔石城为例，北墙的筑法为先堆筑土墙基，土墙基之上再以片状石板层层垒砌，缝隙填以碎石块和黏土。土

---

[1] 内蒙古自治区文物考古研究所：《清水河县下塔石城内城墙发掘简报》，《草原文物》2018年第1期。
[2] 内蒙古自治区文物考古研究所等：《浑河下游地区区域性考古调查报告》，文物出版社，2018年。
[3] 胡晓农：《清水河县大沙湾马路塔遗址调查简报》，《乌兰察布文物》1989年第3期。
[4] 内蒙古文物考古研究所：《准格尔旗大宽滩古城发掘简报》，《鄂尔多斯文物考古文集》（二），远方出版社，2004年，第714—721页。

墙基一般就地取土，取过土的地方则挖成壕沟。B型为夯土墙在石墙的两侧。以城塔石城为例，生土之上直接建石墙，两侧先垫土，再筑夯土护坡，从断面来看整体呈梯形。下脑包-2石城也是这种筑法，在石墙内侧以夯土墙来加固。C型为土墙与石墙并行。此类石城有下塔石城，石墙与夯土墙并建，夯土墙外有夯土护坡和石护坡。从剖面来看，有的地方夯土墙在石墙下方，包着石墙，两侧则为夯土护坡。这种建筑方式较为复杂，后城咀石城也是石墙与土墙并建的方式，在石墙的内侧筑并行的土墙。寨子上遗址石墙为平地起建式，但是有的地方为土石相间的土垄，因不了解土墙和石墙的具体位置，将其归入第三类。

表一 南流黄河区石城建筑技术分类

第一类		第二类
A型	B型	
白草塔南墙	酒铺焉石墙	寨子圪旦西墙 / 小沙湾第二道石墙

第三类		
A型	B型	C型
寨子塔石墙	示意图	下塔外城东北—西南墙　下塔内城东北—西南墙

(三)岱海区

岱海区共发现石城4座,均位于凉城县,岱海北岸和西北岸。4处石城遗址分别为老虎山、板城、大庙坡和西白玉[1],均经过大规模考古发掘,地层明晰,文化内涵较单纯,属于老虎山文化。

岱海区石城的城墙建筑方法也一致,均为土石结合,在生土上先筑夯土墙,然后在夯土墙之上砌筑石墙。以老虎山石城北—东北墙为例,在生土上先筑土墙基,层层夯筑,共有九层,其上再筑石墙,按照石块的大小顺次垒砌,缝隙以碎石块和土块填塞,墙外侧较内侧规整(图三)。

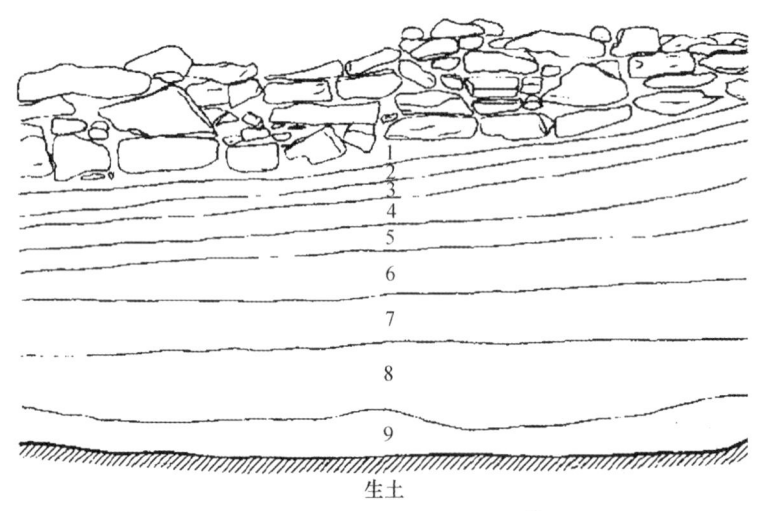

图三 老虎山石城北—东北墙[2]

(四)晋西区

晋西区石城遗址分布范围涵盖南流黄河东岸和蔚汾河流域北岸。经过发掘

---

[1] 内蒙古文物考古研究所:《岱海考古(一)——老虎山文化遗址发掘报告集》,科学出版社,2000年;内蒙古文物考古研究所、日本京都中国考古学研究会:《岱海考古(二)——中日岱海地区考察研究报告集》,科学出版社,2001年。

[2] 内蒙古文物考古研究所:《岱海考古(一)——老虎山文化遗址发掘报告集》,科学出版社,2000年,第208页。

的有林遮峪[①]、碧村[②]和白崖沟[③]遗址，时代均为龙山时代。

本区石城墙的筑法有直立式和护坡式两类（表二）。直立式以碧村石城为代表。碧村遗址城墙圪垛地点城墙筑法为先在生土之下挖基槽，基槽两侧以石块层层垒筑，石块紧贴基槽，中间用砂岩碎石填塞。有些地段还会进行二次加宽、加筑，在主墙局部的西侧或东侧筑有垂直方向的短墙，较主墙窄，用来加固主墙。

第二类为护坡式，筑有一层或多层台阶式石墙，每层的具体筑法为石包土，即石墙包筑在生土或者夯土台之外。按照土墙的筑法和层数可以分为两型。A型以碧村遗址的小玉梁地点护坡墙为代表，先将生土修葺呈规整的土坎，在外侧以石块垒砌，包住土坎，形成护坡墙，仅有一层，并未向上继续修筑。B型以林遮峪和白崖沟石城为代表。林遮峪石城墙为先筑一道较宽夯土墙，一般为5—14米，在夯土墙外以石片或石块包筑，形成一个台阶。然后在其侧上方以同样的方法筑第二层墙，最宽的位置筑有三层。夯土墙的土为就地取材，在墙外挖坑取土，最终在石墙外形成了一道壕沟，提升了城墙的防御功能。白崖沟石城墙的有些地段以及中心台地老峪塔的护坡墙也为第一类筑法，石墙包在夯土台之外，修筑成台阶状，逐层向上，每层之间相隔2—3米。相对于基槽起建式筑法，护坡式筑法不仅使城墙更加稳固，并且比较省时省力，不会浪费人力和石材，修筑的时候也能保证安全性。护坡式石墙立面规整，石块经过人工修整，有些地方还放置大型直立条石，加强牢固性。

两种筑法各有特色，台阶式筑法一般用在需要加强防守的地段，或者遗址中心的台地、房址区四周等需要对土台进行加固的地方。碧村遗址中心的小玉梁地点的台基则为两种筑法相结合。台基整体为石包土，石墙包筑在夯土台基外面，四周的石墙则是先挖基槽，在基槽的两侧用石块垒砌，中间填塞碎石和较硬的黄土。

---

① 王俊、马昇：《保德县林遮峪新石器时代至商时期遗址》，《中国考古学年鉴·2006》，文物出版社，2007年，第148页。
② 山西省考古研究所等：《2015年山西兴县碧村遗址发掘简报》，《考古与文物》2016年第4期；山西省考古研究所等：《2016年山西兴县碧村遗址发掘简报》，《中原文物》2017年第6期。
③ 山西省考古研究所：《山西兴县白崖沟遗址调查简报》，《中国国家博物馆馆刊》2017年第3期。

表二　晋西区石城建筑技术分类

直立式	护坡式	
	A 型	B 型
碧村小玉梁 碧村城墙圪垛加宽城墙	示意图	示意图

（五）陕北区

陕北区发现较多的石城遗址，分布范围涵盖了南流黄河西岸以及窟野河、秃尾河、五女河、无定河和大理河流域，其中经过发掘的有寨峁[1]、石摞摞山[2]、瓦窑渠[3]、寨峁梁[4]、后寨子峁、关胡疙瘩、金山寨[5]和石峁[6]等，对秃尾

---

[1] 陕西省考古研究所：《陕西神木县寨峁遗址发掘简报》，《考古与文物》2002年第3期。

[2] 陕西省考古研究院：《陕西佳县石摞摞山遗址龙山遗存发掘简报》，《考古与文物》2016年第4期。

[3] 陕西省考古研究院等：《陕西横山县瓦窑渠寨山遗址发掘简报》，《考古与文物》2009年第5期。

[4] 陕西省考古研究院等：《陕西榆林寨峁梁遗址2014年度发掘简报》，《考古与文物》2018年第1期。

[5] 王炜林、马明志：《陕北新石器时代石城聚落的发现与初步研究》，《中国社会科学院古代文明研究中心通讯》（第11期），2006年，第35—44页。

[6] 陕西省考古研究院等：《陕西神木县石峁遗址》，《考古》2013年第7期；陕西省考古研究院等：《陕西神木县石峁遗址后阳湾、呼家洼地点试掘简报》，《考古》2015年第5期；陕西省考古研究院等：《陕西神木县石峁遗址韩家圪旦地点发掘简报》，《考古与文物》2016年第4期；陕西省考古研究院等：《陕西神木县石峁城址皇城台地点》，《考古》2017年第7期；陕西省考古研究院等：《陕西神木市石峁遗址皇城台大台基遗迹》，《考古》2020年第7期。

河流域进行了专题调查,发现寨合峁、白兴庄、石摞子等石城遗址[①]。这些石城的年代从仰韶晚期阿善文化阶段延续至龙山时代,石峁遗址年代下限晚至青铜时代初期。

陕北区石城的建筑技术多样,可以分为直立式、护坡式和土木石复合式三大类。直立式石墙有关胡疙瘩和寨峁梁两座石城,石墙均是从平地垂直起建,寨峁梁比关胡疙瘩技术进步之处在于其有一层垫土,并且在墙体外侧还筑有一道护坡石墙(表三)。

表三　陕北区石墙建筑技术分类

直立式		
寨峁梁南城墙		
护坡式		
平地起建	基槽起建	壕沟起建
示意图	石摞摞山西墙	后寨子峁2号山梁石墙

---

① 徐舸:《公元前三千纪至前两千纪之初秃尾河流域聚落形态的初步考察》,西北大学硕士学位论文,2016年。

本区石城大多为护坡式，石墙沿着山体土崖而建，关胡疙瘩、拓家峁、崔家河、兴隆寺石城均为平地起建的护坡式石墙。石摞摞山外城墙先挖基槽，再筑成护坡式石墙，内城墙是先筑夯土墙基，在其上筑护坡式石墙。金山寨石城也是先挖基槽，在基槽内筑土墙基，土墙基之上筑石墙。壕沟起建的护坡式石墙是本区石城的特色，后寨子峁石城即为此类，在壕沟内靠近城内的一侧筑有石墙，墙从壕沟底部起建，紧贴壕沟壁，并且向壕沟壁斜靠，上部内收，呈护坡状，壕沟口部以上的石墙则垂直起建。

石峁石城的修筑方式最为复杂，包含有多种方式。皇城台门址广场的南墙和北墙是直立式砌法，石块错缝垒砌，内、外两侧均筑有护墙。皇城台瓮城和外城东门瓮城墙也是直立式。皇城台四周的城墙为护坡式，共有11阶，石块错缝平砌，修筑在山体外侧，自下而上内收，有两排纴木洞（图四）。外城东门和皇城台门址的墩台采用石包土的方式，石墙包砌在夯土芯之外，墙体上插入一排圆木，形成"木骨拉筋"的作用，防止墙体倒塌，墙体外侧还筑有一道护坡石墙，护坡墙底部还设有散水（图五）。

总体来说，陕北区以护坡式筑法最为普遍，这与本地黄土垂直节理发育的特征相符合，山体坡缘需要筑石墙来防止水土流失，此功能正好与石墙的界线、防御功能结合在一起，体现了因地制宜的特色。

图四　石峁皇城台东墙北段和广场北墙[①]

---

① 陕西省考古研究院等：《陕西神木县石峁城址皇城台地点》，《考古》2017年第7期。

图五　石峁外城东门北墩台南壁①

二、石城建筑技术的发展脉络

通过对各区石城城墙建筑方式的梳理，对石城建筑技术的发展脉络做一总结（表四）。从纵向来看，石城的建筑技术逐渐变得成熟化、多样化，配套设施越来越完善。在仰韶晚期阶段，石城最先出现在南流黄河区，形态简单，仅有挖浅基槽的直立式矮石墙。以白草塔石城为代表的，整个聚落仅在遗址一角筑有石墙，其功能更多为遗址边界标识。到了庙底沟二期阶段，在南流黄河区和陕北区的石城数量增多，墙体建筑方式也较多样，有平地起建和基槽起建的直立式、壕沟起建的护坡式以及土石结合的城墙，城墙附属设施较复杂，如寨子塔石城有双重城门、瞭望平台等。此阶段的石城形制也较多样，多为不规则形、一重城墙封闭式的形态。龙山早期阶段，石城数量激增，城墙筑法多样，以土石结合为特色，晋西和陕北区则以护坡式筑法为主，城墙的防御工事多样，普遍设有瓮城、马面等，还会对城墙进行加宽和加固，石城的防御功能显著提升。到了龙山晚期阶段，城墙修筑技术出现了土木石相结合的复杂方式，城墙的附属设施增多。此阶段石城的空间形态也发生了重要转变，最为多样，出现了南北分区、内外分区的双重城墙的空间形态，如南流黄河区的城咀、后城咀、下塔石城，晋西区的白崖沟石城，陕北的石摞摞山以及石峁内外三重结构的超大型石城。

---

① 陕西省考古研究院等：《陕西神木县石峁遗址》，《考古》2013年第7期。

表四　中国北方地区石城建筑技术

	大青山南麓	南流黄河	岱海	晋西	陕北
仰韶晚期		直立式：基槽起建			
庙底沟二期	直立式：平地起建	直立式：①平地起建 ②基槽起建 ③下土墙，上石墙			护坡式：壕沟起建
龙山早期		直立式：①土石墙并行 ②土墙包石墙	直立式 下土墙，上石墙	护坡式	护坡式：①平地起建 ②基槽起建
龙山晚期				直立式：基槽起建 护坡式	直立式：①平地起建 ②基槽起建 护坡式：土木石结合

　　关于石城的功能与性质，有学者认为石城是部落集团相互征战的产物，是原始社会晚期的设防聚落群[1]。北方地区的资源匮乏导致了石城地区人群的竞争和冲突，因此出现了石城来应对来自外部的威胁[2]。还有学者认为长城地带史前石城具有"守南防北"的功能[3]，甚至可以将其看作是"长城"的原型[4]。目前学界普遍认同石城的作用是为了防御敌人、保护资源和保证聚落空间的完整性。石城形制和建筑技术及配套设施的不断成熟，即反映出石墙的防御功能越来越强。在这一过程中，石墙的性质由最初的边界标识逐渐演变为防御屏障，继而又被赋予等级、地位的象征。以白草塔、小沙湾为代表的早期石城，石墙的防御功能不够强大，石墙的重要作用是用于指示边界，便于管理聚落内的人群。随着人口的增多，聚落间的竞争逐渐激烈，石墙作为有效的抵御入侵的手段被

---

[1] 许宏：《先秦城市考古学研究》，北京燕山出版社，2000年，第41页。
[2] 戴向明：《北方地区龙山时代的聚落与社会》，《考古与文物》2016年第4期。
[3] 曹兵武：《长城地带史前石城聚落址略说》，《华夏考古》1998年第3期。
[4] 韩建业：《试论作为长城"原型"的北方早期石城带》，《华夏考古》2008年第1期。

越来越多的聚落采用，开始出现多种石城形制和建筑技术。到了龙山晚期，石城的修筑技术也达到了前所未有的高峰，石峁城墙设计了复杂的城门、广场等，恢宏的城墙，让人生畏，此时的石城墙成了等级、地位的象征。

三、石城建筑技术的区域交流

石城的建筑技术在区域间存在交流。首先，大青山南麓区最先出现石筑地面房址，在房址形态由半地穴式向地面式过渡阶段，出现了用小石片在半地穴四壁垒砌石墙的方式，然后出现由在地面砌的矮墙围成的房址。这种房址形态的出现刚好与当时的降温事件发生吻合。大青山南麓区进而将石砌房址的技术应用在了规模更大、设计更复杂、工程量更大的砌筑石城上。而在同时期，晋西和陕北区并没有出现很多石筑地面房址，这两个区抵御气候变冷的策略是发展出了窑洞式的房址。因此晋西和陕北区最初的砌筑石城墙的技术可能是来自北面的内蒙古中南部地区。其次，总体来说，北方地区营建石城墙的技术分为直立式和护坡式两类，内蒙古中南部的三个小区均为直立式石墙，晋西和陕北区多见护坡式石墙。晋西和陕北区石城尽管出现时间较内蒙古中南部略晚，但其出现之始就出现了多种建筑技术，如壕沟起建、开挖基槽、台阶式护坡、石砌包土、夯筑等，多种方法组合运用，修筑技术显得比较成熟。不似南流黄河区石城，有着明显从单一到复杂的技术发展历程。陕北区这种技术的多元性得益于建筑技术的传播，陕北区不仅受到了内蒙古中南部的影响，还应有来自中原地区的夯土、版筑等技术的影响。另外，技术在区域间的传播还体现在瓮城、马面等附属设施的产生与发展。北方地区是瓮城、马面等城址防御设施的一个重要起源地区，大约在龙山中期，南流黄河区和陕北区几乎同时出现了形制较为确定的瓮城和马面，如寨子塔、下塔、石摞摞山等石城。到龙山晚期的后城咀、石峁石城已经发展出比较成熟的形制。瓮城和马面的出现与发展在南流黄河和陕北地区应当是存在交流的。

到了青铜时代，在内蒙古东南部地区出现了数百座夏家店下层文化石城址①。这些石城沿河流分布，规模均较小，并未形成分层级的聚落体系。夏家店下层文化石城的出现与环境压力过大可能并没有很大的关联，据研究，夏家店下层文化时期不存在环境和资源方面的压力②。内蒙古东南部地区石城自出现就显示出较为成熟的建筑技术，石筑与夯筑、土坯相结合，普遍设有瓮城、马面等防御设施，从技术层面来看，与北方地区石城建筑技术相似。再加之二者在时间上存在首尾相继的关系，即北方地区石城的败落期正好与内蒙古东南部地区石城的出现时期重合。因此推测石城建筑技术很可能是随着北方地区人群的东迁，被带到了内蒙古东南部地区。

四、结语

通过对北方地区石城建筑技术的梳理，可以看出石城建筑技术具有区域性特征，五个小区的石城建筑技术各有特色，又互有借鉴，体现出发展的多元性。石城发现较多的区域内，则体现出石城建筑技术的传承性，从单一到复杂的技术发展脉络。从环境角度来看，北方地区是中原地区与北方草原地带的过渡区域，也是农业与畜牧业交互作用的地带。石城的出现是人地互动的直观反映，是人类对特定环境的选择和对景观的管理和改造，人们就地取材，发展出了石筑技术，择高而筑石城，视域宽阔，易守难攻。从人文角度来看，石城建筑技术的区域交流反映出考古学文化的互动和人群的跨区域迁徙。石城发展的每个阶段都与不同方向的族群产生过文化互动，或者说受到过来自周边族群的压力。在与北方草原地带细石器族群的冲突中，北方地区石城产生与不断发展，并且因资源的压力也南下、东进，这些文化碰撞不仅导致了石城建筑技术的传播，还促进了早期社会的复杂化进程，对北方地区文明演进产生了重要影响。

---

① 田广金：《内蒙古长城地带石城聚落址及相关诸问题》，《北方考古论文集》，科学出版社，2004年，第328页。

② Gideon Shelach. Leadership strategies, economic activity, and interregional interaction social complexity in northeast China. New York, Plenum Publishers, 2010, p.91.

郑韩故城城门及规制初探

郭铁峰[*]

摘　要：中国古代城市一直是考古学研究领域的重要课题，成果斐然。然而，对中国古代城市的研究多数注重城市的整体结构，而研究城门等城市单独结构的部分相对简略。本文结合考古材料和历史文献对郑韩故城城门进行研究，将春秋时期郑韩故城城门名称分为方位型城门名和特定型城门名两类，对郑韩故城城门的方位归属、性质以及前后变化进行了初步探究，探讨了郑韩故城城门的数量、名称、形制、布局、分类以及郑韩之变等问题，以增强对东周时期城门结构与规制的认识。

关键词：郑韩故城；城门；规制

东周时期是中国古代城市规制发展定型的关键时期，而郑韩故城在东周诸侯国都城的研究中具有重要地位。郑韩故城位于今河南省新郑市双泊河和黄水河交汇处，始建于春秋早期，郑、韩两国先后以此为都，时间长达539年。城门作为城市军事防御体系的重要一环，是一座城市的出入通道，也是城市的标志性建筑之一，其在城市管理、政治活动、军事防御中具有重要地位。郑韩故城城墙现存缺口20余处，据《左传》《史记》等文献的记载，郑韩故城的城门多达15座，但其归属、性质等至今仍存在争议，本文就这一问题展开讨论。

一、郑韩故城城门的名称

可见于《左传》记载的郑韩故城城门有"东门""渠门""南门""桔柣之门""纯门""北门""皇门""鄟门""师之梁""仓门""墓门""旧北门""闺门""时门"，共计14座。《诗经》记载郑国都城有"东门"。此外，《史记》还记载

---

[*] 作者简介：郭铁峰，郑州大学历史学院。

了一座修建于战国时期的"高门"。根据《左传》《诗经》的成书年代,除"高门"外,其余城门名称的年代当属春秋时期,即郑国统治时期。因此,对郑韩故城城门名称的探究侧重这一时期。梳理分析发现,春秋时期的郑韩故城城门的名称可以分为两类,一类是方位型城门名,一类是特定型城门名。

(一)方位型城门名称

郑韩故城可见于史书的春秋时期城门名有14座,其中有4座城门的名称可以归为方位型城门名,分别是"东门""南门""北门""旧北门"4座,但这类方位型的城门名称并非正式的城门名称,理由有三。

第一,史书所记载的郑韩故城方位型城门名不成体系。一般来说,方位指向以东、西、南、北四向作为一个体系,而《左传》记载的郑韩故城仅有"东门""南门""北门""旧北门",独独缺乏"西门"的记述。《左传》之中并不见有郑韩故城"西门"的记载,但宋国、莒国、卫国等皆有西门的记载。《通志·氏族略》记载:"郑大夫居西门,因氏焉。"[1]证明了郑韩故城设有西门,但名称不叫"西门"。如果以方向来命名,那么东、西、南、北四个方向应当是作为一个完整的体系出现,而非零散的。因此,郑韩故城城门以"东门""南门""北门"作为正式的城门名是行不通的,所以方位型城门名是其他城门的代称、别称。

第二,方位型的城门名在多国都有使用。《左传》中记载的其他诸侯国都城也有"东门""南门""北门"等,如《左传·成公八年》:"门于许东门。"[2]《左传·桓公十二年》:"楚伐绞,军其南门。"[3]《左传·庄公二十一年》:"郑伯将王,自圉门入,虢叔自北门入。"[4]由此看来,方位型城门名在列国都有使用,方位型城门名也可能代指某个方向所有的城门。而且《左传》所记载的曲阜鲁国故城、宋国故城都存在部分方位型城门名和特定型城门名重合的现象。据此推测,方位型的城门名属于泛称,在历史事件中充当指向性的线索。

---

[1] (宋)郑樵:《通志》,中华书局,1987年,第458页。
[2] 杨伯峻:《春秋左传注》,中华书局,2016年,第915页。
[3] 杨伯峻:《春秋左传注》,中华书局,2016年,第145页。
[4] 杨伯峻:《春秋左传注》,中华书局,2016年,第236页。

第三，东周时期复杂的社会形势、频繁的战争决定了诸侯列国更注重城市的实用性、军事防御性。如果城门数量越多，那么城市防御需要投入的人力、物力就越多，这极大增加了守城的风险。郑韩故城地处中原，属四战之地，推测其开设的城门数量不会太多，可能存在一座城门有多个名称的现象。

方位型城门名也有其存在意义。方位型城门名在历史事件中起方向指示的作用，是全面阐述历史事件的线索之一，也是特定型城门名的别称、代称。方位型的城门名在文学作品中经常出现，这也侧面印证了"东门"是城门的别称的事实。东门的音韵符合文学需求，《诗经·郑风·出其东门》："出其东门，有女如云。"①《诗经·郑风·东门之墠》："东门之墠，茹藘在阪。"②陈风中也有和东门有关的诗歌，侧面印证了"东门"是一类泛称或者代称。《诗经》中不见有"西门""南门"等作品，仅有"北门"，但也只出现了一处，远远少于东门的篇目，可见东门因其特性，被赋予了文化底蕴和内涵，成了文学作品的常客。

（二）特定型城门名称

除了前文列举的方位型城门名外，其余城门名皆为特定型城门名。有两种因素决定了特定型城门名的命名：第一种是人为因素，如赋予城门带有祝愿的名称；第二种是自然因素，是以城门及其附近环境的特征而命名的。

第一类带有祈愿性质的城门名有纯门、皇门、鄟门、时门等4座。

纯门，根据《诗经·周颂·维天之命》："文王之德之纯。"③"纯"字在此处充作形容词，意思是"大"，纯门因其规模宏大，所以被称作"纯门"。

皇门，《诗经》中的"皇"字的解释多数是"辉煌""宏大""美好"之意，之所以称之为"皇门"，一方面是用以夸赞其规模之大，另一方面是用以祝愿、祈福。

鄟门，学术界有观点解释鄟门是通往鄟国方向的门，但如此解释未免过于

---

① 周振甫：《诗经译注》，中华书局，2010年，第119页。
② 周振甫：《诗经译注》，中华书局，2010年，第115页。
③ 周振甫：《诗经译注》，中华书局，2010年，第464页。

牵强。郰国为鲁国属国，远在山东，和地处中原的郑国关系不大，且郰国被鲁国所灭，可见郰国地位低于郑国。而且郑国在春秋前中期国力强盛，郰国、郑国两国的国力根本无法相提并论，郑国也不可能屈尊俯就以郰国来命名国都的城门。"郰"字本字写作"専"，也就是"专"，而"专"字有"厚"的含义，《仪礼·士虞礼》："用专肤为折俎，取诸脰膉。"郑玄注："专，犹厚也。"[①] 推测郰门是一座修建厚实、庞大的城门，取郰门之名也是希望此门能够起到守卫城市的作用。

时门，"时"字有"善""顺承"之意。《诗经·小雅·頍弁》："尔酒既旨，尔肴既时。"[②]《诗经·周颂·赉》："时周之命，于绎思。"[③] 这样的城门命名方式类似于后世都城的"顺承门"等等。

第二类带有周边环境性质的城门名是渠门、仓门、墓门、闺门、师之梁门、桔柣之门等6座。

渠门，渠门和"渠"有关，渠是人工修筑的水道，有别于自然形成的水道，所以称作渠门。此外，"渠"也有"大"之意，如"渠魁"一词，以此意推测也有一定的合理性。

仓门，可能和贮存资源的仓廪有关。根据郑韩故城的考古发掘可以得知，郑韩故城发现了春秋时期的仓廪区遗址，就在今新郑市仓城路一带，据此推测接近仓廪区的城门被称作仓门。

墓门则别无他意，和郑国墓葬有关。根据郑韩故城遗址的考古发掘可以得知，郑韩故城城内的西南部有多座郑公墓葬，郑国邦墓区以及李家楼郑公大墓就在郑韩故城内的西部，因此称作墓门。

闺门可能是郑国宫殿门。《左传·昭公元年》："郑伯及其大夫盟于公孙段氏，罕虎、公孙侨、公孙段、印段、游吉、驷带私盟于闺门之外，实薰隧。"[④] 郑公同大夫盟誓的场所就在闺门，而《左传》的记载强调此次会盟属于私盟，据此

[①] 十三经注疏整理委员会：《仪礼注疏》，北京大学出版社，1999年，第833页。
[②] 周振甫：《诗经译注》，中华书局，2010年，第335页。
[③] 周振甫：《诗经译注》，中华书局，2010年，第491页。
[④] 杨伯峻：《春秋左传注》，中华书局，2016年，第1344页。

推测盟誓场所就在宫殿区一带，用以保密。此外，闱门也可能和宫殿之前的圭表有关。宫前可能立有圭表，立圭表以求中，求中的目的可能和宫殿选址有关。《周礼·地官·大司徒》："以土圭之法测土深，正日景以求地中。"[①] 圭表等载入礼法制度的天象测量器物，立于宫前最为合适。推测闱门的名称取自宫前所立圭表之意。而圭表可能和后世宫殿的华表类似，逐渐演化出礼仪作用。

师之梁门，一般理解"师"为师旅，取军队之意，但"师"也有大都市之意，如"京师"，而郑国是春秋时期重要诸侯国之一，其都城称为"师"较为合理。"梁"字有桥梁之意，结合郑韩故城环溱、洧河水的布局，推测"师之梁门"的命名和郑韩故城的桥梁相关。

桔柣之门，"桔"可能是一种长在野外的植物。推测桔柣之门可能是郊门，至于"柣"字，作桔柣之门时音同"叠"。当"柣"音同"制"时，才有"门槛"之意，推测桔柣之门中的"柣"字可能是讹变之字，本意已难以探究。

二、郑韩故城城门的属性

郑韩故城城门的归属和性质是学术界探讨的热点问题。城门的归属即探究城门的方向归属，而性质则是探究城门究竟是郭门、郊门还是宫门。由于郑、韩时期记载的城门名数量相差悬殊，除战国时期隔墙门"高门"外，对郑韩故城城门归属的探究更侧重于春秋时期，也就是郑国统治时期。《左传》等史书记载了十余座春秋时期郑韩故城的城门名，但东周时期复杂的社会形势决定了诸侯国城市更加侧重实用性、军事防御性。据此推测郑韩故城开设的城门数量不会太多，其中必然存在一个城门有多个名称的现象。就此可以排除四个方位型城门名，但其余几座城门的归属仍是学界研究的热点。分析发现，春秋时期郑韩故城的城门可以分为郭城门、宫门、郊门，战国时期韩国对部分城门加以改造。

---

① （清）孙诒让：《周礼正义》，中华书局，1987年，第715页。

（一）郭城门

郭城门即外城郭门。韩灭郑之后，对郑韩故城改建较大，加之以西墙塌入双洎河中，文献记载匮乏，所以韩国时期的郑韩故城郭城门归属基本无从得知。因此本部分以春秋时期的郑韩故城城门为研究对象。春秋时期的郑韩故城有"渠门""纯门""皇门""鄟门""仓门""墓门""时门"共计 7 座郭城门（图一）。

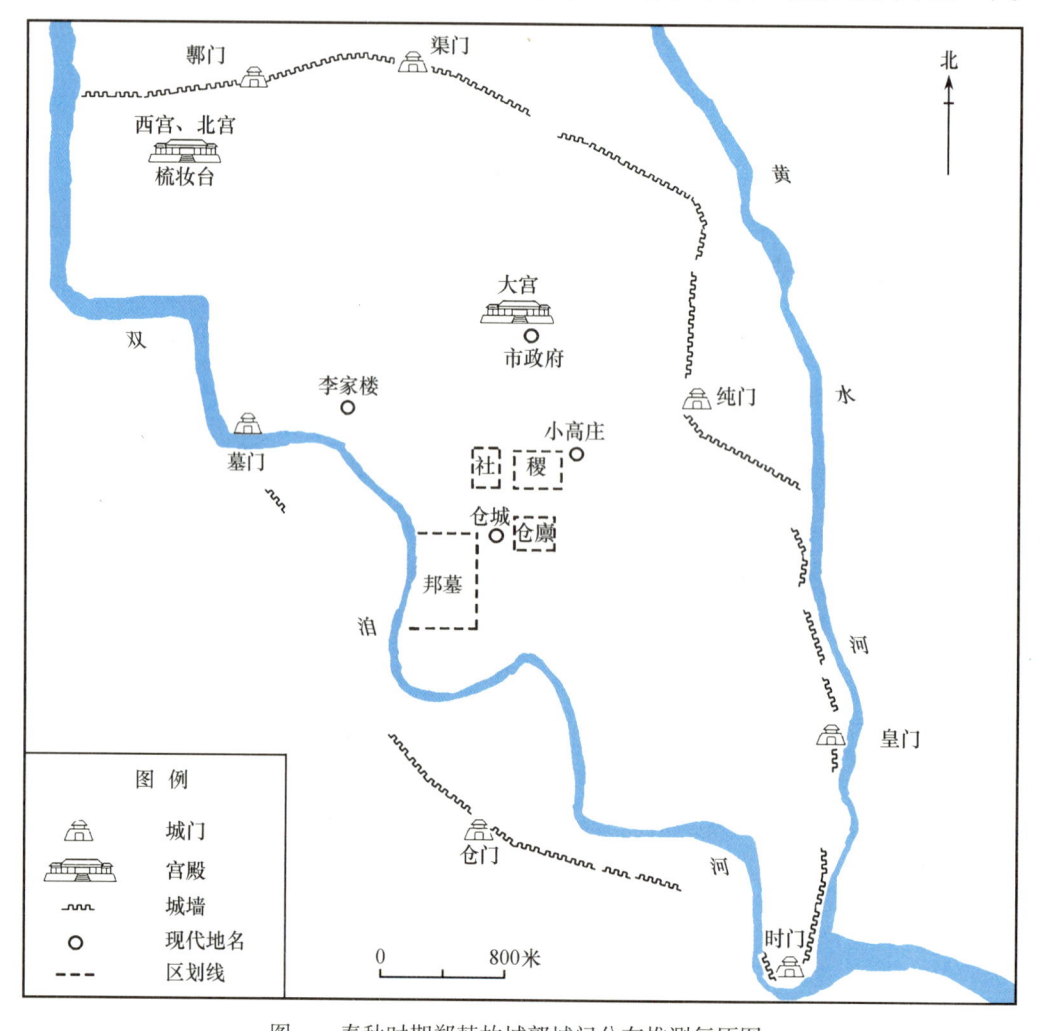

图一　春秋时期郑韩故城郭城门分布推测复原图
据《河南新郑郑韩故城的钻探与试掘》[《文物资料丛刊（3）》，文物出版社，1980 年] 图绘

7座郭城门基本符合郑韩故城的防御需求和实际状况。郑韩故城根据地形地势修筑，侧重于军事防御性，对礼制既有突破也有保留，其中城门数量根据实际设置是新的突破。其次，多开城门反倒增加城防负担。纵观同时期其他诸侯国都城，即便是最接近《周礼》记述的曲阜鲁国故城，也仅仅只修建了11座城门[①]；临淄齐国故城春秋时期的大城也仅有6座城门[②]。

根据方位，春秋时期郑韩故城的7座郭城门基本可以归属东、西、南、北四门。其中纯门、皇门是东门，仓门、墓门是西门，时门是南门，渠门、鄟门是北门。其中西门、南门相对容易确定，北门、东门的确定则需要推测。

仓门属西门之一，是郑韩故城西面的南侧城门。《郑、韩两都平面布局初论》一文指出，郑韩故城的仓廪区在原仓城村一带（即今新郑市仓城路华城铂宫一带），此处发现了仓廪遗迹、木板痕和烧土层等防护性质的遗迹[③]。而此处整体位于郑韩故城的西南部，因此推测仓门是郑韩故城西面的南侧城门。而且，《左传·襄公十年》记载了子产"乃焚书于仓门之外"[④]一事，子产为平息郑国众大夫之怒，于仓门之外焚书，由此推测郑国贵族多数居住在郑韩故城西部。

墓门当属西门之一，是郑韩故城西面的北侧城门。郑韩故城的考古发掘显示，郑韩故城的邦墓区在郑韩故城内的西部，推测墓门可能是郑韩故城的西门之一。就墓门的具体方位来说，墓门是郑韩故城西面的北侧城门。郑国的邦墓区分布在城内西北部。《左传》记载"（伯有）自墓门之渎入"，渎是区别于人工水渠的自然水沟，证明墓门处能够通水，可能是水门。郑国时期，洧水从郑韩故城西面北侧穿城而过，此处有水沟也是合理的，推测此处是墓门。此外，《诗经·陈风·墓门》提及"墓门"[⑤]，而东汉学者王逸的注释说墓门是陈国的城门，其实不然，一是墓门在《左传》中明确是郑国之门；二是《毛诗序》言《墓门》是为讽刺陈佗所作，而陈佗在郑国的扶持下得以掌握陈国政权。因此，《墓门》

---

① 王迅：《曲阜鲁国故城》，《考古》1984年第2期。
② 曲英杰：《先秦都城复原研究》，黑龙江人民出版社，1991年，第230—233页。
③ 马俊才：《郑、韩两都平面布局初论》，《中国历史地理论丛》1999年第2期。
④ 杨伯峻：《春秋左传注》，中华书局，2016年，第1078页。
⑤ 周振甫：《诗经译注》，中华书局，2010年，第181页。

表面讽刺陈佗，可能是借以讽刺郑国，侧面印证了墓门是郑国的一座城门。

时门当属南门。《左传·昭公十九年》："郑大水，龙斗于时门之外洧渊。"① 而郑韩故城东有溱水、西有洧水，龙斗当发生于两河汇合处，且汇合处位置上接近双洎河，即洧水，符合"洧渊"的记载。据此推断，"郑大水""龙斗"时值雨季，雨量激增，溱、洧两河合汇，导致合汇处水量激增，而溱、洧两河河道的宽度不变，排水泄洪量有限，暴发洪水。《左传·昭公二十九年》："龙，水物也。"②《周礼》："水以龙。"③ 可见在古人的观念中，龙与水密切相关，此处可能是将龙斗与洪水相联系。结合前文，"时"有"顺"之意，时门可能就是郑人希望溱水、洧水能够和缓顺从、不发洪水的体现。

渠门和鄟门当属北门。其中渠门可能是旧北门，而鄟门是北门。

根据《河南新郑郑韩故城北城门遗址春秋战国时期遗存发掘简报》，在郑韩故城北城门遗址考古发掘过程中，所发现的春秋时期的重要遗迹包括水渠、道路、护城壕等④。前文推测渠门是因人工修筑的水渠而命名的。根据发掘的地点，渠门是郑韩故城北面的东侧城门，也就是旧北门。之所以说渠门是旧北门，一是因为郑韩故城北面无河，是城防的薄弱之处。因此，仅设一座直通郑"大宫"的城门，借以缓解城防的压力。《左传》中"大宫"首次出现于鲁隐公十一年（前712），时值郑庄公时期。而西宫、北宫则于鲁襄公十年（前563）首次出现，时值郑简公时期。据此推测西宫、北宫的年代晚于大宫的年代。《左传·桓公十四年》记载："冬，宋人以诸侯伐郑，报宋之战也。焚渠门，入，及大逵。伐东郊，取牛首。以大宫之椽归为卢门之椽。"⑤ 这一事件的年代也早于西宫、北宫首次出现的年代，可见渠门通逵路，能够由此抵达大宫，基本符合渠门是旧北门的推测；二是因为渠门在《左传》中出现的年代早远于鄟门，渠门在《左

---

① 杨伯峻：《春秋左传注》，中华书局，2016年，第1560页。
② 杨伯峻：《春秋左传注》，中华书局，2016年，第1672页。
③ （清）孙诒让：《周礼正义》，中华书局，1987年，第3310页。
④ 余洁、樊温泉、沈小芳：《河南新郑郑韩故城北城门遗址春秋战国时期遗存发掘简报》，《华夏考古》2019年第1期。
⑤ 杨伯峻：《春秋左传注》，中华书局，2016年，第152页。

传·桓公十四年》出现，而鄟门在《左传·襄公九年》首次出现。

鄟门则可能是北面西侧之门，即修建西宫、北宫之后新开之门。之所以将鄟门定性为北面西侧之门，是因为旧北门渠门和"大宫"关联，且鄟门于《左传》的出现年代晚于渠门，因此推测鄟门为北门。此结论在《左传·襄公九年》也得以验证："季武子、齐崔杼、宋皇郧从荀罃、士匄门于鄟门。卫北宫括、曹人、邾人从荀偃、韩起门于师之梁。滕人、薛人从栾黡、士鲂门于北门。"[①]晋国攻郑，理当自北方进攻，栾黡、士鲂率下军驻扎于记载的"北门"一带，即渠门，荀偃、韩起率中军驻扎于郊门师之梁门一带，荀罃、士匄率上军驻扎鄟门一带，《左传》用"门"不用"围"，表明晋军此时并未围城，仅是把守一面，用以威慑郑国，而且荀偃提议"遂围之"，但被荀罃否定。种种证据指示晋军并未包围郑韩故城，而只是把守郑韩故城的北面，据此推测晋国三军驻扎之门皆是郑韩故城的北门。除去郊门师之梁门和旧北门渠门，仅剩鄟门未确定，所以推测鄟门是郑韩故城北城墙西侧之门。

西、北、南门已做出初步推测，经排除，纯门、皇门当属东门。前文指出"纯""皇"有"大"之意，推测纯门和皇门的规格较高。《诗经·郑风·东门之墠》："东门之墠，茹藘在阪。"[②]这里"墠"指的是经整理的平地。今郑韩故城城墙东部北侧和黄水河（溱水）之间的距离远远大于别处，东门之墠极有可能就在此处。门前修墠，可见东城门规格之高。

东门位置的确定也和城内道路"大逵"紧密相关。《左传·隐公十一年》："郑伯将伐许，五月甲辰，授兵于大宫。公孙阏与颍考叔争车，颍考叔挟辀以走，子都拔棘以逐之，及大逵，弗及，子都怒。"[③]可知，逵路是一条以大宫为中心的道路，根据"面朝后市"的观点，大宫之后的集市，可能就是逵市。后来楚人经纯门及逵市，又自皇门入逵路，表明大逵是一条南北方向的道路，逵市在大宫之后，即大宫之北，接近北城墙，而大逵的主体当在大宫之前，即大宫之南，因此推测纯门距离逵市更近，所以说纯门在皇门以北。

---

① 杨伯峻：《春秋左传注》，中华书局，2016年，第1062页。
② 周振甫：《诗经译注》，中华书局，2010年，第115页。
③ 杨伯峻：《春秋左传注》，中华书局，2016年，第78页。

（二）宫门

闺门是宫门。前文已推测闺门是宫门，此处不再赘述。

（三）郊门

郊门包括桔柣之门、师之梁门等2座。

桔柣之门是南郊门。《左传·哀公二十七年》："知伯入南里，门于桔柣之门。"[1] 根据杜预所作注释，可以得知南里在郑韩故城外，而桔柣之门是城外之南的郊门。

师之梁门是北郊门。前文解释郛门时，已经推测师之梁门是北郊门，此处不再赘述。

（四）战国时期郑韩故城城门的变化

郑韩故城的城门经历了春秋、战国两个时期的发展，分别对应郑国时期和韩国时期。郑人根据河流地形设置城门，并且赋予了城门带有含义的名称。韩灭郑之后，对郑国时期郑韩故城的城门设置既有保留，也有改变。

韩人改变了郑韩故城西墙的布局，废弃了双洎河西岸的城墙，在双洎河东岸筑新墙，取消了河水穿城而过的布局[2]，减轻了西面防守的压力。对于春秋时期郑韩故城的7座郭城门，韩人可能保留了其东、南、北三面的城门，改变了西墙的城门设置。但西墙大部分已塌入双洎河中，因此韩国时期郑韩故城的西墙城门已难探寻。

韩国入主新郑后，又在城内新筑一道隔墙，分郑韩故城为东、西两城，其中西城为宫城、东城为郭城，因此新增设了隔墙。《新郑县志》记载郑韩故城隔墙为"分金岭""分国岭"[3]。《郑、韩两都平面布局初论》一文指出郑韩故

---

[1] 杨伯峻：《春秋左传注》，中华书局，2016年，第1939页。
[2] 马俊才：《郑、韩两都平面布局初论》，《中国历史地理论丛》1999年第2期。
[3] 新郑市地方史志编纂委员会：清乾隆四十一年《新郑县志》，1997年，第74页。

城在战国中期始建隔墙，东侧有内壕，亦因此开设新城门①。隔墙的修建年代基本吻合韩昭侯的在位时期，目前已发现有南、北2座隔墙门，其中在北侧的隔墙门西北部发现了两处地下夯筑台基，可能和守门军士驻扎的营房，即"门塾"有关，而且北侧的隔墙门距离宫殿区较近，可见其规格之高。因此，北侧的隔墙门极有可能就是《史记》所记载的"韩昭侯筑高门"②。而南侧的隔墙门距官署区较近，且未发现门塾类的遗迹，可能是供往来通行的普通城门。

此外，韩人也对原先防守薄弱的城门进行了改建，如在郑韩故城北城门"渠门"处增修瓮城、墩台等防御设施。

可见，郑韩故城郭城门的变化一定程度上反映了春秋战国之际战争由诸侯争霸向兼并灭国的转变，而隔墙门的设置反映了这一时期君主权力的集中、政权的封建化。

三、郑韩故城城门的规制

韩灭郑之后，改变了郑国时期郑韩故城的风貌，近现代的城市建设也对郑韩故城遗迹造成了一定程度的破坏，对全面探究郑国时期郑韩故城的规制增加了难度。依据考古发现材料，结合文献记载，可以对郑韩故城城门的规制进行初步探讨。

（一）城门本体的规制

自古以来，人们就认识到城门关乎整座城市的安危，因此需有相关的规章制度对城门加以管理，郑韩故城城门的门道、形状、官制、开关时间应当也有配套的规制。

郑韩故城城门处的高度应当是和城墙总体高度保持一致的。郑韩故城地面以上现存城墙高度存在差异，城墙最高处高约18米，郑韩故城的城门楼等已无踪迹可寻，初步推测城门处的高度与城墙高度相差不大。

---

① 马俊才：《郑、韩两都平面布局初论》，《中国历史地理论丛》1999年第2期。
② （汉）司马迁：《史记》，中华书局，1959年，第1869页。

1. 门道制度

郑韩故城的城门使用一门一道制。春秋时期的门道制度以一门一道制为主流。纪南城和寿春故城两座楚国都城都为一门三道形制，说明楚国是使用这种形制最早的国家。除楚国之外，其他各国的大城及宫城多为一门一道形制[1]。根据郑韩故城北城门的发掘状况，已发现一条春秋时期的道路，宽度在2米左右，发现的战国时期道路宽度也仅在3米左右，其宽度基本符合一门一道制。郑韩故城北城门的考古发掘中也并未发现多个缺口，而多门道制度在考古发掘中，通常是由几个隔开的夯土基址以及多个缺口组成的。据此推测郑韩故城城门门道的规制属于一门一道制。

2. 城门的形状、材质和颜色

郑韩故城的城门为木排柱式的城门，材质为木质。郑韩故城始建于东周时期。根据《清明上河图》所绘内容可以得知，北宋开封城使用的就是木排柱式的城门。拱券结构最早可见于汉代的砖室墓，至于拱券结构城门，至迟应当在明清时期才得到大范围的普及。考古发现表明，夏商时期的城门也多是木排柱式结构，如偃师商城西二城门[2]。因此推测郑韩故城的城门属于土木结构建筑，城门洞应当是由密集的木排柱和多个横向梁组成，属于木排柱式的城门。准此，则推测城门和城门洞的形状也应当是长方形或者圭形。此外，根据《墨子·备城门》记载："门植关必环锢，以锢金若铁鍱之。"[3]可以得知，当城门关闭时，守备人员会用直木相顶、横栓插门，使城门牢固。

郑韩故城的城门颜色可能为红色或者黑色。起源于周代的九锡提及了"朱户"，《韩诗外传》："诸侯之有德，天子锡之……六锡朱户。"[4]朱户即涂红之门，"山节藻棁""丹楹刻桷"等体现了春秋时期的僭越现象，而郑韩故城

---

[1] 徐龙国：《中国古代都城门道研究》，《考古学报》2015年第4期。
[2] 曹慧奇、谷飞：《河南偃师商城西城墙2007与2008年勘探发掘报告》，《考古学报》2011年第3期。
[3] 墨翟：《墨子》，中华书局，2011年，第485页。
[4] 许维遹：《韩诗外传集释》，中华书局，1980年，第285页。

发现的九鼎八簋组合，说明郑国对礼制也有所突破。结合周人尚赤的风俗，郑韩故城的城门和宫门可能就是红色，或者是其城门为黑色，宫门为红色。

3. 城门管理

城门设有相应的官员进行管理，也有规定的开关时间。《周礼·地官司徒》记载："司门掌授管键，以启闭国门。……谓晨则授管以启门，昏则授键以闭门也。"[①] 可见"司门"为掌管城门的官员，由大夫级别者担任，城门的开关时间则是晨开昏闭，以鼓声作为信号。《左传·僖公三十二年》："杞子自郑使告于秦，曰：'郑人使我掌其北门之管，若潜师以来，国可得也。'"[②] 可见"司门"一官掌有城、门启闭的实权。

（二）城门附属设施的设置

因其地理位置的特殊性和其作为国都的重要性，郑韩故城城门的防御设施至关重要，目前已知的防御设施有悬门、瓮城、城阙、护城壕、墩台、门塾等等。

1. 悬门、发梁

郑韩故城城门处设有悬门。《左传·襄公十年》："县门发，郰人纥抉之以出门者。"[③] 记载了孔丘之父叔梁纥奋力举起悬门一事，可见悬门是垂直收发的门，推测悬门指的是悬吊起来的门，是能够悬吊起来、类似于闸门的门，为城门防御设施。《左传·庄公二十八年》记载了郑韩故城的悬门："县门不发，楚言而出。"[④] 可见，悬门是城门守备的关键。

发梁则是能够在护城壕上收放的大型木板，即俗称的吊桥，闲时放下以供通行，战时收起，《左传·襄公二十八年》记载："而戕舟发梁。"[⑤] 此处即撤去桥梁之意。

---

① （清）孙诒让：《周礼正义》，中华书局，1987年，第1101页。
② 杨伯峻：《春秋左传注》，中华书局，2016年，第535页。
③ 杨伯峻：《春秋左传注》，中华书局，2016年，第1070页。
④ 杨伯峻：《春秋左传注》，中华书局，2016年，第263页。
⑤ 杨伯峻：《春秋左传注》，中华书局，2016年，第1267页。

2. 瓮城

郑韩故城城门处设有瓮城。根据考古发现，至少在新石器时代末期的城址已有原始的瓮城，如陕西神木石峁城址发现有内、外瓮城[1]。夏商之后历代也有修筑瓮城的传统，加之以春秋时期战争增多，列国城市的军事防御性都有所提升，推测郑韩故城的城门处是设有瓮城的。《诗经·郑风·出其东门》："出其闉阇。"[2] 郑玄注："闉，曲城也。阇，城台也。"闉阇即城门外再筑一道弧曲形的墙台[3]。于城门外加筑墙台，其瓮城的防御作用可想而知。目前仅发掘了郑韩故城北城门遗址，此处可能就是"渠门"所在，暂未发现郑国时期的瓮城遗址，但渠门陆行门、水行门并行的规制[4]有别于其他城门，据此推测郑国时期的渠门因修有水渠而不设瓮城。结合文献记载、历代修筑瓮城的传统，不排除郑国时期的郑韩故城其他城门设有瓮城的可能。

在郑韩故城北城门遗址发现了战国时期的瓮城[5]，可能是韩人为弥补郑国时期渠门防御薄弱而建。此外，战国时期的郑韩故城东、西城之间的隔墙，发现有两座城门，北侧的隔墙门门道宽15米，墙体向西拐出数十米，内侧西端又突出了一段城墙，等于东西向加长了门道的长度，使之具备了瓮城的性质[6]。可见，郑韩故城城门处应当是修有瓮城的。

3. 城楼、城阙

郑韩故城城门应当配有城楼。甲骨文中的"郭"字，其形象就是城的主体和东西南北方向的城门楼。既然甲骨文字中可见城楼的形象，说明城楼的历史

---

[1] 陕西省考古研究院等：《陕西神木县石峁遗址》，《考古》2013年第7期。
[2] 周振甫：《诗经译注》，中华书局，2010年，第119页。
[3] 张国硕：《中原先秦城市防御文化研究》，社会科学文献出版社，2014年，第100页。
[4] 余洁、樊温泉、沈小芳：《河南新郑郑韩故城北城门遗址春秋战国时期遗存发掘简报》，《华夏考古》2019年第1期。
[5] 余洁、樊温泉、沈小芳：《河南新郑郑韩故城北城门遗址春秋战国时期遗存发掘简报》，《华夏考古》2019年第1期。
[6] 马俊才：《郑、韩两都平面布局初论》，《中国历史地理论丛》1999年第2期。

悠久，郑韩故城可能也设有城楼。

郑韩故城城阙设施的记载可见于《诗经·郑风·子衿》："挑兮达兮，在城阙兮。"[1]这说明春秋时期郑韩故城修筑有城阙是不争的事实。

根据阙的用途，可以将阙分为两类：一类是实用阙，如城阙；另一类是礼仪阙，如宫阙、墓阙等。郑韩故城的阙属城阙，为实用型阙，如果追求实用，城阙应当不能单独分立在城门之外，而应该作为整体，分立在城门楼的两旁，起到侦查观望敌情的作用。

4. 门塾

郑韩故城城门处可能修筑有门塾。在郑韩故城隔墙的北侧城门西北部发现了地下夯筑台基两处，南北 140 米、东西 230 米，可能和守卫城门的营房有关[2]。通过分析发现，此处夯土台基的范围基本符合营房类建筑的范围，其作用是供守门士兵值守、屯驻。

5. 墩台

墩台又称"马面"，是为保卫城门而修建的防御设施。墩台是城墙外侧的凸出部分，其作用是显而易见的，既能增加守城时的火力输出，又能扩大火力范围。韩灭郑之后，在郑韩故城西城北墙加筑有墩台[3]。但是仅在西城北墙发现了加筑的墩台，而郑韩故城东西城之分是在韩灭郑之后，据此推测郑韩故城的墩台年代属战国时期。

6. 雉堞

雉堞即俗称的"城垛"，又称作"女墙"，《墨子·备梯》中有"加堞"的记载，说明此时期已有雉堞，但郑韩故城现存仅有城墙主体部分，雉堞等建筑已无踪迹可寻。

---

[1] 周振甫：《诗经译注》，中华书局，2010 年，第 117 页。
[2] 马俊才：《郑、韩两都平面布局初论》，《中国历史地理论丛》1999 年第 2 期。
[3] 马俊才：《郑、韩两都平面布局初论》，《中国历史地理论丛》1999 年第 2 期。

7. 护城壕

郑韩故城北城门的发掘，发现了春秋时期的城壕，最宽处约 50 米，壕沟南壁陡直，北壁较缓，沟内填土最底层是黑色淤土，说明当时曾往护城壕内引水，用来提升城市的防御能力。至于郑韩故城东、西、南三面，是否存在护城壕，尤其是郑国时期西城墙外的护城壕问题，还需要未来的考古发掘加以判定。

8. 广场

郑韩故城的一些城门外是设有广场的，如《诗经》所记载的东门之墠，墠就是经过整修的平地，而且《诗经·郑风·出其东门》写道："出其东门，有女如云。"[①] 可见，东门之外是有场地能够容纳大量人员的。今新郑市市直中学（原裴大户寨）一带，城墙和黄水河（溱水）之间距离较远，因此推测此处可能有"东门之墠"，即"孔子候东门"之地。

四、结语

在东周诸侯国都城之中，郑韩故城的布局属于实用型布局都城的典型代表，对传统礼制有一定的突破，这在其城门设置上有所体现。

对郑国时期的郑韩故城城门的探究以文献为主、考古材料为辅。郑国时期的郑韩故城城门在《左传》中有详细的记载，有复原方位归属的可能性。其城门名可分为方位型城门名和特定型城门名两类。其中方位型城门名是作为特定型城门名的别称和历史事件的指向性线索出现在史书之中，而特定型城门名又可分为带有祈愿性质和以周边环境命名的城门名。郑国时期郑韩故城城门包括郭城门、宫门、郊门等三类，其中郭城门有渠门、纯门、皇门、鄟门、仓门、墓门、时门共计 7 座，宫门即闱门，郊门有师之梁门、桔柣之门共 2 座。

对韩国时期的郑韩故城城门的探究则以考古材料为主、文献为辅。史书记

[①] 周振甫：《诗经译注》，中华书局，2010年，第119页。

载的韩国时期郑韩故城城门不多，仅有《史记》记载的1座隔墙门——"高门"。韩国时期的郑韩故城相较于郑国时期改动较大，尤其是对西墙的改动，韩人废弃了原先双洎河西岸的城墙，在东岸筑起新城墙，使郑韩故城东、西、南三面环绕河流，易守难攻。韩人对城墙的改建使得其原先的城门设置也有较大变化，尤其是西墙城门。郑韩故城北城门处发现了瓮城、道路、护城壕等遗迹，为探究郑韩故城城门的规制提供了珍贵物证。韩国时期的郑韩故城城门防御设施相对于郑国时期更加完备，韩人通过加固城墙和加筑瓮城、墩台等设施，增强了郑韩故城的军事防御性。

郑韩故城城门的规制较为明确。其门道制度为一门一道制，使用木排柱式的城门结构，城门形状为圭形或长方形，并且设有专门的官员管理城门，城门的附属防御设施有悬门、瓮城、城楼、城阙、护城壕、墩台、门塾等。郑韩故城城门及规制经历了从春秋时期到战国时期的发展，对于探究郑、韩历史具有重要意义。

"海门廉州"地望及其城池变迁

陈启流　牛　凯[*]

摘　要：廉州于北宋开宝五年"自旧州理移西南四十里地名长沙置州"，太平兴国八年州废，"移就海门三十里建太平军"，咸平元年复旧。本文以"海门廉州"指代咸平元年以降历代廉州，论定太平兴国八年所置太平军及海门廉州均治今合浦县廉州镇。在梳理海门廉州城池变迁的基础上，重点探讨了明清时期廉州城池的规制并对其进行了初步复原。通过复原可以看出，明清廉州城城墙大体取方取直，城门不对称辟设，主要街道的走势整体与城墙走向保持一致，重要衙署多布置在城内东西向干道以北，墟市往往汇集在城门附近，其他建筑场所整体分布规律不明显。海门廉州城池反映了合浦自宋代以来一千余年的城市发展脉络，是合浦重要的历史文化遗存。

关键词：海门；廉州；地望；城池

廉州得名，始于唐贞观八年（634）[①]，以境内有大廉洞，故名[②]。其前身主要是汉晋时期的合浦郡以及南朝以来设立的越州。自唐设廉州以来，北宋开宝五年（972），廉州"自旧州理移西南四十里地名长沙置州"[③]，太平兴国八

---

[*]　作者简介：陈启流，广西文物保护与考古研究所。牛凯，北海市博物馆。

[①]　《太平寰宇记》云："（贞观）八年，改越州为廉州。"见（宋）乐史撰，王文楚等点校：《太平寰宇记》，中华书局，2007年，第3227、3228页。

[②]　《舆地广记》记："唐为越州，正观中改为廉州，以本大廉洞地。"见（宋）欧阳忞著，李勇先、王小红校注：《舆地广记》卷三十七《廉州》，四川大学出版社，2003年，第1185页；又《舆地纪胜》记："因大廉洞为名［元和郡县志。又按，《郡志》云，大廉县地有大廉洞，故武德五年置名大廉县，今大廉县之名虽废，而州名则以大廉洞故名耳］。"见（宋）王象之：《舆地纪胜》，中华书局，1992年，第3488页。

[③]　（宋）乐史撰，王文楚等点校：《太平寰宇记》，中华书局，2007年，第3226页。"长沙"也有记为"长沙场""长河"者，如《舆地纪胜》记为"移州治于长沙场。"见（宋）王象之：《舆地纪胜》，中华书局，1992年，第3486页。道光《广东通志》记为"自旧州理移西南四十里地名长河置州"。见（清）阮元修，陈昌齐等撰：道光《广东通志》，《续修四库全书·六六九·史部·地理类》，上海古籍出版社，2002年，第179页。本文依中华书局点校本《太平寰宇记》，均作"长沙"。

年（983）州废，"移就海门三十里建太平军"①。咸平元年（998），"复为州"②。咸平以降，廉州治所再未迁移，州名亦趋于稳固，大体沿用至今③。从廉州的建置沿革看，其治地包括"旧州""长沙"和"海门"，本文讨论的廉州及廉州城，主要是宋元以来驻治海门的州城，为便于表述，本文将这一时期的廉州简称"海门廉州"。④

关于"海门廉州"地望，通过廖幼华《唐末海门镇之兴起及地理位置考》一文关于唐代海门镇历史地理的讨论⑤，结合宋代以来的地志，可以推知其地即今合浦县廉州镇。至于"海门廉州"城池，历代合浦县志、廉州府志、广东通志多有专门条目记述，合浦地方文史学者就此也做过简要的叙述，如周家干《廉州古城史话》、徐肇松《谈谈廉州古城》等⑥。此外，杨国庆主编《中国古城墙》（第5卷）所录"合浦城"一条，对"海门廉州"城池沿革也做了较为详细的梳理⑦。本文在此基础上就"海门廉州"地望及其城池变迁做进一步的阐述，不当之处，祈望方家指正。

一、太平军与海门廉州地望

北宋开宝五年，廉州"自旧州理移西南四十里地名长沙置州"，未几州废，"移就海门三十里建太平军"，寻复廉州如旧。

---

① （宋）乐史撰，王文楚等点校：《太平寰宇记》，中华书局，2007年，第3226页。
② （宋）王存撰，魏嵩山、王文楚点校：《元丰九域志》，中华书局，1984年，第436、437页。
③ 北宋咸平以降，廉州的建置、称谓趋于稳定，终宋一代未见变更，元置廉州路安抚司、廉州总管府，明或为廉州府或为廉州，直至清末民国再度频繁变更，今沿用为镇名。
④ 因地有重名，本文所述"旧州""长沙""海门"等均为历史上廉州境内的地名，以下不再说明。相应的，本文将驻治长沙的廉州简称"长沙廉州"，治旧州者称"旧州廉州"，凡无限定者则为泛指，后文不再说明。
⑤ 廖幼华：《唐末海门镇之兴起及地理位置考》，收录于廖幼华：《深入南荒唐宋时期岭南西部史地论集》，文津出版社有限公司，2013年，第1—38页。
⑥ 周家干：《廉州古城史话》，《广西地方志》2010年第6期；徐肇松：《谈谈廉州古城》，《合浦文史资料》（第5辑），政协合浦县委员会，1987年，第65—71页。
⑦ 杨国庆主编：《中国古城墙》（第5卷），江苏人民出版社，2017年，第162—165页。

(一)太平兴国八年所置太平军

宋初在今合浦县境所置太平军,《太平寰宇记》记其"理海门"[1],《续资治通鉴长编》亦称"建海门镇为太平军"[2];又,《舆地纪胜》《方舆胜览》《记纂渊海》等文献关于此事均表述"于海门镇置太平军"之意[3];《文献通考》《宋史》也称:"太平兴国八年,改太平军,移治海门镇。"[4]据此可以确知太平军与海门共处。

海门为合浦地区唐宋时期军镇建置,于其地望,概因《太平寰宇记》"移就海门三十里建太平军"一语缺乏方位的限定,语义含混不清,致使后世文献引申出两种截然不同的看法。一种看法认为"太平军(海门)在廉州西南三十五里"[5],另一种看法认为"太平军或海门镇就在廉州"[6],揆诸事理,当以后说为是。廖幼华《唐末海门镇之兴起及地理位置考》一文详细梳理了海门沿革及其地望,论定唐代海门镇与北宋太平军均在今合浦县廉州镇,可资参考,

---

[1] (宋)乐史撰,王文楚等点校:《太平寰宇记》,中华书局,2007年,第3226—3248页。
[2] (宋)李焘撰,上海师范大学古籍整理研究所等点校:《续资治通鉴长编》(第3册)卷二十四《太宗》,中华书局,1985年,第537页。
[3] 各志具体的表述稍有差异,《舆地纪胜》记:"于海门镇置太平军。"见(宋)王象之:《舆地纪胜》,中华书局,1992年,第3486页;《方舆胜览》记:"于海门镇置太平州。"见(宋)祝穆:《方舆胜览》,《景印文渊阁四库全书》史部第229册,第867页;《记纂渊海》记:"以海门镇置太平军。"见(宋)潘自牧:《记纂渊海》,《景印文渊阁四库全书》子部第236册,第382页。
[4] (元)马端临撰:《文献通考》,中华书局,1986年,第2544页;(元)脱脱等撰:《宋史》,中华书局,1977年,第2245页。
[5] 如南宋《舆地纪胜》引《宋会要》记"(太平)军在廉州西南三十五里",见(宋)王象之:《舆地纪胜》,中华书局,1992年,第3486页;明《大明一统志》记"废太平军,在府城西南三十五里海门镇"。见(明)李贤等修:《大明一统志》卷八十二《廉州府·废太平军》,明天顺五年内府刊本。《太平寰宇记》最初记录的"三十里"何以在后世文献中变为"三十五里"尚无从稽考。
[6] 如明万历《广东通志》记:"太平军,即今府治。"见(明)郭棐纂修:《广东通志》卷之五十三《廉州府·古迹》,明万历三十年刻本。清道光《廉州府志》记:"廉州府治,古海门镇也。"见道光《廉州府志》卷二十五《艺文三·廉州府开小南门碑记》,《广东历代方志集成·廉州府部(三)》,岭南美术出版社,2009年,第634页。《天下郡国利病书》记:"宋海门镇,太平兴国六年建,即今廉也。"见(清)顾炎武撰:《天下郡国利病书》卷一百一《广东五·营堡·宋海门镇》,光绪二十七年仲秋二林斋藏板图书集成局铅印。

本文在此基础上稍作补充。

首先,从《太平寰宇记》"至太平兴国八年,废廉州,移就海门三十里建太平军"一句的上下文语境看,所废廉州指宋初于"长沙"所置廉州,而所谓"移"应当是"自宋初廉州迁移";又,前引《太平寰宇记》《舆地纪胜》等文献明确记载太平军理海门,故而"移就海门三十里建太平军"显然不能理解为"迁移到距海门三十里的地方建太平军",而应作"移就海门(三十里)建太平军"解,"三十里"标示的是宋初"长沙廉州"与海门的里数关系。事实上,《舆地纪胜》所引《宋会要》"军在廉州西南三十五里"一句中的"廉州",同样应指宋初"长沙廉州",而非咸平元年以后复置的"海门廉州"[①]。

其次,从史籍关于太平军相对的方位里数关系上看,《太平寰宇记》记太平军"南至白沙枕大海一十五里,西过水至大湾隔海与钦州分界十五里,北至容木水与钦州分界二十五里,东南至宁海珠池极海岸与琼州相对处四十四里,西南至鹿井与钦州乌土镇接界,西北至射乌岭与钦州分界二十里"[②]。其四至八道与今廉州镇接近,尤其是"南至白沙枕大海一十五里"一语,与《元丰九域志》关于咸平以后复置的廉州"西南至海一十五里"的表述互为印证[③]。

因此,太平军与海门均在今廉州镇当可采信。

(二)咸平元年复置廉州

北宋咸平元年,改太平军为廉州,恢复廉州建置[④]。《续资治通鉴长编》《皇

---

① 需要说明的是,古代地理志书在表述某地方位里数时,多以当时的地名作参照,而少以故地为坐标的。此处论定《舆地纪胜》"军在廉州西南三十五里"一句中的"廉州"为宋初"长沙廉州"而非咸平元年复置的"海门廉州",似有悖常理,其实不然。南宋《舆地纪胜》的记述,所据是北宋《宋会要》,《宋会要》初记废廉州建太平军事时,太平军所处之地(今廉州镇),尚未称"廉州",故其所记"军在廉州西南三十五里"中的"廉州"应当是建军前的废廉州,即宋初"长沙廉州"。

② (宋)乐史撰,王文楚等点校:《太平寰宇记》,中华书局,2007年,第3227页。

③ (宋)王存撰,魏嵩山、王文楚点校:《元丰九域志》,中华书局,1984年,第436页。

④ 《舆地纪胜》记:"依旧为廉州,国朝会要在咸平元年。勅,惟此要津,素称合浦,自为军额,颇郁舆情。将令剖竹之臣,复效还珠之守,宜依旧为廉州。"同书另有《咸平元年复置廉州勅》云:"将令剖竹之臣,复效还珠之守。"见(宋)王象之:《舆地纪胜》,中华书局,1992年,第3486、3496页。

宋十朝纲要》俱称咸平元年"改太平军为廉州"①，足见是时并未涉及治地迁移，也就是说，复置的廉州仍在海门，亦即今合浦县廉州镇。宋以后的文献如《大明一统名胜志》记："咸平元年复为廉州，始移今所，在廉江东岸。"②《读史方舆纪要》载："咸平初，复置廉州于廉江东岸，即今治也。"③亦可旁证。

此外，关于咸平元年复置的廉州，北宋《武经总要》记其"南至大海六十里……东南西南皆大海"④；《元丰九域志》记其"南至海八十里……东南至海七十里，西南至海一十五里"⑤。其中，《元丰九域志》"南至海八十里"当是廉州到冠头岭海岸的方位里数⑥，这一表述为明清文献承袭，如明《寰宇通志》记廉州府"南至本府冠头岭海岸八十里"⑦，《大明一统志》记其"南至海岸八十里"⑧，一致的表述还见于明崇祯《廉州府志》⑨、清康熙《廉州府志》⑩。这一点，也从侧面反映了咸平元年复置的廉州一直到明清都未再迁移。

---

① （宋）李焘撰，上海师范大学古籍整理研究所等点校：《续资治通鉴长编》（第4册），卷四十三《真宗》，中华书局，1985年，第911页；（宋）李埴撰：《皇宋十朝纲要》，《续修四库全书本》第347册史部编年类，上海古籍出版社，2002年，第407页。

② （明）曹学佺撰：《大明一统名胜志》，广东名胜志卷之九，明崇祯三年刊本。

③ （清）顾祖禹撰，贺次君、施和金点校：《读史方舆纪要》卷一〇四《广东五·廉州府》，中华书局，2005年，第4753页。

④ （宋）曾公亮、丁度等撰：《武经总要》卷二十《广南西路·廉州合浦郡》，《景印文渊阁四库全书》第七二六册《子部·三二·兵家类》，台湾商务印书馆，1986年，第580页。

⑤ （宋）王存撰，王文楚、魏嵩山点校：《元丰九域志》卷第九《广南路·西路》，中华书局，1984年，第436页。

⑥ 宋六十里约合今34.1公里，八十里约合今45.5公里。今廉州镇南到冠头岭海岸的直线距离约30公里，与《武经总要》"六十里"的表述更为接近。

⑦ （明）陈循等撰：《寰宇通志》卷一百〇五《廉州府》，"中央图书馆"，1987年，第497页。

⑧ （明）李贤等修：《大明一统志》卷八十二《廉州府》，明天顺五年内府刊本。

⑨ 崇祯《廉州府志》卷一《图经志·疆域》，《广东历代方志集成·廉州府部（一）》，岭南美术出版社，2009年，第8页。

⑩ 康熙《廉州府志》卷一《图经志·疆域》，《广东历代方志集成·廉州府部（一）》，岭南美术出版社，2009年，第302页。

二、海门廉州城池的变迁

从前文的梳理可以看出，唐宋时期的海门、北宋初期的太平军以及咸平元年以后的"海门廉州"，均在今合浦县廉州镇。可以说，"海门廉州"正是在唐末以来海门镇和太平军的基础上发展起来的，后经宋元明清历代经营，而有海门廉州城池近一千年的历史。现存明清至民国诸多版本的广东通志、廉州府志及合浦县志，对海门廉州城池自北宋元祐（1086—1094）以来的沿革有较为全面的记载，兹录民国《合浦县志》"廉州府城"条于下：

> 府城创自宋元祐间，绍圣时知府罗守成修，皆土筑。明洪武三年，百户刘春增筑西城六百九十丈五尺，谓之旧城；二十八年，指挥孙全福移东城五十丈，增广土城四百一十八丈；宣德间，指挥王斌砖甃之，谓之新城，为门三，东曰朝天［后改朝阳］，西曰金肃，南曰定海，城濠一千五十一丈；成化元年八月，为西贼所陷；七年［旧志作次年］，知府林锦，都指挥徐宵浚外濠七百九十五丈，视前加深焉，林锦升海北兵备道，以旧城狭隘，请于抚按，得帑金若干，命指挥张福展拓东、南、北三面，并增敌楼、串楼、北城楼及谁（火脚）楼，规模粗备。以西门外河道通海防寇患，加筑月城。正德间，议定府卫分修。嘉靖二年，知府韩鸾复请之抚按，自西由南而东属卫，自北而西属府。十五年，淫雨倾圮，知府张岳再筑。十八年，飓风坏串楼，知府陈健复修。二十一年，知府詹文光撤串楼为阳城。三十四年，知府何御重修，又于东南二门增设月城，制与西门同。隆庆二年，同知昌庭会建敌台九，知府徐柏修城楼。万历七年，知府周宗武修，自南而西北四百二十六丈，增高百余丈，置窝铺一百零六。十年，知府沈应科复修，自北而东南，亦四百余丈，增高二百丈，易雉堞，修城楼。崇祯八年，圮于水，修治甫竣，倾于飓，知府郑抱素捐修。清顺治十八年，知府孙昌裔修西门城楼。康熙四年，总兵张伟修东门城楼。六年，淫雨坍塌，知府

徐化民重修。十年六月十九日，飓风，西门月城及四面女墙又坍，知府徐化民率合浦令游名柱再修。十一年，知府徐化民复捐修府后城楼。考旧制，城垣周围八百零二丈，高三丈，原一丈五尺。外濠长一千零五十一丈，阔二丈五尺，深六尺七。门楼四，东西南月城小楼三，串楼二十四，窝铺六十三，墩台四，望墩一百，垛堞一千六百六十九。顺治初，因明季之乱，颓圮益甚，递年修复城楼十有六，窝铺二十有四，望楼三十有二，垛堞全。康熙二十二年，知府佟国勷率知县昶增高西城门三尺，并城楼窝铺新之。康熙六十年，知府徐成栋又修，雍正四年，大风雨坏北城八丈，南城五丈，知府蒋杲捐修。七年，复修。乾隆十八年，知府周硕勋以形家言前面一字文峰不宜闭塞，率绅士开旧城南门为文明门。乾隆三十九年，知府康基田捐俸创开城内濠渠六百九十五丈，阔二丈余，深丈余，造五拱桥于城内。西新、东新、玉带、青云、奎文。嘉庆三年，合浦知县戴锡纶重疏浚，令居民不得污塞，立碑示禁。五年，淫雨，西门月城崩，合浦知县戴锡纶修复。道光元年，复淫雨，濠渠壅塞，文明门右城基崩七丈余，灵山知县张孝诗修复〔按：郡城西南合浦知县督修，东南灵山督修，东北钦州知州督修，各有界石〕。池广三丈五尺〔大清一统志〕明宣德间王斌浚，成化二年林锦浚，外濠七百九十五丈，深倍于前。〔郝通志〕……今考城垣之筑，外砖而内土，内取斜直，外取陡直，使难逾越。在筑城初，意原为防御敌人，然城虽高，无河护之，则人易攀援而上，故于城之四围再凿濠池[1]。

明清以来的方志都以北宋元祐为海门廉州城创筑上限，但均未陈明具情。明万历《粤大记》载："又有谢季成，元祐中以南京作坊来知廉州，版筑城壁，

---

[1] 民国《合浦县志》卷一《建置志·城池·廉州府》，《广东历代方志集成·廉州府部（六）》，岭南美术出版社，2009年，第97、98页。中括号内为原书按语。由于民国《合浦县志》为中华人民共和国成立前合浦县最后一部方志，其有关廉州城的记述相对最全，虽与明清各志所记出入不少，但总体多属直接承袭，大体不误。

修治道路，庠序一新。"①疑即此事。而《续资治通鉴长编》卷二百七十七记神宗熙宁九年（1076）秋七月癸亥"邕、廉州重建州县"，卷二百七十九又记同年十二月癸卯"诏录广南西路提点刑狱、职方员外郎宋球一子郊社齐郎。以球因相度钦、廉州修筑，瘴死于道也"②。似表明元祐以前，海门廉州已有筑城、修城事迹。除上举有关海门廉州城池的沿革、事迹外，《宋会要辑稿·方域九》"廉州城"条又记："绍熙二年（1191）十月三日，权知廉州沈纪言：'本州城壁系边海去处，每年夏秋间，飓风不时发作，城上屋宇间有损动。乞令本路经略司下本州守臣、兵官，常椿物件，自今后城壁屋宇遇飓风发作，随有损处，即便修葺，不得积有损坏。'从之。"③

自民国《合浦县志》以后，鲜见关于廉州城的专门记载，近人多以廉州城拆除于抗战时期，约自1938年始，1941年告竣④。又据徐肇松《谈谈廉州古城》的记述，1930年廉州城城即已开始拆除西门月城新建道路⑤。又，周简、王冠超《廉州城的一寺、三庵、四楼、十二庙简介》记载，1931年合浦开县城马路，三官楼与西门拱城同时拆除⑥。查美国威斯康星大学密尔沃基图书馆藏彭德尔顿20世纪初游历北海期间所摄影像，见有1932年廉州城拆除城墙的场景（图一）。虽然上述几种材料所标示的廉州城开始拆除的时间尚有细微出入，但大体当是同指，也就是说，廉州城约在20世纪30年代初便已开始陆续拆除。

---

① 万历《粤大记》卷十一《宦迹类》，书目文献出版社，1990年，第201页。此外，明万历《万姓统谱》、弘治《八闽通志》，清道光《广东通志》对谢季成筑廉州城事亦有记述。

② （宋）李焘撰，上海师范大学古籍整理研究所等点校：《续资治通鉴长编》（第20册），卷二百七十七、卷二百七十九，中华书局，1985年，第6769、6843页。

③ 刘琳、刁忠民、舒大刚、尹波等校点：《宋会要辑稿》，上海古籍出版社，2014年，第9461页。

④ 周家干：《廉州古城史话》，《广西地方志》2010年第6期，第53页；许成芳：《合浦辛亥革命后三十八年来军事简史》，《合浦文史资料》（第2辑），政协合浦县委员会办公室，1983年，第10页；徐肇松：《谈谈廉州古城》，《合浦文史资料》（第5辑），政协合浦县委员会，1987年，第67页。

⑤ 徐肇松：《谈谈廉州古城》，《合浦文史资料》（第5辑），政协合浦县委员会，1987年，第67页。

⑥ 周简、王冠超：《廉州城的一寺、三庵、四楼、十二庙简介》，《合浦文史资料》（第5辑），政协合浦县委员会，1987年，第131页。

图一 彭德尔顿所摄1932年拆除廉州城西门景象（美国威斯康星大学密尔沃基分校数字图书馆，照片编号：pe001885）

中华人民共和国成立后，随着廉州市政建设的发展，1958年继续清除古城残垣，并兴建了解放路、西华路、城基东路、城基西路[①]。到20世纪60年代，城墙拆尽未久的廉州，尚可清晰地看出古城的轮廓（图二）。1973年，旧城东门（钟鼓楼）拆毁[②]。到80年代，合浦县廉州镇地图上仍旧能看出古城的大体范围（图三）。至今，廉州镇老城区仍存留有"大东门""西门江""北河塘"等标示古城身份的地名。

[①] 周家干：《廉州古城史话》，《广西地方志》2010年第6期；徐肇松：《谈谈廉州古城》，《合浦文史资料》（第5辑），政协合浦县委员会，1987年，第67页。

[②] 周家干：《廉州古城史话》，《广西地方志》2010年第6期。

图二 1964年廉州城卫星影像图［美国地质调查局（USGS）网站 https://earthexplorer.usgs.gov/］

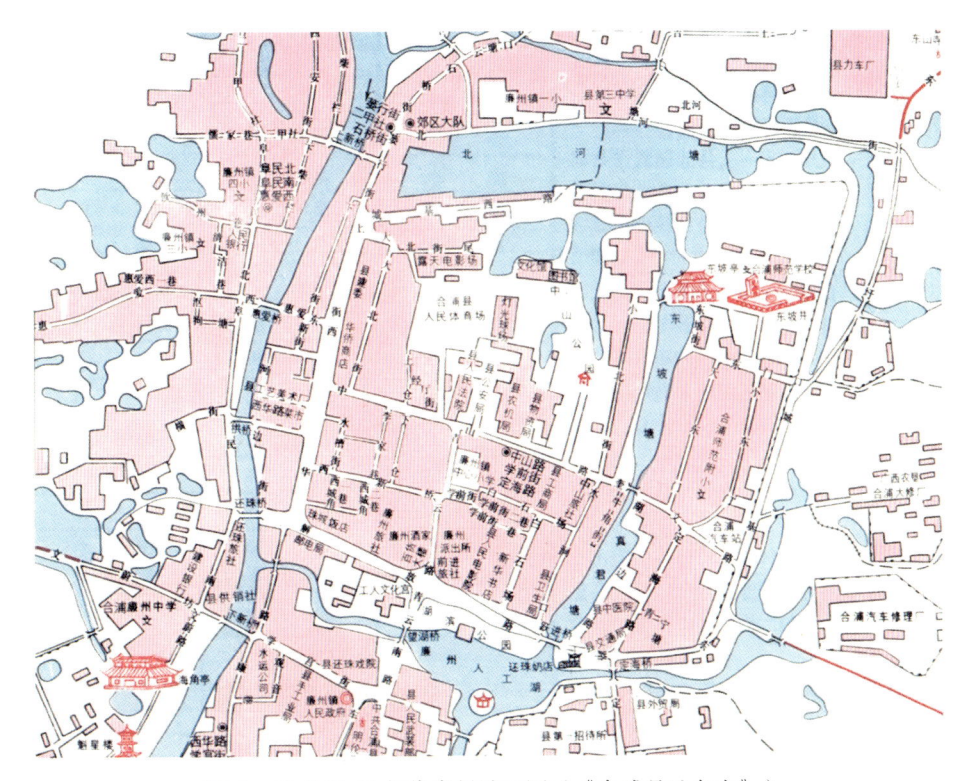

图三 20世纪80年代廉州城区图（《合浦县地名志》）

廉州城自宋代始建到民国陆续拆除，前后延续近一千年，先后经历过多次毁修（表一）。廉州古城见证了合浦自宋元以来的发展历程，是合浦文化内涵最为深厚的古代遗存，也是"廉州"这一建置称谓及其代表的"廉州文化"的主要孕育场所。

表一　海门廉州城池变迁一览表

公元纪年	历史纪年	事件	资料来源
983	太平兴国八年	废旧廉州，移就海门建太平军	《太平寰宇记》
998	咸平元年	撤太平军，恢复廉州建置	《元丰九域志》
1076	熙宁九年	廉州重建州县；廉州计划修城	《续资治通鉴长编》
1086—1094	元祐间	创筑土城；谢季成知廉州，版筑城壁	嘉靖《广东通志》；《万历粤大记》
1094—1098	绍圣四年	知府罗守成修城	嘉靖《广东通志》
1191	绍熙二年	权知廉州沈杞上疏修城	嘉靖《广东通志》
1370	洪武三年	百户刘春增筑，后甃以砖	嘉靖《广东通志》
1395	洪武二十八年	指挥孙全复增广土城	嘉靖《广东通志》
1426—1435	宣德间	指挥王斌甃之以砖	嘉靖《广东通志》
1427	宣德二年	知府林锦修复，寻拓其制	嘉靖《广东通志》
1506—1521	正德间	府卫分修	嘉靖《广东通志》
1523	嘉靖二年	知府韩鸾复增城高，重修串楼	嘉靖《广东通志》
1538	嘉靖十七年	大雨，西城崩，知府张岳筑之	嘉靖《广东通志》
1540	嘉靖十九年	飓风坏串楼，知府陈健修复	嘉靖《广东通志》
1542	嘉靖二十一年	知府詹文光去串楼，增筑雉堞	嘉靖《广东通志》
1555	嘉靖三十四年	知府何御增设东、南二门月城	嘉靖《广东通志》
1568	隆庆二年	同知昌应会建敌台九，知府徐柏修城楼	万历《广东通志》
1579	万历七年	知府周宗武修葺	万历《广东通志》
1582	万历十年	知府沈应科复修	万历《广东通志》
1635	崇祯八年	圮于水，修治报竣	崇祯《廉州府志》
1636	崇祯九年	圮于飓风，俱知府郑抱素捐俸修	崇祯《廉州府志》
1638	顺治初年	一切楼铺颓圮甚多，递年修复	康熙《廉州府志》
1661	顺治十八年	顺治十八年，西门城大楼，知府孙昌裔修复	康熙《廉州府志》
1665	康熙四年	康熙四年，东门城大楼，总兵张伟修复	康熙《廉州府志》

续表

公元纪年	历史纪年	事件	资料来源
1667	康熙六年	六年，淫雨坍塌，知府徐化民修	康熙《廉州府志》
1671	康熙十年	飓风倒坏西门月城及西面垛墙共十余丈，知府徐化民倡捐，督率合浦知县游名柱刻期修竣	康熙《廉州府志》
1672	康熙十一年	徐化民复捐修府后城楼	康熙《廉州府志》
1682	康熙二十一年	知府佟国勷、合浦县知县杨昶捐俸重修府城西门	康熙《廉州府志》
1721	康熙六十年	知府徐成栋修葺城垣，建复三城门楼阁	雍正《广东通志》
1726	雍正四年	大风雨坏北城八丈、南城五丈，知府蒋杲捐修	雍正《广东通志》
1729	雍正七年	布政使奉行督修	雍正《广东通志》
1753	乾隆十八年	知府周硕勋率绅改建南门为文明门	乾隆《廉州府志》
1774	乾隆三十九年	知府康基田捐俸创开城内濠渠	道光《廉州府志》
1798	嘉庆三年	知县戴锡纶重疏浚	道光《廉州府志》
1880	嘉庆五年	淫雨，西门月城崩，合浦知县戴锡纶修复	道光《廉州府志》
1821	道光元年	淫雨，濠渠壅塞，文明门右城基崩七丈余，灵山知县张孝诗修复	道光《廉州府志》
1923		黄明堂困守廉州城，战前修复城墙	《合浦文史资料》（第1辑）
1926		县长钟赓开辟北城门	《合浦文史资料》（第5辑）
1930		拆除西门月城	《合浦文史资料》（第5辑）
1938		拆廉城	《合浦文史资料》（第5辑）
1958		清理残垣，开辟街道	《廉州古城史话》
1973		旧城东门（钟鼓楼）拆毁	《廉州古城史话》

三、明清时期廉州城池的规制

前述海门廉州城池在宋元时期即已修筑，但文献记载失之过简，特别是元代廉州城池的情况几乎不见记载。北宋元祐以来的廉州城，志书称"皆土筑"。

又，崇祯《廉州府志》记"黄泥城，谯楼北"[1]。似透露出宋元时期廉州土城某一面城墙分布于府署谯楼北，亦即今廉州镇体育场一带。徐肇松《谈谈廉州古城》一文称宋代廉州城名"娥媚城"，东墙约是今小北街一线，结合徐肇松同文关于廉州城"内沟"的复原[2]，可以进一步对宋元时期初筑的土城作如是推测：其东至今合浦县图书馆南连中山公园正门一线，南至今西新桥一线，西至今水槽街、大北街一线，北至今大北街尾到合浦县图书馆一线（图四—图六）。

目前所见有关海门廉州城池的记述，以明清时期较为详细。如前所举，明洪武初，在宋元旧廉州城的基础上增筑，后仍命之"旧城"；此后至宣德间又陆续增拓并包砌城砖，称"新城"；成化二年，复增拓之，城周自此基本固定下来。不过，自成化以降，廉州城还陆续增设月城、加高城墙、新辟城门，可

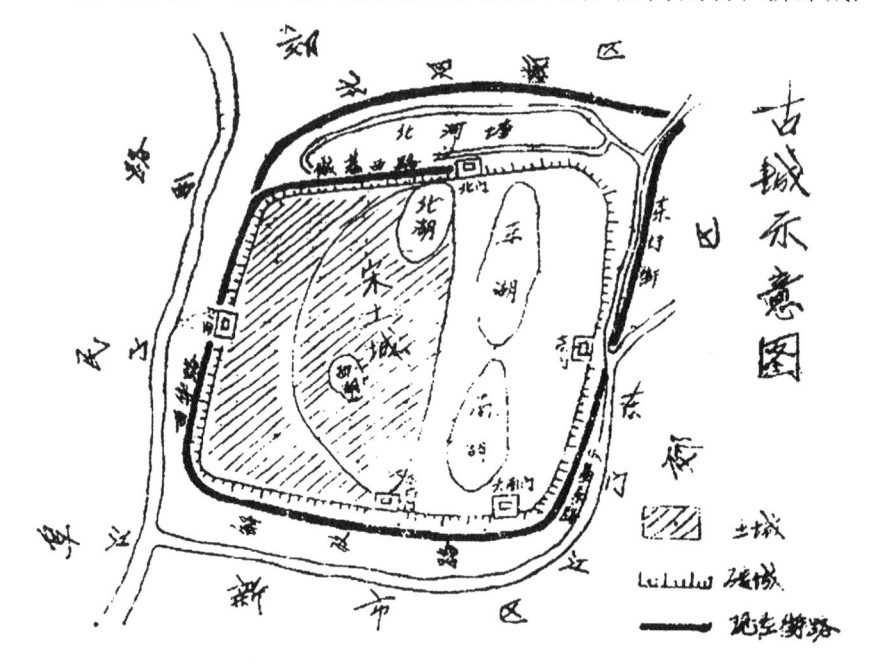

图四 徐肇松复原的廉州古城示意图（引自《谈谈廉州古城》）

---

[1] 崇祯《廉州府志》卷二《地理志·里巷》，《广东历代方志集成·廉州府部（一）》，岭南美术出版社，2009年，第35页。
[2] 徐肇松：《谈谈廉州古城》，《合浦文史资料》（第5辑），政协合浦县委员会，1987年，第69页。

以说，廉州城始终处于一种动态发展和变化的过程之中，志书所谓"旧城""新城"，并不能很好地概括其某一阶段的特征，现有的材料也无法复原出各阶段的具体规制。从廉州镇旧的卫星影像（图二）及现存的老城区格局考察，大体可以东坡塘为界，粗略地将廉州城的变迁分两个阶段讨论。

嘉靖《广东通志初稿》"廉州府城"条记，洪武二十八年，"夷其东，展筑土城"；[1] 崇祯《廉州府志》"廉州府城"条也称，洪武二十八年，"指挥孙全福移东城一百五十丈，增广土城四百一十八丈"[2]。廉州城在洪武二十八年的增拓，是将旧城东墙夷平后再向东拓展约五十丈（约160米），是一次规模相对较大的扩建。今东坡塘至城基东路的距离约200米，推测东坡塘可能正是洪武三年至二十八年旧城的东城壕。这里，我们暂且将东坡塘以西的古城范围视作明初旧城，东坡塘以东，大致是洪武二十八年以后陆续展拓形成的新城。

（一）明初旧城面貌

旧城的面貌，志书中没有详细的记载。从洪武二十八年"展筑土城"、宣德间"甃之以砖"等记载看，宣德以前的城墙仍为夯土墙。按志书记载，城周在洪武三年"六百九丈五尺"的基础上增加了四百一十八丈，累计一千零二十七丈五尺[3]，但嘉靖《广东通志》所记成化二年增拓以后的廉州城周长仍是

---

[1] 嘉靖《广东通志初稿》，《北京图书馆古籍珍本丛刊》第38册《史部·地理类》，书目文献出版社，1996年，第87页。

[2] 崇祯《廉州府志》卷三《营缮志·城池》，《广东历代方志集成·廉州府部（一）》，岭南美术出版社，2009年，第44页。洪武二十八年廉州城东扩的丈数，嘉靖《广东通志》、万历《广东通志》、崇祯《廉州府志》、康熙《廉州府志》、乾隆《廉州府志》等文献表述为"一百五十丈"，道光《廉州府志》、民国《合浦县志》等文献表述为"五十丈"，从廉州城的规模及城壕分布情况看，"五十丈"更契合实际。

[3] 崇祯《廉州府志》卷三《营缮志·城池》，《广东历代方志集成·廉州府部（一）》，岭南美术出版社，2009年，第44页。

"千丈有奇"[1]，崇祯《廉州府志》甚至称明末廉州城周围仅"八百零二丈"[2]。故而明初旧城的实际周围里数尚难推定。以今廉州镇东坡塘为界，塘以西视为旧城，则其周长约2300米，约合明代七百丈。

旧城城壕，可能即今西门江—北河塘西段—东坡塘等水系，南面还珠广场一带原为人工湖，推测是古城壕扩展而来。张岳《尚志书院记》称："廉州府学旧在城东北隅，县学附，其左逼城垣，右滨故城壕。"[3] 所言府学、县学旧址地在新城东北隅，即今合浦师范学校一带，而所谓"故城壕"，当即今东坡塘。

旧城城门的辟设，已知有东、南二处。崇祯《廉州府志》记："钟鼓楼即旧城东门楼。"[4] "东门桥，在钟鼓楼东。"[5] "东门井，在旧城东门内，相传苏东坡所凿，久旱不涸。"[6] 康熙《廉州府志》记："鸣阳楼，在城内，即钟鼓楼。"[7] 廉州城钟鼓楼位于今中山路口、水洞口、小北街、奎文路四条街巷的交汇处，与中山公园相邻，旧城东门亦然。门上钟鼓楼又名玉皇阁，存留至"十年动乱"方才拆毁[8]。至于旧城南门，乾隆《廉州府志》记："乾隆十八年，知府周硕勋

---

[1] 嘉靖《广东通志》卷十五《舆地志三·城池·廉州府》，广东省地方史志办公室誊印，1997年，第371页。

[2] 崇祯《廉州府志》卷三《营缮志·城池》，《广东历代方志集成·廉州府部（一）》，岭南美术出版社，2009年，第44页。

[3] 崇祯《廉州府志》卷十二《艺文志·尚志书院记》，《广东历代方志集成·廉州府部（一）》，岭南美术出版社，2009年，第190页。

[4] 崇祯《廉州府志》卷三《营缮志·公署》，《广东历代方志集成·廉州府部（一）》，岭南美术出版社，2009年，第48页。

[5] 崇祯《廉州府志》卷三《营缮志·桥渡》，《广东历代方志集成·廉州府部（一）》，岭南美术出版社，2009年，第54页。

[6] 崇祯《廉州府志》卷三《营缮志·井》，《广东历代方志集成·廉州府部（一）》，岭南美术出版社，2009年，第56页。

[7] 康熙《廉州府志》卷三《建置志·亭榭》，《广东历代方志集成·廉州府部（一）》，岭南美术出版社，2009年，第356页。

[8] 周简、王冠超：《廉州城的一寺、三庵、四楼、十二庙简介》，《合浦文史资料》（第5辑），政协合浦县委员会，1987年，第129、130页。

以形家言前面一字文峰不宜闭塞，率绅士开旧城南门为文明门。"[1] 此事还见载道光《廉州府志》所录《廉州府开小南门碑记》[2]。文明门即后世俗称的小南门，在今解放路和青云路交汇处，据上引，知其曾为旧城南门。《廉州府开小南门碑记》称："明季寇乱，小南门为出入要路，尤被蹂躏。"其"因循堵塞者，垂百余年"[3]。表明旧城南门约在明末封闭。另外，以城内外交通便利的角度看，西门江为河海联运的航道、城西陆路又可沟通钦廉，则旧城西墙可能还辟设有西门，或即新城西门金肃门。

总体而言，海门廉州旧城的面貌并不清晰，以上只是作一大致的推测，更多的细节还有待于新的考古材料来阐释。

（二）明洪武二十八年以来新城规制

海门廉州城在明洪武二十八年展筑东城以后，宣德间又"缭砌以砖，且拓其制"[4]，并"谓之新城"[5]。至成化二年，"知府林锦修复。寻（林锦）擢海北兵备，以旧城尚隘，因命指挥张福都修东、南、北三面城，益拓其制。周广千丈有奇，敌楼、串楼八百九十有六，南北楼及谯楼各五，惟西门有月城，以外河通海，恐有寇患"[6]。自成化二年以降，廉州城再未增拓，因而廉州城最终的规模实际上是成化二年固定下来的。

---

[1] 乾隆《廉州府志》卷六《建置·城池》，《广东历代方志集成·廉州府部（二）》，岭南美术出版社，2009年，第73页。
[2] 道光《廉州府志》卷二十五《艺文三·廉州府开小南门碑记》，《广东历代方志集成·廉州府部（三）》，岭南美术出版社，2009年，第634、635页。
[3] 道光《廉州府志》卷二十五《艺文三·廉州府开小南门碑记》，《广东历代方志集成·廉州府部（三）》，岭南美术出版社，2009年，第634、635页。
[4] 嘉靖《广东通志初稿》，《北京图书馆古籍珍本丛刊》第38册，书目文献出版社，1996年，第87页。
[5] 嘉靖《广东通志》卷十五《舆地志三·城池·廉州府》，广东省地方史志办公室誊印，1997年，第371页。
[6] 嘉靖《广东通志》卷十五《舆地志三·城池·廉州府》，广东省地方史志办公室誊印，1997年，第371页。

1. 城池范围及走势

结合旧卫星影像及廉州镇老城区现有的街道格局、称谓，可以明确新城的范围及走势，如城基东路、大东门路、小东门路、东门口、城基西路、西门江、北河塘等地名，清晰地指示了新城东墙、西墙及北墙的走势，徐肇松《谈谈廉州古城》一文对此也有比较详细的说明[1]。具体而言，明洪武二十八年以来的新城，东至今城基东路，南至今解放路，西至今西华路，北至今城基西路。现存的北河塘为其北城壕[2]，西门江为城西天然护城河。在旧卫星影像上还可以看出，紧邻今城基东路东侧，原有一条走势与城基东路一致的壕沟，今解放路以南，也有壕沟及湖塘，其基础应当分别是新城东城壕和南城壕（图二、图三）。乾隆《廉州府志》记合浦县学"北抵城壕"[3]，亦可佐证新城南城壕的方位。

新城周围里数，嘉靖《广东通志》记为"千丈有奇（约3200米）"[4]，崇祯《廉州府志》记为"八百零二丈（2566米）"[5]，康熙《广东舆图》记为"柒佰陆拾捌丈柒尺（2460米）"[6]，嘉庆《大清一统志》记为"一千六百七十丈（5344米）"[7]，各志表述，出入甚远。结合上述复原的城墙走势，新城实测周长约

---

[1] 徐肇松：《谈谈廉州古城》，《合浦文史资料》（第5辑），政协合浦县委员会，1987年，第68页。

[2] 北城壕又名北湖，水自城东龙门江来，崇祯《廉州府志》载："龙门水由龙津桥□城而入，绕巡道署左，汇为湖，曰北湖，旧为学宫之育鱼池。又南出云龙桥，复汇为湖曰南湖，□南城而出入于江。"见崇祯《廉州府志》卷二《山川脉络》，《广东历代方志集成·廉州府部（一）》，岭南美术出版社，2009年，第32页。

[3] 乾隆《廉州府志》卷六《建置·学宫》，《广东历代方志集成·廉州府部（二）》，岭南美术出版社，2009年，第75页。清代合浦县学，地即今学宫大成殿，在合浦学宫街东端。

[4] 嘉靖《广东通志》卷十五《舆地志三·城池·廉州府》，广东省地方史志办公室誊印，1997年，第371页。

[5] 崇祯《廉州府志》卷三《营缮志·城池》，《广东历代方志集成·廉州府部（一）》，岭南美术出版社，2009年，第44页。

[6] 康熙《广东舆图》，《北京图书馆古籍珍本丛刊》第38册，书目文献出版社，1996年，第890页。

[7] 嘉庆《大清一统志》卷四五〇《廉州府·城池》，《续修四库全书》第613册《史部·地理类》，上海古籍出版社，2002年，第652页。

3000米，与嘉靖《广东通志》所记最为接近。

相较于明初旧城，新城已由土城转变为砖城，据《廉郡修城记》的记述还可以看出，城墙内筑夯土，上部表面包砖，基底包石[①]。

2. 城门布设

新城城门的辟设，文献一般说有三，即"东曰朝天，西曰金肃，南曰定海"[②]。志书一般将其罗列在明宣德甃砖事迹后，表明这种格局自宣德以来即已形成。而在志书所举城图或是描述其他建筑方位时，往往还可以看到北门的踪影。此外，清乾隆十八年还增辟了小南门，近人论著中又见有"小东门"之记叙。明清相关地志所绘廉州府城示意图，往往写意大于写实，多数未能准确表现城池的实际面貌（图五）。

新城东门，旧称"朝天门"，明崇祯《廉州府志》还见有"新东门"的表述，如"新东门桥，在朝天门外"[③]。未知此"新东门"是单指桥名还是兼指门名。约自清道光以后，一度改称"朝阳门"，如道光《廉州府志》记："东曰朝天，后改朝阳。"[④]"朝阳桥，东门外。"[⑤]民国时期，又见有称"大东门"者，如民国《合浦县志》记："守备署，在大东门。"[⑥]明嘉靖三十四年，知府何御重

---

① 崇祯《廉州府志》卷十二《艺文志·廉郡修城记》，《广东历代方志集成·廉州府部（一）》，岭南美术出版社，2009年，第185页。
② 崇祯《廉州府志》卷三《营缮志·城池》，《广东历代方志集成·廉州府部（一）》，岭南美术出版社，2009年，第44页。
③ 崇祯《廉州府志》卷三《营缮志·桥渡》，《广东历代方志集成·廉州府部（一）》，岭南美术出版社，2009年，第54页。
④ 道光《廉州府志》卷七《建置一·城池》，《广东历代方志集成·廉州府部（三）》，岭南美术出版社，2009年，第94页。
⑤ 道光《廉州府志》卷九《建置三·桥渡》，《广东历代方志集成·廉州府部（三）》，岭南美术出版社，2009年，第202页。
⑥ 民国《合浦县志》卷一《建置志·廨署·守备署》，《广东历代方志集成·廉州府部（六）》，岭南美术出版社，2009年，第108页。

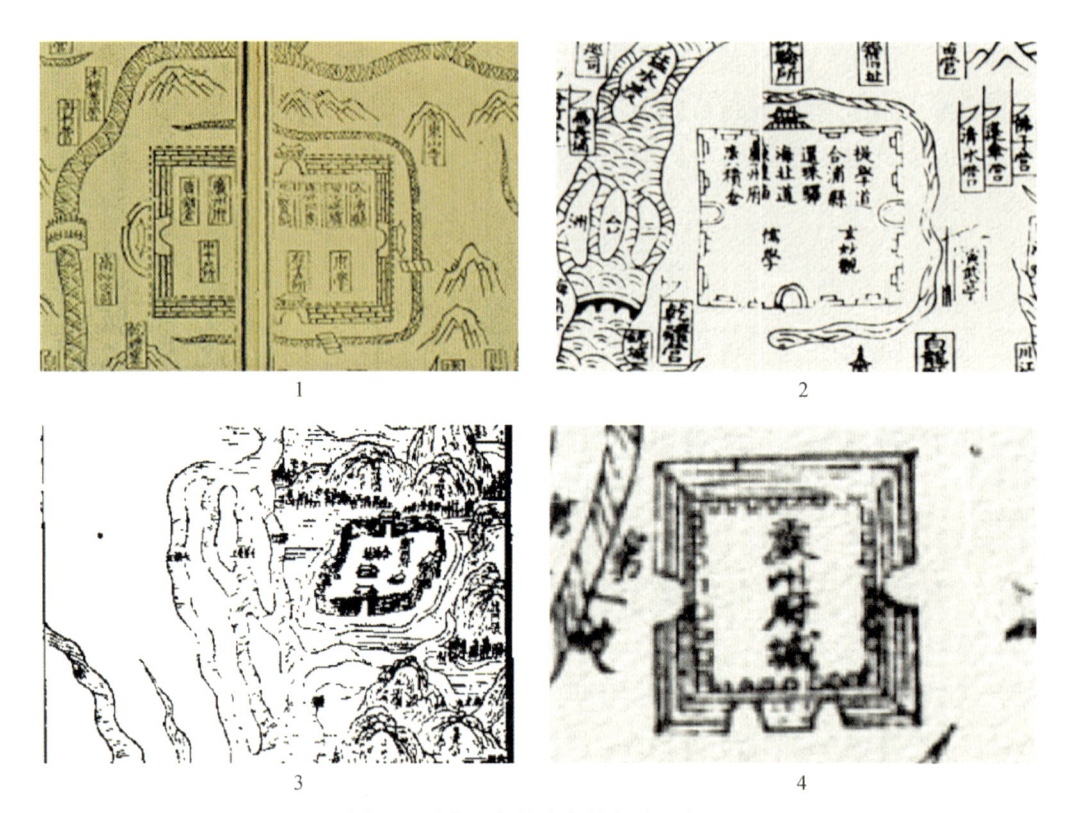

图五 明清地志所绘廉州府城示意图
1. 万历《广东通志》 2. 崇祯《廉州府志》 3. 康熙《广东舆图》 4. 乾隆《廉州府志》

修府城时,于东门外增设月城,制与西门同[1]。今廉州镇仍有"大东门"之路名,依此可以推知新城东门位于今大东门路与城基东路交汇处。

廉州古城既有大东门,想来似应有"小东门",但旧志中没有关于"小东门"的记载,唯《抗日战争期间廉州防空及敌机狂炸见闻忆述》一文记1939年日军在廉州"小东门"投弹数枚[2],未明是指路还是指门。今廉州镇尚有"小东门"路名,在合浦县实验小学东侧。若廉州古城确有"小东门",恐怕也只是民国《合

---

[1] 嘉靖《广东通志》卷十五《舆地志三·城池·廉州府》,广东省地方史志办公室誊印,1997年,第371页。
[2] 文史组:《抗日战争期间廉州防空及敌机狂炸见闻忆述》,《合浦文史资料》(第6辑),政协合浦县委员会办公室,1988年,第64页。

图六 廉州城城门旧照片
1. 疑似南门正面 2. 南门城楼一角，远处为孔庙棂星门 3. 东门 4. 疑似西门

1、2. 来源于网络 http://m.beihai365.com/wap/thread/view-thread/tid/12103557 3. 为彭德尔顿所摄，来源于美国威斯康星大学密尔沃基分校数字图书馆，照片编号：pe001895 4. 见于1910年广东廉州府寄德国清四次邮资明信片

浦县志》成书以后（1932）至廉州城基本拆除（1941）这一短暂时期内辟设的。

南门，旧称"定海门"，门楼上曾置五魁楼[①]。自道光《廉州府志》以来又称"大南门"，如道光《廉州府志》记："定海桥，大南门外。"[②] 明嘉靖三十四年，

[①] 民国《合浦县志》卷一《建置志·坛庙·五魁楼》，《广东历代方志集成·廉州府部（六）》，岭南美术出版社，2009年，第104页。

[②] 道光《廉州府志》卷九《建置三·桥渡》，《广东历代方志集成·廉州府部（三）》，岭南美术出版社，2009年，第202页。

与东门同设月城，制同。今廉州镇尚有定海路名，新城南门在今解放路与定海北路交汇处。

小南门，也称"文明门"，乾隆《廉州府志》记，乾隆十八年，"知府周硕勋以形家言前面一字文峰，不宜闭塞，率绅士改建南门为文明门"[①]。又据前引《廉州府开小南门碑记》，知此门在明代即已辟设，约在明末一度封闭，到清乾隆十八年才又重开。民国《合浦县志》记："青云坊，在文明门内。"[②]又记："青云桥，在文明门内。"[③]今廉州老城区仍有青云路名，依此推知小南门当在今解放路与青云路交汇处。

西门，即"金肃门"，因门外西门江通海，为防寇患，最早砌筑了月城。到民国时期拆城，也是最早从西门月城开始拆除的。崇祯《廉州府志》记："府城承宣街，府前，抵西门。"[④]"阜民墟，在西门桥外。"[⑤]根据街道、墟市与西门的方位关系，结合徐肇松《谈谈廉州故城》一文的记述，推测西门位置当在今中山路与西华路交汇处。

北门，新城初无北门，后来也未见有正式的称谓。明嘉靖年间，知府何御为维持城北卫民墟的正常运作，有意开辟北门。何御《嘉靖乙卯志叙》（佚书嘉靖《廉州府志》序言）记："议者谓不开北门，则此墟（城北卫民墟）恐终废也。夫天下郡县之城多矣，其谁以北门为讳？独廉尔哉。吾欲辟而门之，苟

---

① 乾隆《廉州府志》卷六《建置·城池》，《广东历代方志集成·廉州府部（二）》，岭南美术出版社，2009年，第73页。

② 民国《合浦县志》卷一《建置志·坊表·青云坊》，《广东历代方志集成·廉州府部（六）》，岭南美术出版社，2009年，第112页。

③ 民国《合浦县志》卷一《建置志·津梁·青云桥》，《广东历代方志集成·廉州府部（六）》，岭南美术出版社，2009年，第118页。

④ 崇祯《廉州府志》卷二《地理志·里巷》，《广东历代方志集成·廉州府部（一）》，岭南美术出版社，2009年，第35页。

⑤ 崇祯《廉州府志》卷二《地理志·墟市》，《广东历代方志集成·廉州府部（一）》，岭南美术出版社，2009年，第40页。

以外墉，左右取道以便民。墟诚可久之道欤，勿以招戎为词，可也。"①从崇祯《廉州府志》关于廉州城的记述看，何御的设想似乎并未实现，但康熙《廉州府志》又称"今北门旧闭"②，所附《廉州府总图》上，府城绘有北门，图注"旧有北门，闭塞已久，上建北帝楼"，表明明清之际廉州城实辟有北门，门楼上建北帝庙③。《嘉靖乙卯志叙》所述"以北门为讳"，直到民国时期仍旧存在，徐肇松《谈谈廉州故城》一文记民国十五年（1926），"县长钟赓在北城北帝庙西前方，开辟北城门，打通了城内往北郊的通道。当时引起了迷信的群众议论纷纷，顾虑重重，认为北门是幽门，开北门是不吉利的事，但事后居民皆称便"④。以上所述，反映出新城北门因受堪舆学说和现实需求的左右而时开时闭的境况。根据城墙走势及街道布局，结合徐肇松《谈谈廉州故城》一文的记述，推测北门当在今小北街与城基西路交汇处。

3. 主要街巷和里坊

明清以来合浦地志，对廉州城的街巷及里坊多有专门记述，以崇祯《廉州府志》为例，所记廉州府城的街道有承宣街、还珠街、武安街、文会巷、武营巷，里坊有青云里、黄门里、贞节坊、黄泥城、兴贤里、进士坊、兴廉坊、东屯、南屯、海门坊、康定坊、阜民坊、永济坊、保子坊等。现将明清至民国诸志所记街巷里坊以及其中部分街巷的分布情况罗列于下（表二）。

---

① 崇祯《廉州府志》卷十四《外总志·嘉靖乙卯志叙》，《广东历代方志集成·廉州府部（一）》，岭南美术出版社，2009年，第265、266页。
② 康熙《廉州府志》卷三《建置志·城池》，《广东历代方志集成·廉州府部（一）》，岭南美术出版社，2009年，第349页。
③ 康熙《廉州府志》卷一《图经志·廉州府总图》，《广东历代方志集成·廉州府部（一）》，岭南美术出版社，2009年，第299页。民国《合浦县志》记"北帝庙，在北门楼上"，则北帝楼当即北帝庙。见民国《合浦县志》卷一《建置志·坛庙·北帝庙》，《广东历代方志集成·廉州府部（六）》，岭南美术出版社，2009年，第103页。
④ 徐肇松：《谈谈廉州古城》，《合浦文史资料》（第5辑），政协合浦县委员会，1987年，第67页。

表二　廉州城街巷里坊分布情况

称谓	方位	今地推测	称谓	方位	今地推测
承宣街	府治前抵西门	中山路	还珠街	县前抵云龙桥	水洞口路
武安街	在武安祠前，抵东城	奎文路	大北街	忠义祠，在城内大北街；典史署……清季迁城内大北街	大北街
武营巷	卫左		文会巷	府右	
东门直街	游击署，在东门直街	大东门路北段	北街	太平坊，在府城北街	北河街
青云里	察院左	青云路	黄门里	察院右	体育场南
贞节坊	谯楼南		黄泥城	谯楼北	体育场
兴贤里	学前	定海北路一带	进士坊	东门内	大、小东门一带
兴廉坊	南门内	定海北路一带	东屯	南门外	
南屯	城西南隅	解放路与西华街交汇地带	海门坊	旧海角亭	
康定坊	西门外	中心市场	阜民坊	廉江西岸	阜民路一带
永济坊	永济桥下	惠爱桥一带	保子坊	张公祠前	保子庵一带
北闸（坊）	城西北隅；贞节坊，在城外北闸坊	篓行街	永宁坊	城北	县二中一带
宣化坊	了齐书院，在府治西宣化坊	体育场西	太平坊	在府城北街	

4. 官署等重要建筑

廉州府城的规模相对较小，明清时期城内的建筑应当是比较密集的，现举官署等重要建筑稍作推测。

廉州府署，历代志书只记其沿革、制度，而不陈明其位置，概因修志者以为人尽皆知，故未赘述，并又以之作为基准，标记城内其他大量地名、建筑。因而，有必要对其具体位置稍作说明。历代志书关于廉州府署的记述均未见其迁徙事迹，则其地理位置当自洪武二年初建延续到晚清，王伯豪《清末廉州官府、刑狱见闻》一文记清末廉州知府衙门遗址在今体育场[①]。

---

① 王伯豪：《清末廉州官府、刑狱见闻》，《合浦文史资料》（第2辑），政协合浦县委员会办公室，1983年，第15页。

合浦县署，嘉靖《广东通志初稿》记其"在府治东，洪武八年革，十四年复，即百户所旧基建之"①。王伯豪《清末廉州官府、刑狱见闻》一文记其在今中山公园。

其余建筑的分布情况参见表三。

表三　明清时期廉州新城部分建筑分布情况

称谓	方位	今地推测	称谓	方位	今地推测
布政分司	在府治东	中山公园	试院	在府治东，旧为布政分司馆	中山公园
按察分司	在府治西	体育场西	廉防同知署	即按察分司旧馆	体育场西
廉州营游击署	在城东门	合浦师范学校	廉营中军守备署	在府治东	中山公园
察院	在府治前南	体育场南	僧纲司	在东山寺	东山寺
白石盐课大使署	在府治南	白石场路	海北盐课提举司	府治东门内	体育场
广储仓	在府治西	体育场西	预备仓	广储仓内	体育场西
府学	南门内玄妙观	定海北路一带	县学	城外南屯	学宫大成殿
医学	旧在府治东	中山公园	阴阳学	旧在府治东	中山公园
府社稷	城北半里	县二中一带	钟鼓楼	即旧城东门楼	小北街与奎文路交汇处
海角亭	府治西南	廉州中学	还珠亭	南门	还珠广场

5. 墟市

廉州府城的墟市主要有四处，即东墟、阜民墟、卫民墟和西门市。其中，东墟在东门外②；阜民墟在西门桥外；卫民墟，在北门外；西门市，在西门外③。另有所谓"古卫民墟"者，民国《合浦县志》记其"在城东一里"④。

---

① 嘉靖《广东通志初稿》，《北京图书馆古籍珍本丛刊》第38册，书目文献出版社，1996年，第206页。
② 崇祯《廉州府志》卷二《地理志·里巷》，《广东历代方志集成·廉州府部（一）》，岭南美术出版社，2009年，第35页。
③ 崇祯《廉州府志》卷二《地理志·墟市》，《广东历代方志集成·廉州府部（一）》，岭南美术出版社，2009年，第40页。
④ 民国《合浦县志》卷一《建置志·墟市·古卫民墟》，《广东历代方志集成·廉州府部（六）》，岭南美术出版社，2009年，第114页。

6. 其他

除前文所举，廉州府城内及其周边，还分布有众多书院学校、祠庙社坛、驿铺亭榭、桥渡井泉等建筑，以书院为例，府县设有海门书院、廉湖书院、珠场书院、了齐书院、海天书屋、尚志书院、平湖书院、和融书院、联珠讲院、还珠书院、天南书院、龙门书院、味经书院、珠瀛书院、太邱书院等；又如祠庙，有先师庙、启圣祠、城隍庙、旗纛庙、名宦祠、乡贤祠、三贤祠、孟太守祠等；或如桥梁，有东门桥、武安桥、新东门桥、龙津桥、永济桥、武成桥、化龙桥、演武桥等。诸如此类，不一而足。不过以上所举，均无定律，其分布整体而言是比较随意散乱的。

（三）明清廉州城的布局特征

明清廉州城的规模相对较小，仅有一重城墙，但城内保留了旧城东城壕，整体上构成了一重城墙、二重城壕的独特形态。城墙实测周长约3千米，辟五门，西门、大南门、东门设瓮城，是防御的重点。不过，北门时开时闭，加之北城壕极为宽阔，从侧面反映出北面同样是城防的重点。小南门是在旧城南门基础上重新辟设的，除受传统的堪舆学说影响外，可能也是当时沟通城内外的现实需求所致。

城内的街道整体上与城墙的走势一致，以连接东西二门的承宣、武安等街为东西轴线，向南北两面延伸出众多支线，构成路网的大体格局，这种街道格局一直保留至今。城内官署等重要建筑主要分布在东西向干道以北，其中，又以府、县署总体居中，其周边再布置相应级别的佐官、曹司衙署和仓库。墟市往往汇集在城门附近，其他建筑场所整体分布规律不明显（图七）。

总之，廉州城的布局既受官定制度规范的约束，也受到了传统堪舆学说的影响，因而其中具有一定的规律性。而影响其布局最为关键的因素恐怕还在于现实需求方面，在传统城制及坊巷制度松弛、人地关系紧张等背景下，为适应社会经济发展，各类建筑场所的布局可能会作出相对宽松自由的权变，例如文教、宗教及行业街市等，零散而广泛地分布于城池内外。

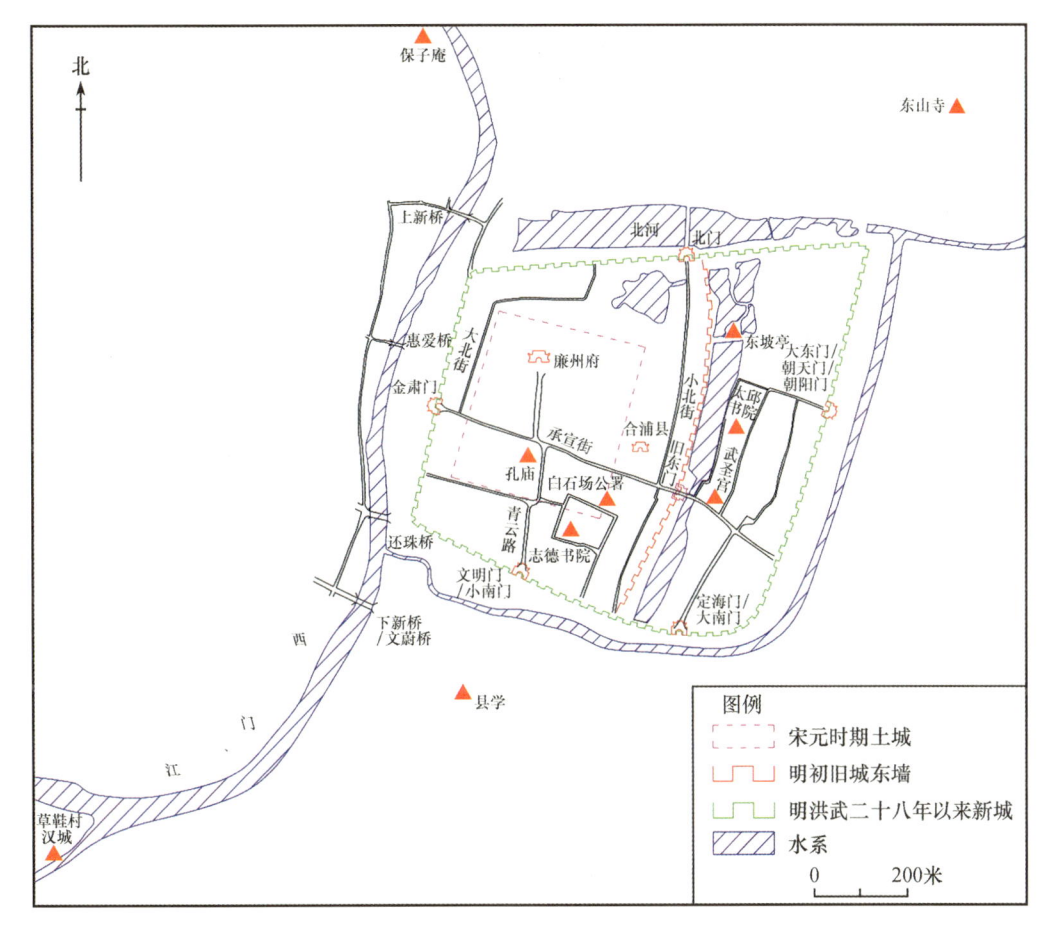

图七　海门廉州城池复原示意图（作者据《合浦城区图》绘制，审图号JS〔2016〕01-225）

四、余论

廉州城处于南流江冲积平原的下游，城西有南流江支流西门江蜿蜒向南入海，城址距现今海岸线直线距离约12千米。从海岸线变迁的角度看，廉州城西南郊的草鞋村汉代城址可以说是一处典型的海港城市。宋元以来，随着海岸线向南推移，廉州城逐渐转变为江海联运的内河港口城市。就城市区位优势而言，其港口、航运的功能在历史时期不断减弱，最终为北海市区所取代。而恰恰是这一点，减缓了城市的过度开发，使得大量地上文物古迹和地下文化遗存得以保留，如惠爱桥、廉州孔庙、文昌塔、合浦汉墓群、草鞋村城址、廉州古城遗址等等。

廉州古城始建于北宋，沿用至民国。自民国拆城以后，廉州地表已难见城墙遗存，仅北城壕的池壁上还隐约可见石砌城基。此外，今合浦县博物馆尚保存有两通明清时期的城碑，与地志所录碑文吻合，早年拆城时，有相当一部分城砖被用于修建民居，部分带铭文的城砖亦可补地志记载的缺漏。又，历年来在廉州老城区内开展过一些零星的考古工作，发现有相当丰富的地下遗迹遗物。这些遗存作为廉州古城的重要组成部分，反映了合浦自宋代以来一千余年的城市发展脉络，是合浦重要的历史文化遗产，具有显著的历史、科学和展示价值。

海城城墙考略

江权哲[*]

摘　要：海城位于辽东半岛北部，明代为海州卫。明初修建的海州卫城是明代辽东卫所防御体系的重要组成部分。清代修筑的海城城墙是在明代海州卫城基础上修筑的。根据笔者走访、调查，明代海城城墙现仍存部分可寻遗迹，笔者根据对文献资料的整理研究和对城墙遗迹的实地调查，明晰了明代海州卫城（海城城墙）的大体走向和现存遗迹的大致情况，并在此基础上提出了保护建议，希望对海城城墙的研究和保护有所助益。

关键词：海城；城墙；文物保护

辽南地区有句谚语叫"金复海盖，辽阳在外"，说的是明代初期起在辽东半岛的卫所建制，即位于今大连市金州区的金州卫、位于大连瓦房店市复州城镇的复州卫、位于营口盖州市旧城的盖州卫、位于海城市区内旧城的海州卫以及位于今辽阳市的辽东都指挥使司驻地辽阳城。其中，金州城址现为县级文物保护单位[①]；复州城城址现为市级文物保护单位[②]；盖州城址现为市级文物保护单位[③]；而位于锦州北镇市老城区的广宁城，是明代广宁镇的驻地，是明代北部边防的重要节点，其形制、规模都比较大，现为全国重点文物保护单位[④]；位于葫芦岛兴城市的兴城古城，因其保存状态良好，规模较大，城内古建筑也基本完好，现为全国重点文物保护单位。相较之下，位于海城市区的海州卫城与上述的金州卫城、复州卫城、盖州卫城和兴城古城（宁远卫城）同为明代卫城，

---

[*] 作者简介：江权哲，辽宁省海城市人民法院。
[①] 国家文物局主编：《中国文物地图集·辽宁分册（下）》，西安地图出版社，2009年，第203页。
[②] 国家文物局主编：《中国文物地图集·辽宁分册（下）》，西安地图出版社，2009年，第81页。
[③] 国家文物局主编：《中国文物地图集·辽宁分册（下）》，西安地图出版社，2009年，第238页。
[④] 国家文物局主编：《中国文物地图集·辽宁分册（下）》，西安地图出版社，2009年，第203页。

但却未得到任何形式的保护,且"于1949年、1958年、'文化大革命'期间陆续被拆毁"[1]。但据笔者走访、调查,明代海州卫城现仍存部分遗迹,但保存状况岌岌可危,亟待保护。

一、海州卫城（海城城墙）历史概述

据《全辽志》记载,海州卫城是在明洪武九年（1376）"靖海侯督同本卫指挥刘成等筑"[2],也就是由靖海侯吴祯率领海州卫指挥刘成等人修建的。这时的海州卫城"周围六里三十步有奇,高三丈二尺。池深一丈一尺,阔三丈五尺,周围六里八十三步。门四：东镇武,南广威,西临清,北来远"[3]。从上文可以看出,肇建之初的海州卫城有四座城门,城周换算成米制约为3612.7米[4]。

明末,东北女真建州部逐渐壮大,明万历四十四年（1616）,女真建州部首领努尔哈赤建立后金政权,改元天命。天命三年（1618）努尔哈赤以"七大恨"起兵反明,次年大败明军于今抚顺境内的萨尔浒,史称"萨尔浒大战"。天命六年（1621）后金军攻占沈阳、辽阳,大军顺势南下,数日之内接连攻占金、复、盖、海四卫,海州卫城被后金占领。

天命八年（1623）驻守海州的戒沙乌尔坤在明代海州卫城的东南隅又建新城。明代海州卫城属军事城堡,经过后金与明朝之间的征战,海州卫的聚落规模大大缩小,所以新修的城池规模也大为缩减,周长仅为二里一百七十六步,城门五座,西城二座,东门仍用明代海州卫城的镇武门,南北各一门[5]。

顺治年间,清政府重视恢复发展辽东半岛地区的农业生产,从直隶、山东

---

[1] 国家文物局主编：《中国文物地图集·辽宁分册（下）》,西安地图出版社,2009年,第104页。
[2] 刘志强、韩刚、刘海洋主编,（明）李辅纂修,韩刚点校：《全辽志》,科学出版社,2016年,第26页。
[3] 刘志强、韩刚、刘海洋主编,（明）李辅纂修,韩刚点校：《全辽志》,科学出版社,2016年,第26页。
[4] 谭立峰、张玉坤、尹泽凯：《明代海防防御体系与军事聚落》,中国建筑工业出版社,2019年,第69页。
[5] 海城历史文化丛书编委会：《澄州往事》,春风文艺出版社,2014年,第67页。

等地调拨大量农民到这里，史称"顺治拨民"。顺治十年（1653）改海州为海城县，海城的地名自此而始。到清代中期，海城的城镇聚落规模得到恢复。乾隆四十三年（1778）知县罗文良重修城池，将天命年间的小城与明代海州旧城合二为一，周围八里三百四十多步，城门五座，新建西、南、北三城楼于券门之上，城东南角建魁星楼[①]。这是海城城墙的最后一次修筑。

到了近代，内忧外患的封建政权自身尚且难保，更遑论古城池和居住在城中的黎民苍生了。海城这片土地在近代多次被外敌当作战场，1894年的甲午战争，爱国将领宋庆率部与日军山县有朋在海城、牛庄一带鏖战近三个月；1904年的日俄战争，帝国主义为争夺在中国的利益将辽南大地化为焦土。新民主主义革命时期的抗日战争、解放战争让这座古城浴火重生。

现今，封建社会的防御设施已经不再需要，海城人民在党的领导下开始了如火如荼的社会主义建设。但在建设美好家园的同时，古老的城墙也逐渐湮没在历史的尘埃中。1975年的海城地震更是给了古城致命的一击，城墙彻底从海城人的视线中消失了，仅在部分地段还残存着一些遗迹。

二、对海州卫城（海城城墙）遗迹的考证与调查

笔者通过对现有文献的查阅和对城中居民的走访，大致梳理出了海城城墙的位置，并在此基础上于2021年分两次进行了现场调查。

海城城墙的位置大体沿今环城东路、环城南路、环城西路北顺城路、构成一个方形（图一），共有五座城门，都没有瓮城。东门在今德胜小区东关街路口处，名德胜门；北门大体位于今北关转盘南部，名来远门；西门大体位于环城西路与箭头街路口稍北位置，名临清门；南门位于今南门交通岗处，名广威门，早年工商银行分理处"广威储蓄所"即由此得名；另有一座小南门，位于今厝石山公园正门稍南处，为天命年间所筑城池的南门，乾隆年间重修时留为便门。南侧城墙东西两端各修筑敌台一座，东南敌台上建有魁星楼，位置在今环城南路1号楼后身处（图二、图三）；西南敌台，俗称"炮台"，大致位于今关帝

---

① 安世全主编：《鞍山市文物志》，辽宁大学出版社，1989年，第41、42页。

图一　卫星地图中海城城墙的大体走势（百度地图，笔者绘制）

图二　老照片中的魁星楼，近处为护城河

庙大桥北端"国宾府"售楼处位置（图四、图五）。而今环城东路南段、环城南路东段则是20世纪中期将原护城河遗迹"莲花泡子"填平后修建的。

　　海城城墙大多在近代战争、中华人民共和国成立初期和1975年的地震中损毁、拆除。从现存照片看，城墙在20世纪二三十年代已经十分残破，各城楼均已颓废不堪。中华人民共和国成立初期的城市建设中，位于中街路两端的广威

图三 今环城南路东段，原护城河位置

图四 城墙西南角，俗称"炮台"

门、来远门被拆除；城墙在环城路、顺城路等道路的修建过程中被拆除，部分墙基被作为环城西路路基以及环城东路旧东关派出所地段的台地护坡使用（图六、图七）；城砖多被居民拆下用作自建房屋，在市内多处棚户区改造过程中，笔者发现许多地段的简易房屋都是由城砖搭建的（图八）。

图五　今关帝庙大桥北段

图六　现成为环城西路南段路基的城墙遗迹

海城城墙现存遗迹除上文所列若干处以外，尚有南城墙东段有迹可循。2021年3月和11月，笔者同郭震男先生及谭广毓先生分两次对该处遗迹进行了现场调查。调查发现：该段遗迹位于海城市海州管理区环城南路1号楼、3号楼北侧，被建于20世纪80年代的简易仓房所包围。

该段遗迹大致分为四段：Q1位于环城南路1号楼北侧，因被仓房、民居包围，无法近距离观测。目测长度约为20米，现为土丘状，高约2米，推测为城

图七　原东关派出所台地

图八　箭楼社区某民居采用城墙砖

墙内夯土堆积（图九）。

Q2 位于环城南路 3 号楼北侧东部，长度约 8 米，高约 2.6 米，顶部厚度约 0.6 米。该段墙体由城砖砌筑，北侧被居民用现代材料包砌（图一〇），已不可辨；南侧东段仓房已倒塌；西段部分被居民用作简易住房墙体使用。笔者进入仓房废墟观察，该段残墙南侧砌筑比较规整，为城砖砌筑，采用一丁一顺砌法，

图九　Q1 远观（远处土丘）

图一〇　Q2 北面

上窄下宽，推测为城墙的南侧外立面（图一一）。

Q3 位于 Q2 以西 4.2 米处，长度约 4 米，高度约 2 米。该段残墙由城砖构成。南侧被仓房包围，北侧裸露在外。东部有现代破坏现象，长度约 3 米，应为墙体倒塌后又垒砌而成；西部墙体高约 2 米，厚 1.3 米，可见白色黏合剂，为城砖不规则堆砌（图一二）。

Q4 位于 Q3 以西 13.4 米处，长度约 6.65 米，平均高度约 1.75 米。该段墙

图一一　Q2南面，可见一丁一顺砌法

图一二　Q3墙体

体南侧被简易仓房包围；北侧裸露在外，为城砖不规则堆砌；底部可见规则形状的石块（图一三）。墙体可见白色黏合剂，厚度约1.5厘米（图一四）。

调查过程中采集到城砖一块，为Q2处自然脱落。该块城砖长44.5厘米，宽21厘米，厚9.5厘米，表面可见白色黏合剂（图一五）。

通过现场调查和对现有资料的比对，上述四段城墙遗迹应为清代乾隆年间重修的海城城墙的南墙东侧部分。结合第一部分对海城城墙历史的分析，乾隆

图一三　Q4墙体（人体比较图，立者身高180厘米）

图一四　白色黏合剂

年间重修的城墙是将天命八年的小城和明代海州卫城合二为一修筑，而该城的东南段即是天命小城的南墙，亦即明代海州卫城的南墙东段。综上，该处遗迹可以说是三代古城墙的遗迹标本。

在调查中发现有形制规整的Q2南侧立面，推测为城墙的南立面。该段墙体走势与环城南路1号楼和北侧的万鑫源楼大体一致，通过卫星地图观察，发现上述两楼走势与保安寺主体建筑相平行。通过对老照片的比对，城墙的走势

图一五　城墙砖

与城内民居的房屋朝向相一致，故可以判断出海城城墙南墙的大体走势，即东起环城南路1号楼北侧，向西跨中街路南门交通岗，与环城南路西段相交叉，西端大致位于今国宾府售楼处位置。

三、海州卫城（海城城墙）的意义

明代海州卫城由护城河、城墙、城楼、敌台等构成了一整套卫城防御体系。后世修建的城墙也沿袭了明代海州卫城的基本形制。在冷兵器时代，城墙对聚落的防御作用不言而喻，而到了近代，城墙的防御作用在新式火炮的轰击下显得不堪一击。随着大规模城市建设运动的兴起，城墙对交通的阻碍作用更是凸显出来。在这样的背景下，大量的城墙被拆除。但这并不说明古城墙已变得毫无意义，在当今社会，古城墙有着不可替代的文化价值和丰富的历史意义。

首先，海城城墙是海城本地城市建设史及地方发展史至为重要的历史见证。"建筑是凝固的历史"，海城作为辽南重镇，"薛礼征东、唐王退海"的传说深入人心，而现实当中，我们所能见到的最早的建城实物就只有明代海州卫城，从这个意义上讲，海城城墙是海城历史不可或缺的历史佐证。

其次，海州卫城是明代军事卫所制度特别是辽东军事设施的重要节点，对研究明代辽东军事卫所制度有着重要意义。海州卫城是明代初期在辽东地区设置较早的卫城，在渤海东岸"金复海盖"四卫的最北端，是明代海防与塞防的交汇点，既是明初设置的以"防倭患"为主要目的的海防卫所之一，又是辽东镇下辖诸卫之一，管理着西起西兴堡东北到东胜堡的辽东边墙，是明代后期防御女真边患塞防的一部分。

再次，海州卫城是明代东北驿路的重要节点，对研究明清驿站制度有重要意义。洪武初年，马云、叶旺平定辽沈地区后，在辽东设置卫所。当时的人员物资由山东登州（今烟台）登船过海，在海城境内的牛庄上岸后转陆路运往各地。海州卫城内置海州在城驿，是辽南驿路和进京驿路的交汇点，海州向南，经耀州驿（今大石桥）、盖州等地直至旅顺；向西经牛家庄驿（今牛庄）过辽河经山海关直达京师，《朝天录》记载明代朝鲜使臣赴北京，海州卫是辽东城（今辽阳）以南的重要节点[①]。

最后，海城城墙作为海城城市历史的重要见证，是海城历史的重要载体，同时也是海城市民的精神寄托。海城素为辽左重镇，自古以来为兵家必争之地，同时又是辽南经济文化较为发达的地区。保护好海城城墙遗迹，发掘海城历史文化，对凝聚地方凝聚力、加强市民文化归属感和认同感有着重要作用。开发好海城城墙的文化价值和文物价值，对打造海城文化品牌，提升海城文化软实力和竞争力，特别是对文明城市的建设具有不可估量的推动作用。

四、对海州卫城（海城城墙）遗迹的保护建议

根据笔者研究和实地调查，海城城墙尚有部分遗迹可寻。笔者根据国内相关保护案例，提出如下建议。

首先，相关文物部门应立即对相关遗迹完成核定并依法进行保护。根据《中华人民共和国文物保护法》相关规定，不同级别的文物单位由相应级别的政府

---

① 张晓明：《明代鞍山驿路：以〈朝天录〉中的记载为中心》，《鞍山师范学院学报》2010年第3期。

核定公布并报上级政府备案。公布为文物保护单位的不可移动文物应划定必要的保护范围，做出标志说明，建立记录档案，并区别情况分别设置专门机构或者安排专人负责管理。迄今为止海城城墙遗迹并未受到任何形式的保护，地方政府、相关部门应尽快完成对该遗迹的核定工作并树立标志，依法对其进行保护，防止这处岌岌可危的文物再受到破坏。

其次，在条件允许的情况下，地方政府应着手对该处遗迹开展进一步的保护。笔者通过实地调查得知，该处遗迹位于楼群之中且被简易仓房所包围，这严重影响对文物的保护和文物的整体外观。地方政府应在条件成熟的前提下对简易仓房进行腾退，清理出该处遗迹的外部环境，以进一步对该处遗迹进行研究和保护。如再有条件，可以对部分墙体进行适当重建。笔者调查得知许多城砖散落在城区部分棚户区的民房之中，据笔者粗略估计，仅完整城砖的存世量就可达上万块，完全可以效仿北京城墙永定门段的先例，重建部分城墙以再现海城旧日的风采。

最后，在城市规划的过程中可以将该处地段改为城市小公园，仿效位于北京站南侧的北京明城墙遗址公园的先例，将此处修建成一处集遗迹保护、文化服务、城市绿地等多重功能于一体的小型公园。正如前文所述，城墙的防御功能已成历史，那么对城墙的整体重建就已无必要且劳民伤财。近年，位于山西的大同城墙被当地政府出资重建。大同为明代"九边重镇"之一，是明代北部边防的重要节点，其城墙规模宏大，而且在20世纪的时候只是拆除了包砌的城砖，内部的夯土则保存完好，所以重建工程量相对较小。大同位于我国文物大省——山西省北部，域内及周边有应县木塔、悬空寺、云冈石窟等著名文物古迹，且大同古城内有华严寺、善华寺等辽代建筑为主体的古建筑群以及明代王府遗迹，重修后的城墙可以同上述古迹一起构成一个大型古建筑群，对当地的文化产业特别是旅游业的发展有着重要意义。相比之下海城城墙形制等级和现存遗迹的体量都与大同城墙不可同日而语，所以笔者根据海城的实际提出，可以在环城南路东段，大致在环城南路1号楼、环城南路3号楼的位置规划一处小型的遗址公园，既美化了城市景观，又保护了文物古迹，同时为市民提供了一处休闲娱乐和文化教育的场所。

综上，笔者根据对文献资料的整理研究和对城墙遗迹的实地调查，明晰了明代海州卫城的大体走向和现存遗迹的大致情况，并在此基础上提出了保护建议，希望对海城城墙的研究和保护有所裨益。

济南清代圩子墙历史研究

李　振　刘丽丽[*]

　　摘　要：济南古城有内城、外城之分。根据史料记载，内城墙是成形于宋代的夯筑土城，明朝洪武年间重修包石。外城墙亦称圩子墙（也作围子墙），于清咸丰、同治年间为了防范捻军而陆续修建。2022年，济南市考古研究院按照《济南市历史文化名城保护条例》中"原址或附近设置展示相关历史信息的标识"的要求，对外城圩子墙遗迹进行调查研究，考证了圩子墙的历史沿革和形态分布，此次调查对于研究济南城墙以及济南城市建设历史具有重要价值。

　　关键词：济南；城墙；外城；圩子墙；清代

　　中国古代都城一般有城郭之分，"内为之城，外为之郭"，内城是保卫君王，外城抵御入侵，布局不同、职能不同。其他州、府、县等各级城市一般建有土城或石城，无郭，济南府城也不例外。济南府城成型于宋代，最初是夯筑的土城，明朝洪武四年（1371）重修包石，成为齐鲁首邑。济南的城墙虽不像南京、西安、北京那般巍峨凌空，可也气势宏伟，独具特色，从现留存的城墙东南角及历史图片中，可见一斑。直到清咸丰年间，这一城市格局被打破。咸丰十年（1860）为抵御捻军的进攻，修建外城土圩子墙；同治四年至六年（1865—1867），土墙改筑为石墙，使济南达到了古代城防体系的最高配置"三里之城，七里之郭"（图一）。在历史发展中和城市进程中，济南的城墙与圩子墙已大部分消失，只残存部分遗迹。2022年，济南市考古研究院按照《济南市历史文化名城保护条例》中"原址或附近设置展示相关历史信息的标识"的要求，对圩子墙遗迹进行系统的调查，为研究济南城市变迁与发展布局提供了历史实证。

---

　　[*] 作者简介：李振，济南市考古研究院。刘丽丽，济南市考古研究院。

图一　圩子墙近景（摄于 20 世纪 20 年代）

一、济南圩子墙的修建

（一）清咸丰十年（1860）首次营建土圩墙

清咸丰十年（1860），南方的太平天国运动沉重打击着清政府的统治，北方的一支反清农民武装——捻军也形成较大规模。鉴于济南的重要军事地位，为抵御捻军进犯，清政府拨银 7000 两命山东巡抚谭廷襄采取"官督绅办"的方式，在府城四周修建土圩墙，把城外关厢和城北的大片区域都包围在内。济南城遂具备了"城墙"和"圩墙"两道城防。

因各种历史原因，土圩墙的资料留存甚少。仅《1904—1948 济南市城市建设历史资料》中有一幅《济南城墙围墙形势图》（图二），大致记录了清咸丰十年筑土圩墙的基本形态。

《济南城墙围墙形势图》上部虚线处清晰标有"1860 年杜堮所修的北面土圩墙"，右下实线处标有"石围墙"字样。经查，杜堮，字次崖，号石樵，山东滨州人，嘉庆六年（1801）进士，官至内阁学士、兵部、吏部和礼部侍郎等职，加太子太保、礼部尚书衔，咸丰八年（1858）病逝。从时间上看，济南修筑土圩墙时杜堮去世，此处标注显然有误。根据《济南历史大事记》记载："咸

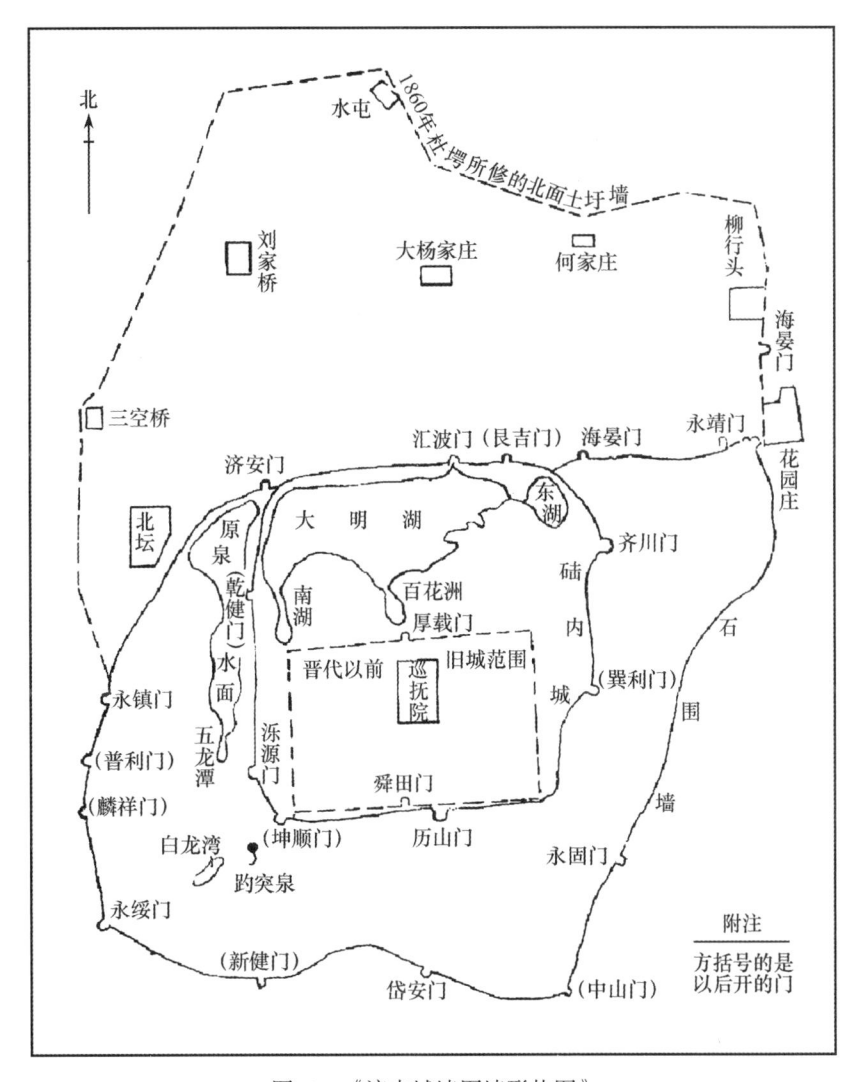

图二　《济南城墙围墙形势图》

丰十一年（1861），捻军不断北上，山东团练大臣杜翺因省城关厢无障蔽，督促绅董环城修筑土圩，周长20公里。"① 杜翺，字汉升，号筠巢，杜堮孙，道光十五年（1835）进士，先后任翰林院编修、户部侍郎、工部侍郎，钦差督办

---

① 张华松、王铁军、董建霞：《济南历史大事记》，济南出版社，2012年，第91、92页。

山东团练大臣，负责镇压山东境内的反清力量。在山东任职期间，杜翻主持了济南土圩墙的修建。《济南城墙围墙形势图》中的标注，是将杜堮、杜翻祖孙二人混淆了，这一谬误源自《续修历城县志》中匡源撰《济南新筑石圩碑记》："咸丰庚申（1860），捻匪北窜，团练大臣杜堮因关厢无障蔽，督绅董筑土圩以环之……"[①] 匡源与杜翻的兄长杜翰同为咸丰帝顾命八大臣，理应彼此熟识，不知何故出现如此误记。

根据图中标记的地点"三空桥"[②]"刘家桥""水屯""何家庄""柳行头"和"花园庄"一线定位，结合现在城市命名和道路的走向，可大致描绘出清咸丰十年济南土圩子墙的四至边界。西、南两侧圩子墙形态沿既有道路走向，西至现联四路、三孔桥街、北坦南街和顺河街一线，南沿文化西路至棋盘街一带，东起棋盘街往北到山大南路后转至东圩根街、东圩门外街一带。之前，济南地方学者一直认为，东圩墙沿历山路走向，其实并不准确。经我们实地调查发现，东圩墙其实在历山路的西侧约 390 米，至北不超水屯北路一线，沿梁府庄村、水屯一带。将《济南城墙围墙形势图》标注到现代卫星云图上（图三），可计算出土圩子墙南北长约 4000 米，东西宽约 3500 米，周长约 15000 米。

从土圩子墙形态走势图中可看出，当时的外圩套内城，济南城格局颇像一个"回"字。由于资料匮乏，未知当时设置城门的情况。土圩子墙整体形态不规则，可见当时在抵御入侵的紧急形势下，圩子墙的修建依地形地势、既有道路而建，未来得及详细地规划与线路取直。

（二）清同治四年改建石圩墙

清同治四年（1865），捻军再犯济南一带，为进一步增强府城防御能力，山东巡抚阎敬铭、丁宝桢、济南知府萧培元与济南绅董共议将土圩墙重修为石圩墙，并于同治六年（1867）夏竣工，历时两年。由于济南城北多沼泽湿地，

---

① 毛承霖：《续修历城县志》卷十三《建置考一》，1926 年济南大公印务公司刻本。
② 乾隆《历城县志》卷八《山水考三·水一》："三空桥，在北坛北，锦缠下流。"清乾隆三十八年（1773）刻本。

图三　清咸丰十年（1860）土圩子墙形态走势（笔者自绘）

因而石圩墙只修了东、西、南三面。此次修筑石圩墙，匡源《济南新筑石圩碑》①详细地记载：

  咸丰庚申，捻匪北窜，团练大臣杜㟷（前文已述，实为杜翮）因关厢无障蔽，督绅董筑土圩以环之，周四十里。同治乙丑，地方有司

---

① 毛承霖：《续修历城县志》卷十三《建置考一》，1926年济南大公印务公司刻本。

与诸绅董议改建石圩,丁卯夏甫经告成,捻匪再犯,乡民避居其中,全活无算。盖太守萧公培元偕邑侯陶公绍绪,请于中丞丁公宝桢,先借厘金,劝捐归款,而其事始定。以城北多水,缺其一面,减土圩之三,自东北而西北,共计三千六百七十丈,高一丈二尺,基厚一丈五尺,顶厚一丈,为垛三千三百有奇。门七,曰岱安,曰永固,曰永靖,曰永绥,曰永镇,曰济安,曰海晏。炮台十四。

改建后的城墙形态被广泛记录于多版地图当中,其中流传较广且具有代表性的是清光绪十五年(1889)《省城街巷全图》和民国十五年(1926)《续修历城县志》中的《济南城市地图》。

从《省城街巷全图》(图四)中可以看出,内、外城轮廓大致呈元宝形,城市北郊当时是沼泽地,水田纵横,形成"棋盘式"水网,这样的自然形态与地势虽有利于城市防御体系的建设,但对于城市空间的南北拓展有很大的局限性。因此在改筑石圩墙时,便去除了城北的部分,只将土城墙南半部改筑为石圩。

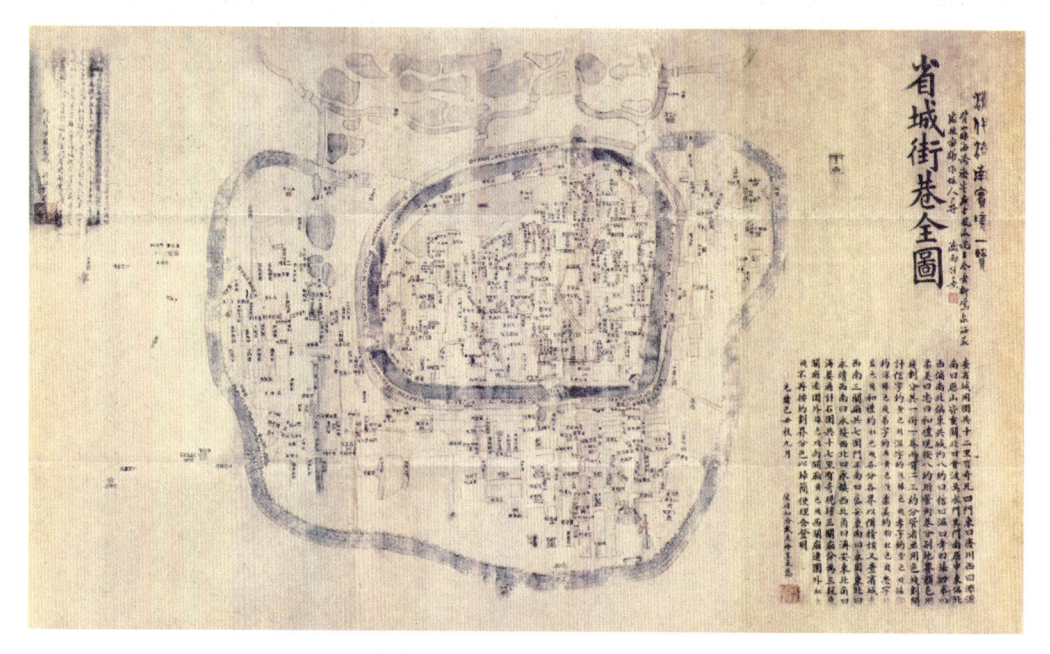

图四 清光绪十五年(1889)《省城街巷全图》

从 1926 年的《济南城市地图》（图五）看出，城墙轮廓大致呈菱形，西圩墙北部与内城西北城墙相接，东圩墙与内城东北城墙相接，南圩从西圩南端到东圩南端略呈"W"形，北圩与内城北城墙共用。

结合现在城市地图考证石圩墙的具体形态位置，东至棋盘街往北到山大南路后转至东圩根街，北接明湖北路，西至明湖西路、顺河街，南转文化西路（图六）。西南—东北长约4300米，西北—东南宽约3100米，周长约12000米，与《济南新筑石圩碑》所载规模相当。此时济南城址呈现"子母城"形态。

从图中可以看出，《省城街巷全图》和《济南城市地图》中绘制的石圩墙形态是有差别的，前者呈元宝形，后者呈菱形。结合卫星云图中的标识，可知《济南城市地图》所绘更接近于实际形态，应为实测所绘，而《省城街巷全图》只是示意图而已。

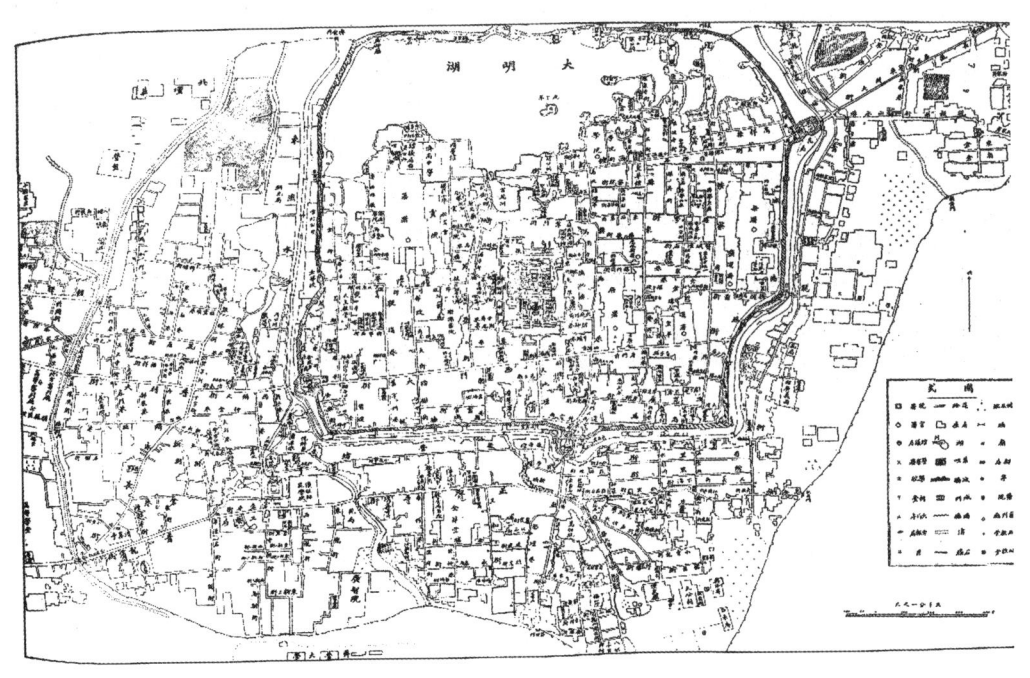

图五　民国十五年（1926）《续修历城县志》中《济南城市地图》

图六　同治四年石圩子墙形态走势（笔者自绘）

表一　清代济南圩子墙变迁特征分析表

朝代	四至范围	规模	形制	形态
清咸丰十年（1860）	土圩：东沿棋盘街一带往北到东圩门外街，至南沿文化西路，至西沿三孔桥街、顺河街，至北不超过水屯北路	周长15000米，面积1100公顷	套城（内外双城）	外圩不规则，似盾形，内城居中
同治四年（1865）	石圩：东至棋盘街向北到东圩根街，南至文化西路，西至顺河街、明湖西路，北至明湖北路	周长12000米，面积666.5公顷	套城（子母城）	石圩不规则，似菱形，内城居中偏北

（三）石圩墙的修缮

石圩墙建成十二年后进行了一次大规模的维修，《续修历城县志》中陈锦《重修济南石圩、炮台、泉河碑记》①详细记述了此次大修的情况。此次大修的起因是东圩墙被大水冲毁：

> 己卯夏，山水大入，平地丈余，决东圩十四丈，漂砖石，殃田庐。时巡抚周公恒祺方莅新，民事勤修，百废俱举，命予筑缺口。因博收舆论，请为石门，横丈纵九尺者三，名曰"巽安"，用铁栅代门阖，令纳水。别为石坝，高五尺者五十丈，横当其氐。而辟东去圩濠石巷一百五十丈，以分水势。门以内水道出新桥，桥故卑升高五尺许，悬门半不发，复旧河宽，浚如初。

光绪五年（1879）夏，因南部山水入城，冲毁东圩城十四丈。嘉庆十二年《重建迎仙桥碑记》曾记载："夏秋山水暴涨，自重坝乘高而下，黄流滚滚。"②可见济南南高北低的自然地形，造成山水奔涌入城后成摧枯拉朽式的灾难。周恒祺根据百姓所请，将被毁的圩墙改建为三个铁栅石门名为巽安门，以便于排水。东圩墙修缮之后，又对圩墙整体进行勘察：

> 登圩以望三面坡，石错犬牙，灰浆涂隙，实以为土。土垫石陷，内廉条石高仰，以故水沁圩心，渗制墙身六百三十余丈，为分六十段葺之。段刻新工，起止字，以别于未葺者。平圩顶面石二千六百丈，换灰土尺灌浆，夯碌如故。去内廉高石，作陂陁三寸许泄水。并移条石界圩顶成方罫，余石悉运用无遗。

---

① 毛承霖：《续修历城县志》卷十三《建置考一》，1926年济南大公印务公司刻本。
② 毛承霖：《续修历城县志》卷十二《山水考八·水四》，1926年济南大公印务公司刻本。

文中可知，圩墙上原用以填补石料缝隙的灰浆被用泥土替代，未能发挥应有的填缝稳固的作用，可见土圩改石圩的工程中存在严重的偷工减料等质量问题。泥土无黏固性，易于流失，造成石料松动，墙体内部条石裸露，加之雨水冲刷侵蚀，除冲毁东圩城墙十四丈，还有六百三十余丈存在安全隐患。通过实地勘察，分成六十段进行维修，并设立标识与未经维修的墙体进行区别。将两千六百丈的圩墙顶面进行平整，达到全部圩墙的70%，重新用灰浆灌隙，捣压坚实。去除内廉高石，做成三寸坡面以便于泄水，并用这些条石将圩顶砌成一个个的方格，总之也没有浪费了。除以上圩墙主要工程，还对所有存在的问题，一并解决：

其门南曰岱安，一望洞辟，请居间为墙屏之。其西曰龙王庙水栅，西山水所由入也，刷坑丈许，捐门址，请补筑之灰石各半，长九丈，宽如其门。又其西曰二里坝，圩根剥陷，修砌凡一百九十余丈。又其西迤北曰济安门，西圩山水所由出也，铁栅挂淤，易为悬门，如新桥，并填门外深坑纵横三十余丈为石路，利行人。又其北迤东曰海晏门，旧无钓桥，今穴土架木成舆梁通水。上自雉堞朵墙，下至濠河桥石，修浚殆遍。自己卯秋至庚辰春，七阅月既成事。循圩而行，炮台凡十，皆空中平顶方丈余，兀立圩外。圩身至是则阙然而断。公曰："是非所以行扞撷、得驰巡也。"从而联之，每缺口接补圩身五尺余，而以六尺二寸为天桥，平上洞，下通人马。凡炮台渗蛰，及亭阶门窦之不备者，尽葺之。层台完整，并新其五门楼。综合全工并员弁薪水局用，共费银一万七千两。又就其中节省出京钱四千串，以之疏通坛桥下驴市两股，北流直达黄台桥，泺河是役也。因巽安三门之设，并及于圩顶全修之工，触类旁通，补苴周匝。而濠河石巷，訇然中开；炮台天桥，周行无隙；则尤系乎兵侵缓急之用，而幸得成功于万一者。

按照由南至西的顺序，垒墙、填坑、换门、搭桥、连接圩墙，一步步查找问题进行整改，全部修葺。并新建五座门楼，至于濠河、石巷、炮台、天桥，附属无不完备，既利于军事巡查、保卫城区，又利于通行防洪、改善民生。此次圩墙修缮可谓良心工程，不但解决了圩墙本身存在的安全问题，还触类旁通地解决了一系列相关问题，使其能够更好地发挥抵御外敌、防洪泄水的作用。

二、济南圩子墙城门及城壕

（一）圩子墙城门演变

1. 清同治四年开设的七门

地方史志中对圩子墙的城门记载十分有限。土圩城墙的城门设置情况，没有留下任何记载。清同治四年（1865）修建的石圩，据匡源《济南新筑石圩碑》："门七：曰岱安、曰永固、曰永靖、曰永绥、曰永镇、曰济安、曰海晏；炮台十四。"[1]

此七座城门是自东北向西南再至西北逆时针排列，筑炮台十四座。这些城门大多是基于已成形的街巷格局来规划开设的，主要为了方便城内与城外的交通。光绪五年（1879）圩墙维修时，又为五座城门新建了门楼。

根据实地调查，东北海晏门，今长盛西街北首；东永靖门，今东圩根街北首；东南永固门，今东舍坊街北首，山东省粮食和物资储备局楼南；南岱安门，称南圩子门，南圩门外街附近；西南永绥门，今泺源大街与顺河街交叉口，杆石桥东；西永镇门，今馆驿街东首；西北济安门，今启盛街附近（表二）。

表二　石圩子墙最初修建的七门

城门	方位	城门形式	遗迹位置
济安门	西北门	有门洞无门楼	明湖西路（启盛街附近）
永镇门	西门	有城楼	馆驿街东首
永绥门	西南门	有城楼	泺源大街与顺河街交叉口
岱安门	南门	有城楼	南圩门外街与文化西路交叉口

---

[1] 毛承霖：《续修历城县志》卷十三《建置考一》，1926年济南大公印务公司刻本。

续表

城门	方位	城门形式	遗迹位置
永固门	东南门	有城楼	东舍坊街北首
永靖门	东门	有城楼	东圩根街北首
海晏门	东北门	有门洞无门楼	长盛西街北首

2. 自开商埠以后开设的城门

据《续修历城县志》记载：

> 石圩旧门止七，其在西面者，北曰永镇，南曰永绥。洎商埠开，民物殷阗，道途壅塞，遂于永镇、永绥之间增辟一门，名曰普利门。内置柴家巷亦改称普利街。继是商廛林立，俨然五都之市矣[1]。

清光绪三十年（1904），济南自开商埠后，商埠与老城之间往来需绕道永镇门和永绥门，极为不便，遂于1906年在二门间增开普利门，即今普利街西首。清宣统二年（1910），圩子里齐鲁大学正式成立，为方便出行，应齐鲁大学之请开新建门，在今山东大学医学院校友门附近。民国五年（1916），商埠日益繁荣充满商机，便开设了麟祥门，又名林祥门，在今共青团路西首。民国二十一年（1932），山东省体育场建成，便在圩墙东南角开设中山门，在今棋盘街南首附近。至此，济南圩墙共开设有十一个城门，后面陆续开放的四门都与社会发展需求相关（表三）。

另据陈锦《重修济南、石圩、炮台泉河碑记》，在东圩墙被冲毁的地方建一专门泄洪的水门，曰巽安门，其式样与南关山水沟的"铁篦门"如出一辙。现改名巽安坝仍发挥着重要的调蓄作用，在今山大南路仁智街边沟附近。综合计算，圩子墙城门共12座。

---

[1] 毛承霖：《续修历城县志》卷十三《建置考一》，1926年济南大公印务公司刻本。

表三　石圩子墙陆续修建的四门

城门	修建年代	城门形式	开设背景	遗迹位置
普利门	1906年	无门洞无门楼（破圩墙而立）	新开辟商埠，为利于城区与商埠交通	普利街西首
新建门	1910年	无门洞无门楼（破圩墙而立）	齐鲁大学建成	山东大学医学院校友门附近
麟祥门	1916年	无门洞无门楼（破圩墙而立）	商埠日盛	共青团路西首
中山门	1932年		山东省体育场建成	棋盘街南首

（二）圩子墙城壕的形态

护城河既是重要的防洪水利工程，对城内的泉水、河流进行有效分流，又是抵御外敌侵略防御的军事设施。济南的护城河是中国唯一一条河水全部由泉水汇流而成的护城河。济南在修筑圩子墙后，墙外也挖有沟壕，相当于外城的护城河，俗称"圩子壕"。陈锦《重修济南石圩炮台泉河碑记》记："济南地势南高北下，泉流山水环城而趋。军兴以来，东西南三面垒石为郭，周十五里，既坚且厚矣。顾其始也，枕流而圩，则穴地而水，地势然也。"[①] "枕流而圩，则穴地而水"表明圩子墙与圩子壕是同时兴建的。

西圩墙外的圩壕，旧称"锦缠沟"（现在的"锦缠街"系因"锦缠沟"而得名），是一条雨季泄洪沟，平时无水，最早由北宋齐州知州曾巩为疏导南山洪水而主持挖掘的。据《历城县志》记载：

> 锦缠沟水，源出八里山东南，北流经二里坝，康熙某年重修。又西北流，煮糟泉水自四里山下入之。又北流，有捍石桥；又北流经迎仙桥；又北流，自标山东注于泺[②]。

[①] 毛承霖：《续修历城县志》卷十三《建置考一》，1926年济南大公印务公司刻本。
[②] 乾隆《历城县志》卷八《山水考三·水一》，清乾隆三十八年（1773）刻本。

对比土圩墙形态走势图，西圩墙完全是顺着锦缠沟修建的，同时锦缠沟也被挖为圩壕。而之前锦缠沟上的两座石桥，重建于嘉靖元年（1522）的"捍石桥"（现在的杆石桥）和建于正德十五年（1520）的"迎仙桥"，也继续成为圩子城通往城外西去和北上的必经之路，保存至今。虽然土圩墙上的城门设置至今未见记载，但鉴于两座石桥的重要位置，推测应与两座城门相连。

查阅1926年《续修历城县志》中的《济南城市地图》和走访调查研究，圩子壕的形态和走向脉络逐步清晰。西、南圩子壕位置较清晰并保存相对完整，在现在的城市规划中对水流仍然发挥着重要的分流、调蓄作用。西圩子壕北起于济安街一带，沿顺河街呈东南—西北走向，南过泺源大街后与文化西路相接，南圩子壕沿文化西路向东，止于棋盘街—历山路一带。北门外过去都是沼泽湿地，水田纵横，"以城北多水，缺其一面"，故缺失北圩子壕。关于东圩壕的位置走向，济南地方学者严薇青先生曾在《围子墙和围子门》一文中考证："济南只有西、南两面围子墙外有壕沟，而东、北两面没有。"① 经过现场调查结合《济南城市地图》发现，东边亦有壕沟，东圩壕南部并未与南圩壕相连，而是起于永固门（现泺源大街与东舍坊街交界），沿历山路走向到济南医院（原净居寺旧址）一带，此段壕沟基于城市发展和市政建设的需要已成为暗渠，东圩壕出济南医院后仍为明渠，现存形态完整，沿东圩根街往北，止于东关大街，因此东壕沟仅剩东圩根街东侧一隅，东圩子没有壕沟这种说法是不准确的。

三、圩子墙与城市营建布局研究

"筑城以卫君，建廓以守民"，古人营建城池体现了人与自然相融合的营造理念，因此古人建城时要祭"乾坤"，体现"天人合一"的城建思想。济南的城墙布局和城门的格局，决定了济南府城的形态结构，整体略显方形，设有四个门，东、西、南、北四门方位的设立，源自《周易》中"太极生两仪，两仪生四象，四象生八卦"之意。内城城门的命名巽利、坤顺、乾健、艮吉都与

---

① 严薇青、严民：《济南掌故》，济南出版社，1997年，第6页。

八卦有关。城门方向与名称所属的方位关系完全一致，可见城门的命名体现了八卦与阴阳五行在风水中的应用。

济南外城设七个圩子门，一、三、五、七、九为阳数，九乃阳数之极，济南当时为省、府、县三级政府，济南府不可用九之数，因此降而求其七，只设七个门。从门设置的数目上，也看到了天尊地卑、上下有序的《周易》哲学。

整个济南古城的规划建设，被府城城墙体系和石圩子墙城墙体系自然地划分为两个部分，府城在上，石圩子城在下，石圩子城将府城包围，成为府城的屏障。按《周易》，济南古城正是"外圆内方"的形态结构，象征"天圆地方"的哲学思想。

1948年9月，济南战役中东兵团攻破东圩墙的永固门，西兵团攻破西圩墙的永镇门、永绥门。中华人民共和国成立以后，随着城市建设突飞猛进，在20世纪50年代逐渐拆除圩子墙，南面建起文化路，西面是顺河街，东面也修建街道、盖起楼房。但通过保存至今的"东圩门外街""东圩根街""南圩子门外街"等街巷名称，依然提醒着人们圩子墙曾经的存在。2020年起正式施行的《济南市历史文化名城保护条例》，明确将历史城区内已消失的圩子城12座城门及城墙纳入法规保护范畴，要求在原址或附近设置展示相关历史信息的标识，并将严格管控济南圩子墙重点保护区域。

城墙是文明延续的重要物证，体现着历史的变迁，记录着重大的历史事件。城墙不仅仅是一道防御、抵御外敌入侵的建筑物，更是历史的见证和文化的积淀。济南的圩子墙是城市发展史上的阶段性产物，也是城市文明史的重要组成部分。研究圩子墙的发展历史、保护圩子墙的现存遗迹，对解读城市发展历史、体现特色文化内涵有深远的意义。

城墙学研究

从窑窿坡窑址的发掘谈明初城墙砖生产的几点认识

奚培坤[*]

摘　要：本文在2021年对湖南省怀化市中方县窑窿坡明初城墙砖官窑考古发掘基础上，对明初城墙砖的生产提出了相关认识。对明初城墙砖砖窑的选址，认为土质、交通运输和有效地统筹社会资源三个要素，共同决定了砖窑的选址；明初的城墙窑厂建设是有广泛统一性的，且仅作为城墙砖生产的专门性窑厂；探讨了城墙砖生产过程参与官吏与参役人夫的身份、角色与生产组织关系。

关键词：窑窿坡窑址；洪武城墙砖；总甲；小甲

窑窿坡窑址位于湖南省怀化市中方县中方镇顺福村，该窑址为明初洪武时期城墙砖官窑遗址。2021年，湖南省文物考古研究所对该窑址进行了系统的考古发掘，本文利用本次考古发掘新材料，对明初城墙砖生产活动谈几点认识。

一、窑窿坡窑址发现简述

窑窿坡窑址东距舞水河100米，属舞水河沿岸丘陵地貌，窑址所在区域原生土均为较厚实的黄色黏土，土壤遇水后黏性较大。经过2021年的调查勘探与初步发掘，窑址核心分布区域约15000平方米，该年考古工作共揭露砖窑54座，发掘15座[①]（图一）。

窑窿坡窑址砖窑均为地穴式馒头窑。砖窑的建设主要依据山势条件，采用两种不同的方式修建。第一类利用山体四周坡面，在山体自然断面或人工修整

---

[*] 作者简介：奚培坤，湖南省文物考古研究院，科技考古与文物保护利用湖南省重点实验室。

① 窑窿坡窑址2021年度简报，待刊。

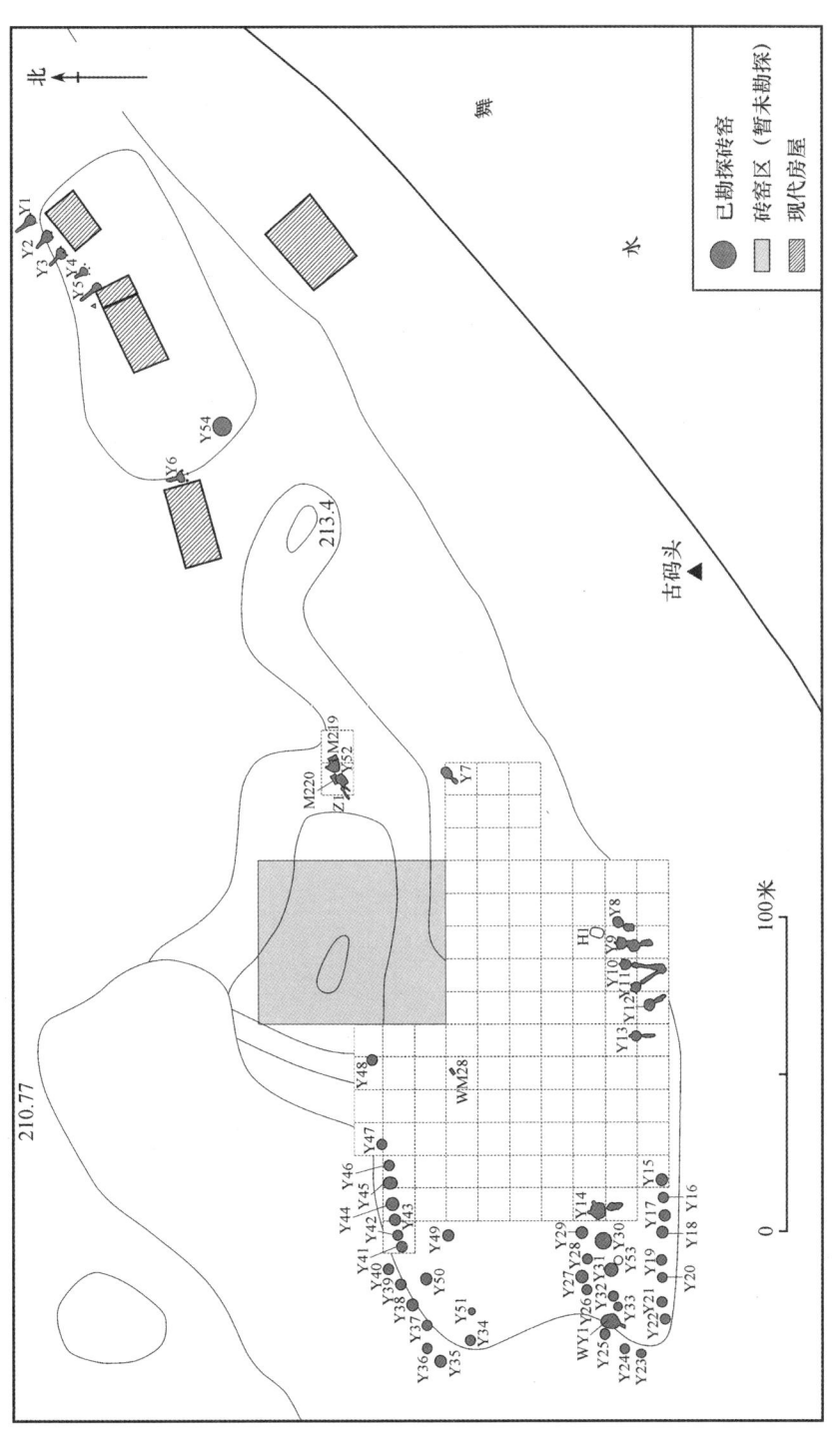

图一 窑隆坡窑址砖窑位置示意图（2021年）

后的断面位置修建窑门，窑门外有窑道，窑门内掏空山体，修建火膛、窑床、烟囱等设施，形似窑洞（图二）。Y11，残，现开口表土层下，仅存窑址底部，方向149.5°。窑道残长8.2米，宽0.5—1米，深度0—0.65米，窑道上有清灰沟；窑门残高1米，宽0.65米；火膛平面呈扇形，火膛面积0.8平方米，深0.43米；窑室径深3米，最大直径2.5米，窑床面积4.3平方米，残高0.77米，共有3个烟囱，烟囱靠窑室一侧为砖砌，烟囱口径0.25—0.35米，窑床面有砖痕。第二类在山体中部，先人工挖掘深坑，待深坑深度满足窑室高度设计要求后，利用坑壁修建窑门，掏空山体，修建火膛、窑床、烟囱等设施（图三）。Y14，残，现开口表土层下，窑室顶部部分塌陷，方向174.5°。窑道呈坑状，长3.48米，宽0.5—1.35米，深度0—2.17米，窑道入窑处呈斜坡状，有人为修建的四级踏步，其下呈平底，底部有利用城砖铺设的踏步，踏步向内为该窑清灰沟；窑门完整，高1.36米，宽0.6米，窑门外两侧有利用城砖堆砌的护壁；火膛平面呈扇形，火膛面积0.87平方米，深0.5米；窑室径深4.6米，最大直径3.7米，面积9.65平方米，残高2米，窑室有3个烟囱，烟囱靠窑室一侧为砖砌，烟囱口径0.6米，窑床面有较明显的砖痕。Y14是2021年度发掘单体体量最大的砖窑。

出土城墙砖950块。城墙砖形态上呈长方体，形制统一。完整城墙砖长40厘米，宽20厘米，厚12厘米，重量18—21千克不等。城墙砖表面颜色呈清灰（黑）色，常见烧制时各砖叠放形成的痕迹。城墙砖可分为素面砖与铭文砖两类，形制相同，素面砖主要为窑床上铺设的火道砖（亦有利用残损的铭文砖做火道砖现象）。铭文砖上刻有该城墙砖的各级监造官吏与参役人夫（总甲、小甲、造砖人户、窑匠）姓名，各列一侧。依监造官员姓名，窑窿坡窑址生产的城墙砖可分为两类。第一类为"辰州府提调官通判黄载 司吏范应贞 沅州提调官判官庞栋 司吏陈原善"；第二类为"辰州府提调官通判郭权 司吏胡溥 沅州提调官吏目韩功敏 司吏陈原善"。《沅州府志》载"明初改沅州府，寻复为州，隶辰州"[①]，砖文布局上，"沅"字低"辰"字一格，表隶属关系。

---

① （清）吴嗣仲纂，（清）张官五修：《中国地方志集成·湖南府县志辑66·同治沅州府志》，江苏古籍出版社，2002年。

城墙学研究 109

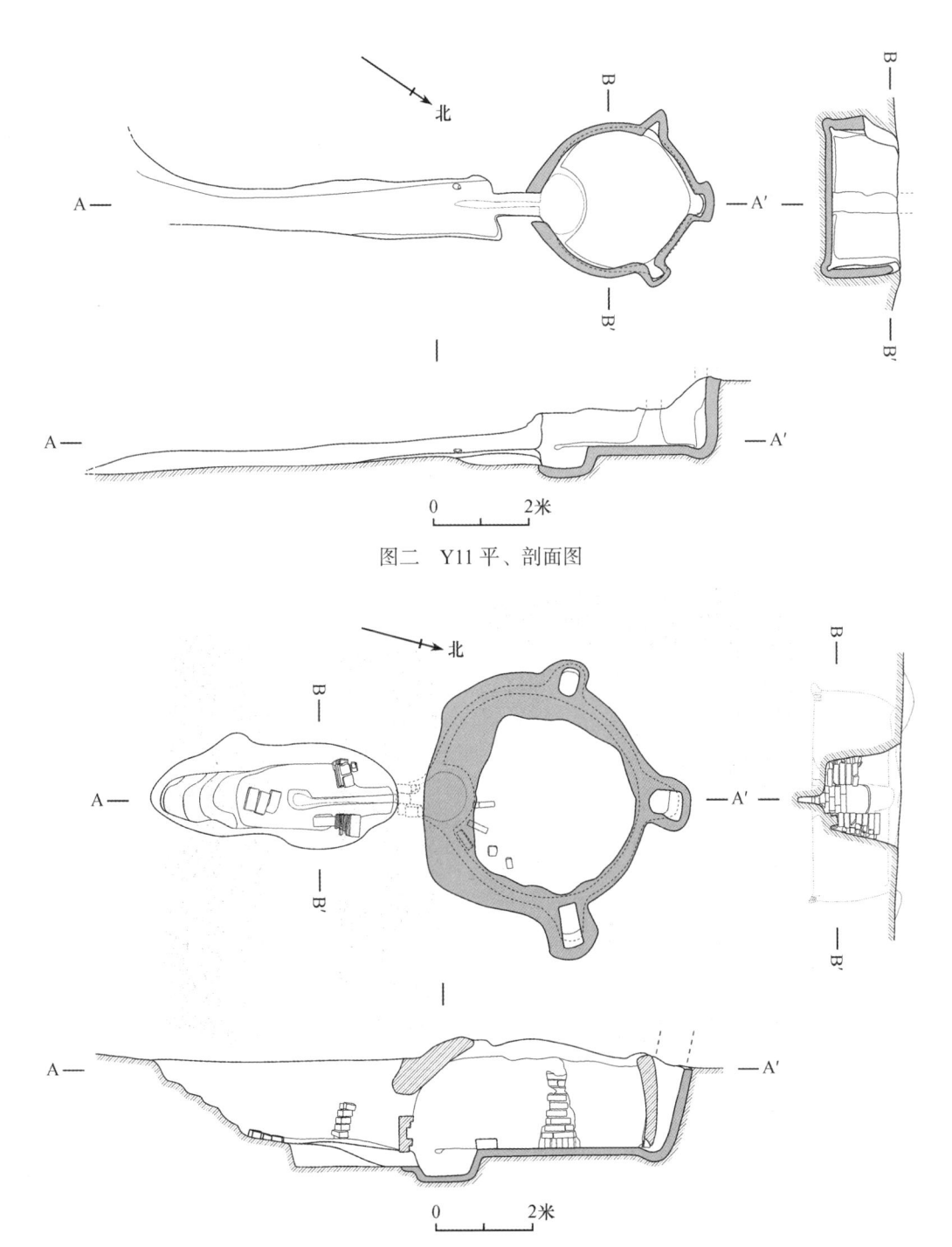

图二 Y11 平、剖面图

图三 Y14 平、剖面图

目前可以确认窑窿坡窑址生产的城墙砖参与了湖北荆州城墙建设。根据荆州博物馆提供的荆州城墙所见湖南明代生产城墙砖调查资料，荆州城墙上有窑窿坡生产的城墙砖，且仅见辰州府提调官"黄载"和"郭权"两类，沅州提调官亦未见其他任者，与窑窿坡窑址内发现城墙砖相同，反映出窑窿坡窑址的生产活动仅持续了两任提调官的任期。《万历辰州府志》未见明初洪武时期官员信息，《明清历科进士题名碑录索引》明洪武四年二甲进士"黄载，江西南昌府奉新县儒籍"[1]，恐为一人。荆州城墙上，发现有与辰州府相邻的靖州府造纪年砖，砖文内容为"靖州府提调官□□□□□总甲李□□□□□人夫张千人匠人刘仁牧洪武十三年□月□日造"（编号荆州 M20-M21-346）；此外，荆州城墙还发现有湘西地区石门、泸溪、沅陵、辰溪、黔阳、麻阳、绥宁，涉及常德府、辰州府和靖州府三府，反映出至迟洪武十三年，湘西地区各府州已通过水路及陆路，将其生产的城墙砖运送至湖北荆州，参与了城墙建设。

图四 窑窿坡窑址出土城墙砖照片与拓片

---

[1] 朱保炯等：《明清历科进士题名碑录索引》，上海古籍出版社，1980年，第21页。

二、明初城墙砖窑的选址要素

（一）土质

土质是决定窑址选址的决定性因素。首先，砖窑采用地穴式方式建设，窑址所在区域土质的厚实程度与结构稳定性决定了砖窑可否顺利完成建设并投入生产。在对窑窿坡窑址 Y8 和 Y9 砖窑进行发掘的过程中，我们发现了砖窑选址因土质原因重新调整的现象。以 Y9 为例，Y9 现开口表土层下，仅存窑址底部，窑道残长 8.6 米，宽 0.4 米，深度 0—0.2 米，窑道上有清灰沟及城砖铺垫的踏步；窑门残高 1.25 米，宽 0.55 米；火膛平面呈扇形，面积 1 平方米，深 0.54 米；窑室径深 3.6 米，面积 4.8 平方米，残高 0.96 米，共有 3 个烟囱。我们在对 Y9 清理的过程中发现，Y9 窑室前存在有未使用的砖窑窑室，该窑室已挖好火道、烟囱、窑床，但并未见使用痕迹，而是继续向内重新开挖窑室。不难看出，Y9 在建设过程中，最初选址位置相对靠前，导致山体土方厚度无法满足砖窑高度要求，故重新继续向内深挖，满足使用要求。因此也不难看出，Y8 与 Y9 应该是窑窿坡窑址最早修建的两座砖窑，窑工最初建设砖窑时对当地土质厚度尚不甚了解，故砖窑的修建根据土质条件重新进行了调整。其次，窑址区域的土质必须符合城墙砖用料要求，如果土质不满足要求，需从远处运输，反而增加了生产成本。《天工开物》载："凡埏泥造砖，亦掘地验辨土色，或蓝、或白、或红、或黄。皆以粘而不散，粉而不沙者为上。"[①] 窑窿坡窑址区域山体主要为黄色黏土，窑址区山体亦有大面积山体不自然缺失现象，应为当时烧砖取土所致。对城墙砖样本的初步实验也支持用料为当地黄土黏土的判断。故基于上述两方面原因，土质是窑址选址中最重要的决定性因素。

---

① （明）宋应星著，杨维增译注：《天工开物》，中华书局，2021年，第199页。

图五 窑窿坡窑址 Y9 平、剖面图

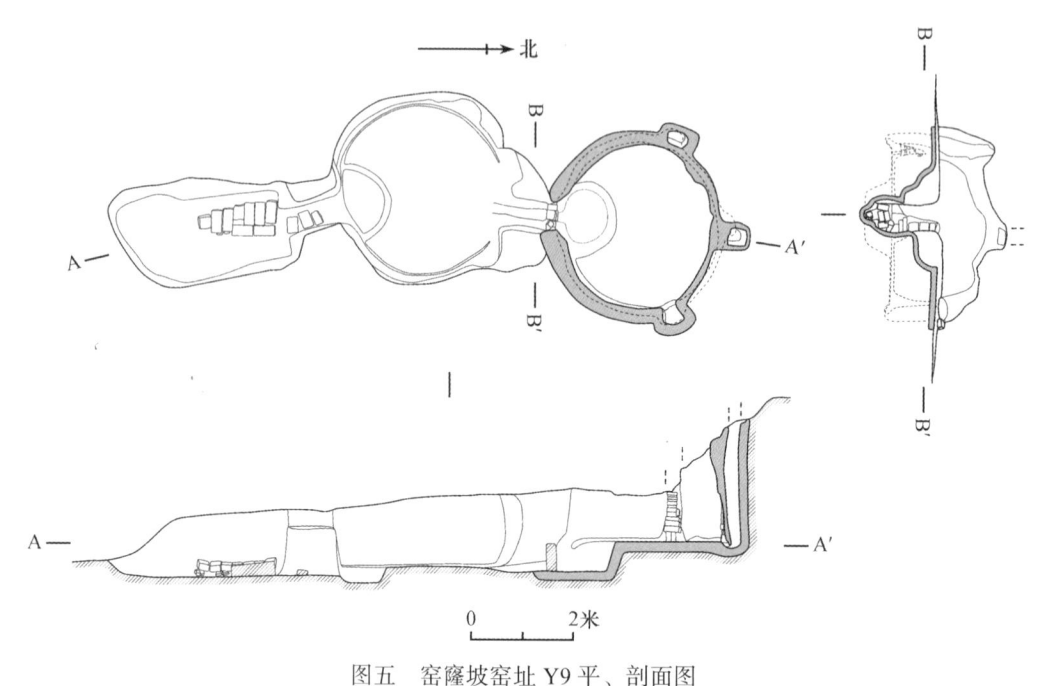

(二) 交通运输

《天工开物》有明代水运贡砖的记载，"运至京师，每漕舫搭砖四十块，民舟半之"。窑窿坡窑址的舞水岸边现存有古码头遗存，该码头为平地向下挖土修建斜坡道路通往舞水。窑窿坡窑址生产的城墙砖由此上船，由舞水经沅水至现今常德地区后，因虎渡河明代运力有限，松滋河在明代尚未形成，从常德陆路运输至湖北公安，再抵达荆州。目前考古调查发现的明初同类城墙砖窑址，均位于河、湖之畔，除城墙砖烧造时需注水取水便利外，方便对外运输也是窑址选址重要的考量因素。根据荆州城墙资料提供的线索，我们对怀化当地两处同类型窑址进行了初步调查，其中现今麻阳县绿溪口乡袁郊村窑址，位于辰水（锦江）北岸，窑址分布绵延约 1 千米，为明代麻阳县生产城墙砖窑址（编号荆州 M20-M21-402：辰州府提调官通判郭权司吏胡溥 沅州提调官吏目韩功敏司吏陈原善 麻阳县提调杨钦祝司吏蒋思恭），城墙砖可通过辰水入沅对外运输；现今洪江市黔城镇小江村窑址，位于舞水西岸，为明代黔阳县生产城墙砖窑址

（编号荆州LNM-DQ-9：辰州府提调官通判黄载司吏范应贞　沅州提调官判官庞栋司吏陈原善　黔阳县提调官县丞沈□□司吏瞿绍宗），城墙砖可直入沅水。其他地域砖窑亦有此类特征，如江西黎川砖窑遗址位于黎滩河旁[①]、湖北江夏明代官置窑窑址位于汤逊湖边[②]、湖北武汉新洲县城砖窑址群位于举水河边[③]、湖南岳阳金鸡垄窑址位于白浪湖边[④]等，均利用邻近的水系作为交通渠道。"洪武间，令各处客船量带沿江烧造官砖，于工部交纳"[⑤]，可见，便于以水路运输为主体的交通运输，也决定了窑址位置的选择。

（三）社会资源统筹

城墙砖的生产需要有效统筹大量的社会资源，比如参役人夫的组织、物资的供应、信息传递的便捷等，如果窑址位置过于偏远，则相对不利于各类社会资源的统筹，增加了生产成本。所以基于更有效的统筹社会资源，窑址选址一般靠近县城治所、较大的社会集镇或邮亭驿站之地，便于统筹社会资源。比如洪江市黔城镇小江村窑址、黎川砖窑遗址等，这些砖窑均位于县治治所或其附近；麻阳绿溪口袁郊村窑址虽然距离当时麻阳县县城较远，但其附近的高村镇一直是规模可与县城比肩的集镇；窑窿坡窑址距沅州治所芷江镇也距离较远，但沅州中方驿则在窑窿坡窑址所在的顺福村，故利用邮亭驿站，亦可帮助砖窑生产统筹相应社会资源，明初民谣谓"毁我十家庐，构尔一邮亭。夺我十家产，筑尔一佳城"[⑥]。反映了当时大规模建设驿站与生产城墙砖的情景，以窑窿坡窑址为例可见明初驿站修建与城墙建设在一些地区具有紧密的关联性。

[①] 南京城墙保护管理中心，南京城墙研究会：《江西黎川明代南京城墙砖官窑遗址调查简报》，《东南文化》2019年第4期。

[②] 武汉市文物考古研究所，武汉市江夏区博物馆：《武汉江夏庙山明代官置砖窑调查发掘简报》，《江汉考古》2016年第6期。

[③] 南京城墙管理处，南京市明城垣史博物馆：《湖北、湖南两地明代南京城墙砖窑址群调查报告》，《湖南省博物馆馆刊》（第八辑），岳麓书社，2012年。

[④] 岳阳市文物考古研究所：《湖南省岳阳市郊君山明代南京城墙砖官窑遗址金鸡垄窑群调查发掘简报》，《湖南省博物馆馆刊》（第九辑），岳麓书社，2013年。

[⑤] （明）申时行等修：《明会典·万历朝重修本》，中华书局，1989年。

[⑥] （清）朱彝尊辑录：《明诗综·陆诠〈民谣〉》卷三十九，中华书局，2007年，第1915页。

三、砖窑的统一性与专门性

早在朱元璋即位之前，就开始在其管辖范围内，对具有重要行政、地缘、军事意义的城市重新修建或修葺城墙。如湖北襄阳城墙，《乾隆襄阳府志》载"明取襄阳，以平章邓愈镇其地，于至正二十五年（1365）修之"。定都南京后，伴随着以南京城墙、凤阳城墙的修建为契机，长江流域各大重要城市也开始进行城墙修建，如南昌府城、武昌府城、长沙府城、荆州府城等。为满足巨大规模的城墙建设的用砖需求，长江中下游各府辖州、县皆摊派任务，建设砖窑，烧造并运输城砖。

在朝廷统一的政令下，各地陆续建设砖窑，对比各地砖窑，不难发现，各地窑厂虽规模不同，砖窑大小略有差异，但从砖窑形态上看，均较为统一。明初烧造城墙砖均采用地穴式馒头窑，砖窑形似窑洞，窑室藏于地表之下，使用时期地表仅见进入砖窑的窑道、窑门、窑室上方的注水口与烟囱口等设施；砖窑结构统一，窑门前有窑道或操作间，火膛平面呈扇形、有环绕窑壁的通火沟、烟囱设置于窑室的中后部。细节方面，比如使用素面砖或铭文砖用作砖窑的铺底砖现象，在窑窿坡窑址和江西黎川窑 LCBDY6 中均可见此类现象。显然，各地修建此类砖窑是具有统一的建设标准，其背后应有统一的官方要求，便于生产技术与方法的统一，从而确保城墙砖样式与质量的一致。

国内早期对明初城墙砖及其窑址的考古工作多为考古调查与小规模的发掘，在这些工作中常在窑址内发现有遗留的城墙砖（图七）。但由于工作规模的局限，并未意识到这些遗弃城墙砖堆积形态所反映出砖窑的专门性。通过对窑窿坡窑址的考古发掘，我们对窑址内城墙砖的堆积性质有了明确的认识。由于城墙砖烧造要求高、质量好、耗费高，且又有严格的问责制度，故符合城墙建设要求的城墙砖均运往建设地，遗留在砖窑现场的城墙砖应为不合格产品，这一点我们从窑窿坡窑址发现的城墙砖可证，多数城墙砖形体扭曲、缺失，表面龟裂等现象明显，诸多瑕疵现象足以反映这些城墙砖不符合建设要求。不合格的城墙砖绝大多数被置于砖窑的窑道，窑室的火膛和窑床内，其砖窑填土内还包含大量的烧土块、生活生产废弃物等，这样的堆积现象反映出砖窑的废弃是人为有意识和有组织地利用上述物品填入砖窑所毁弃。同时，窑窿坡窑址发现的城墙砖仅有极少数发现于地层堆积内，且窑址内地层堆积简单，多数区域仅为表土，反映出该地区并未有后续其他大规模生产与生活活动，也反映出窑址是人为专门废弃的。湖北江夏庙山考古简报中认为庙山窑址废弃于明代后期或明清之际，其理由为窑前工作面发现有明早中期的青花瓷器及碎片，但我们根据简报内容判断，庙山窑址应该也是烧窑停止后就已废止，因为简报明确说明窑址内的砖窑均发现有城墙砖填入的现象，其上人物皆为洪武时期，这一情况与窑窿坡窑址废弃城墙砖的堆积形态是相一致的，既然已将废弃城墙砖填入窑室，那该砖窑就不可能继续使用至明后期。同时砖窑若当时未完全填满，其窑门前有明中期瓷片亦可理解。依此判断该砖窑废止于明后期或明清之际，确有可商之处。

表一 各地砖窑对比示例表（图六）

序号	窑号	砖窑数据	图号
1	岳阳君山 Y6	Y6 窑体残高 3.2 米，窑室内径 3.3 米，窑塘低于窑床 0.5 米	图六，1
2	武汉江夏庙山 Y2	Y2 形状为"馒头"形，俗称"罐子窑"。其窑炉主体部分就地置于土坡中。由窑前操作场、窑门、火膛、窑室四部分组成。窑门呈拱形，高约 1.35 米，两侧留有封门砖的凹槽。窑室与窑门之间为火膛，火膛底面较平，低于窑室地面和门前工作面。窑室平面呈圆形，直径 3.28 米。Y2 的结构尺寸：通长 5.55、宽 4、残高 2.4 米，门高 1.35、宽 0.84 米，火膛纵深 0.6、窑室纵深 3.28 米	图六，2
3	江西黎川 Y13	Y13 窑炉为馒头窑，主体部分就地置于山坡中，利用坡体用耐火泥搭建。窑炉为拱顶，地面现存窑室、烟囱等部分，长 2.35、宽 2.4 米，推测窑室前存有火膛，但未做发掘清理，具体情况不详。窑室平面椭圆形，直径 1.8 米，现窑室内地面距离窑顶高 0.98 米。窑室上方窑顶发现小孔，直径 4 厘米，疑似为窑炉观察孔或注水孔。后壁平直，设有三条竖直的方形烟孔，上与窑顶三个烟囱相连。烟囱圆柱形，直径 20—30 厘米，各自相距 70 厘米左右	图六，3
4	怀化窑窿坡 Y12	Y12 窑道残长 4.4 米，宽 0.5—0.9 米，深度 0—0.6 米，窑道上有两段清灰沟；窑门残高 0.72 米，宽 0.5 米；火膛平面呈扇形，火膛面积 0.8 平方米，深 0.44 米；窑室径深 2.9 米，最大直径 2.7 米，面积 4.3 平方米，残高 1 米，共有 3 个烟囱，烟囱靠窑室一侧为砖砌，烟囱口径 0.3 米，窑床面有砖痕	图六，4

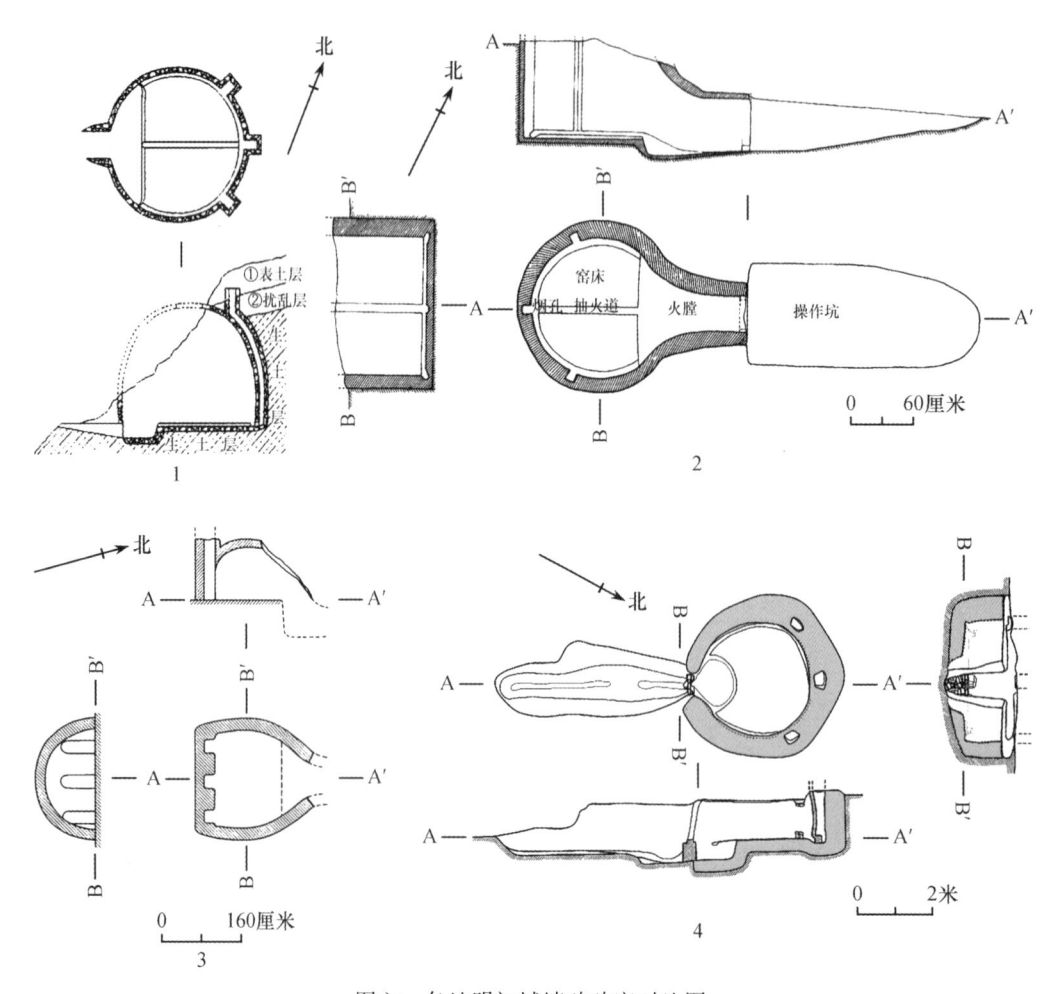

图六　各地明初城墙砖砖窑对比图
1. 岳阳君山 Y6　2. 武汉江夏庙山 Y2　3. 江西黎川 Y13　4. 怀化窑隆坡 Y12

综上，明初这类官办砖窑在建设时，在国家政令下，应有对砖窑统一的建设要求与标准，各府辖州、县统一参照要求，建设砖窑生产城墙砖。砖窑使用时期的目的性单一，仅作为生产城墙砖的专门性砖窑，完成生产任务后，人为用窑厂内不合格的废砖、生产生活物品和填土填入砖窑内予以毁弃，不继续另作他用。另外，从侧面上也反映出，在城墙砖生产过程中，窑厂内应有统一堆放废砖的场地并存在相应的管理制度，废砖被统一保存管理，最终随窑厂的停止使用进行统一性填埋。

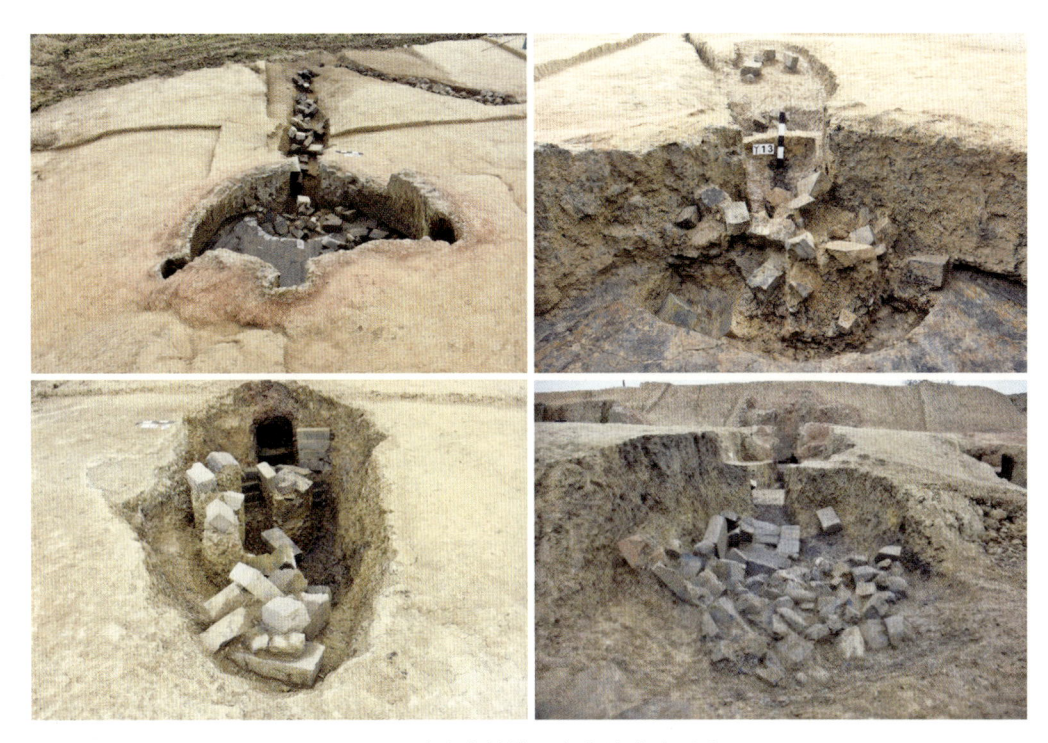

图七 砖窑内被填入废弃城墙砖照片

四、参与者的身份、角色与生产组织关系

（一）身份

城墙砖生产者从身份上可以分为官吏与参役人夫。洪武时期的提调官是一种临时性的职务，府衙不同，提调官的品级各不相同。常见充任提调官的官职，府为知府、同知、通判、推官，州为知州、同知、判官、吏目，县为知县、县丞、主簿、典史等。窑窿坡窑址发现的城墙砖，辰州府以通判，沅州以判官，吏目为提调官，属常例。司吏元明时期盛行，各府衙皆存在，配合主官工作，其品级与府衙级别相称[①]。

参役人夫，又称均工夫，洪武时期为修筑各地城墙，大量征派社会基层民

---

① 魏佐国：《司吏考略》，《南方文物》1993年第3期。

众参与。民众由于其基层社会地位、财富、人脉等不同,其担任的角色,所负职责会有差异。如湖南君山窑址中发现有"总甲石继先""总甲金受七"的字样。根据当地宗族族谱,石继先在当地拥有大量田产,其在均工夫役中充任"总甲";金受七,"邑庠生",为秀才,亦有大量田产,充任"总甲"[①]。可见,能在参役人夫中任总甲之职,其在基层社会民众中,是具有一定社会地位的人,特别是田产较多,"验田出夫"。其余参役人夫,则社会地位相对低下。窑窿坡窑址出土的城墙砖中,有"窑匠潘万陆""窑匠潘受柒"的字样。窑窿坡窑址北侧约2千米处有荆坪古村潘氏祠堂,该祠堂为宋代迁居于此的潘氏家族所立,潘氏家族宋代迁居于此,枝繁叶茂,家族后世子孙逐渐向云贵地区迁徙,现今我国西南地区潘姓人多奉荆坪潘氏祠堂为其祖祠,该祠堂现今已为第七批全国重点文物保护单位。根据城墙砖的线索,我们对荆坪村《潘氏族谱》(图八)进行了查找,发现其中确有"潘万陆"与"潘受柒",族谱中还清楚地记载二人生前为"掌窑师",死后葬于"窑坡",此二人正是城墙砖砖文中提到的"窑

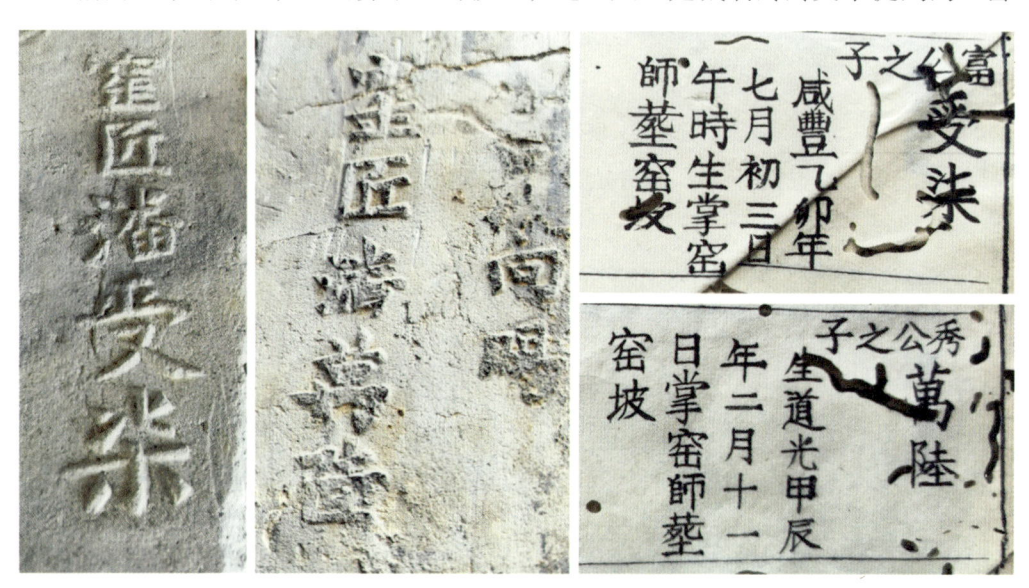

图八 荆坪村《潘氏族谱》中所见窑匠

---

① 南京城墙管理处、南京市明城垣史博物馆:《湖北、湖南两地明代南京城城墙砖窑址群调查报告》,《湖南省博物馆馆刊》(第八辑),岳麓出版社,2012年。

匠潘万陆"与"窑匠潘受柒"。不过,由于时间间隔久远,加之家族的迁徙、战乱、历代修谱对族谱完整性和原真性的影响,潘万陆和潘受柒均被现版《潘氏族谱》编纂成了清代人,我们通过城墙砖砖文,明确纠正了《潘氏族谱》中的讹误现象。同时从侧面也反映出,潘万陆与潘受柒为普通人,在家族历史中算不得重要人士,以致后世修谱搞错了其世系。

(二)角色

官吏与参役人夫的角色,一言以蔽之,官主行政,吏主事务,参役人夫主生产。

官吏方面,由于城墙砖生产中的提调官本为临时性职务,官员除负责城墙砖生产的组织工作外,仍需承担其本职工作。故作为参与提调任务的地方官员,城墙砖的生产与运输本属额外附加的工作内容,具体工作应主要委任下属司吏承担,故城墙砖砖文上,亦是提调官与其司吏统一对应在一起。司吏应在城墙砖生产中承担具体工作,如统筹协调、窑厂管理等,均为司吏工作内容。但是这里需要指出的是,城墙砖砖文中"司吏",因其所属府衙级别不同,职责会有不同,以辰州府各窑司吏为例(表二)。

表二 辰州府出产城墙砖砖文表

序号	城墙砖产地	标本号	城墙砖砖文
1	沅州	Y2:16	辰州府提调官通判郭权司吏胡溥 沅州提调官吏目韩功敏司吏陈原善
2	沅州	Y9:81	辰州府提调官通判黄载司吏范应贞 沅州提调官判官庞栋司吏陈原善
3	麻阳县	ANLM-DQ-69	辰州府提调官通判郭权司吏胡溥 沅州提调官吏目韩功敏司吏陈原善 麻阳县提调官县丞杨祖钦司吏蒋思恭
4	黔阳县	LNM-DQ-16	辰州府提调官通判黄载司吏范应贞 沅州提调官判官庞栋司吏陈原善 黔阳县提调官县丞沈□□司吏瞿绍宗
5	沅陵县	M9-MYL-32	辰州府提调官通判郭权司吏胡溥 沅陵县提调官主簿宋征□□□□
6	辰溪县	ANLM-DQ-11	辰州府提调官通判郭权司吏胡溥 辰溪县提调官典史阳春司吏熊□
7	泸溪县	LNM-DQ-9	辰州府提调官□□郭权司吏胡溥 泸溪县提调官主簿张贵
8	疑为溆浦县	M5-M6-3	辰州府提调官□□司吏□□□□张宗□□

注:沅州为窑隆坡窑址出土,其余辰州各辖县为荆州城墙资料,M5-M6-3因风化严重,字样不全,因"张宗"不见于其他县官吏姓名,故怀疑为溆浦县所产

明初沅州府并入辰州府，为其属州，辰州府直辖一州四县，分别为沅州、沅陵县、泸溪县、辰溪县和溆浦县，麻阳县和黔阳县仍属沅州管理。因此，辰州府下共有城墙砖窑厂七座，窑窿坡窑址为沅州管理的窑厂，其余六座分属各县管理。由于府只是将任务摊派至各州县，自身并没有直接管理的窑厂，府的司吏工作内容不同于州县的司吏，不承担直接管理窑厂事务的责任，仅需协助府提调官组织下辖州县展开工作。沅州司吏陈原善，除协助州提调官管理属地内各窑厂（麻阳、黔阳）生产的组织工作，还需负责沅州窑厂事务的直接管理，但应无需直接管理麻阳县和黔阳县窑厂的具体事务。麻阳县和黔阳县的窑厂事务应为各自司吏具体管理，由于行政隶属关系，其生产的城墙砖上，需增加所属府、州上级官吏的姓名。故不同司吏，因衙署级别不同，工作内容和角色会有差异。

参役人夫方面，明初城墙砖常见参役人夫分为总甲、甲首、小甲、造砖人夫（户）和窑匠，这些参役人夫均需参加具体的生产活动，以往研究已证明上述人员均为造砖人夫[1]。通过对窑窿坡窑址出土城墙砖砖文的统计，总甲与小甲虽然是窑厂中生产活动的管理人员，但其仍属于造砖人夫（户）的范畴，因此部分城墙砖中可见总甲和小甲参与造砖的砖文，不过从数量上看，小甲参与的数量远多于总甲，可见总甲较其他参役人夫，主要还是以管理性事务为主（表三）。窑匠为专门性分工，虽然其亦为本地征发而来的人夫，但由于烧窑属专业性技术工种，窑匠只负责保障烧窑出砖的质量，而无需承担机械且繁重的制砖任务，我们在出土的砖文中，未见一例窑匠参与制砖的记录。

表三　窑窿坡窑址所见总甲、小甲制砖表

序号	标本号	类别	城墙砖砖文
1	Y10:55	总甲制砖	辰州府提调官通判郭权司吏胡溥　沅州提调官吏目韩功敏司吏陈原善　总甲张沂　小甲张文爌　造砖人户张沂　窑匠蒋受捌
2	Y2:16	小甲制砖	辰州府提调官通判郭权司吏胡溥　沅州提调官吏目韩功敏司吏陈原善　总甲唐允安　小甲向阳　造砖人户向阳　窑匠潘万陆

---

[1] 杨国庆、王志高：《南京城墙志》，凤凰出版社，2008年，第270页。

续表

序号	标本号	类别	城墙砖砖文
3	Y4:39	小甲制砖	辰州府提调官通判郭权司吏胡溥　沅州提调官吏目韩功敏司吏陈原善 总甲唐□安　小甲向实全　造砖人户向实全　窑匠毛祥壹
4	Y9:81	小甲制砖	辰州府提调官通判黄载司吏范应贞　沅州提调官判官庞栋司吏陈原善 总甲张沂　小甲田信之　造砖人户田信之　窑匠向允高
5	Y10:51	小甲制砖	辰州府提调官通判郭权司吏胡溥　□□□□□□□□□ 总甲张沂　小甲张文燐　造砖人户张文燐　窑匠蒋受捌

（三）生产组织关系

以往有学者已注意到明初城墙砖砖文中涉及总甲、甲首、小甲等组织关系，并探讨了这类组织关系与明初乡村社会基层组织和保甲制的形成与关系[①]，相对一致的看法还是认为至少洪武十四年以前，窑厂中涉及的总甲、甲首、小甲等组织关系主要为城墙砖生产过程中的临时性生产组织，旨在加强城墙砖生产过程中的效率与质量保证，同时也是一种有效的问责制度，与保甲制存在区别。不过由于以往的讨论主要利用各地城墙上收集的城砖资料或零散出土与征集的砖文，缺乏窑址内成规模与系统的城墙砖资料，所以对城墙砖生产过程中参役人夫的组织与隶属关系的探讨相对有限。通过对窑窿坡窑址城墙砖砖文的整理，为我们提供了一个窥探该窑址内参役人夫生产组织关系的机会。

我们根据提调官姓名将窑窿坡窑址内出土的950块城墙砖分为了两类，一类为"辰州府提调官通判郭权"，另一类为"辰州府提调官通判黄载"。两类砖合计参役人夫总计72名（仅统计名字完整的人夫，本次发现的人夫数量实际大于72人），其中总甲5名，小甲11名，造砖人户45名，窑匠11名（表四）。

在窑厂生产过程中，是有数个以"总甲"为代表的生产队伍同时工作的，即一个窑厂是有多个总甲的，且各总甲所辖人夫彼此独立。"总甲"之下又有

---

① 陈瑞、王裕明：《南京明城墙砖铭文三题》，《东南文化》2004年第1期；王裕明：《明代总甲设置之考述》，《第十届明史国际学术讨论会文集》，2004年，第164—166页；夏维中：《洪武初期江南农村基层组织的演进》，《江苏社会科学》2005年第6期；杨国庆：《南京明城墙砖文中的基层组织研究》，《东南文化》2011年第1期。

多个"小甲",各小甲所辖人夫又彼此独立。"小甲"辖多名"造砖人户(夫)",目前窑窿坡窑址已发现小甲下至少存在 11 名人夫,均由小甲直接管理。"窑匠"为每个小甲下专门配备 1 名。由此构成了窑窿坡窑厂"总甲—小甲—造砖人户—窑匠"的生产组织关系。

表四　窑窿坡窑址参役人夫表

辰州府提调官通判郭权　司吏胡溥 沅州提调官吏目韩功敏　司吏陈原善				辰州府提调官通判黄载　司吏范应贞 沅州提调官判官庞栋　司吏陈原善			
总甲	小甲	造砖人户	窑匠	总甲	小甲	造砖人户	窑匠
唐允安	向阳	曾俊五 黄成玖 萧阿曾	潘万陆	唐允安	向阳	彭世远	潘万陆
	向实全	向锁秋	毛祥壹				
	刘景春	周汝春 苏顺叟 曾鼎肆	潘受柒		刘景春	周允和 毛方陆 曾鼎五	潘受柒
	唐俊轻	刘景仁 唐光原 唐善□ 唐义孙	粟庆贰		唐俊轻	唐元亨	粟庆贰
张沂	张文爝	张文焌 廖宗礼 李谥 杨炳隆 张原□ 杨焕龙 张南沂 蒲祥远 张德翁 张信翁 谭伏叁	蒋受捌	张沂	张文爝	张德翁 李谥 谭伏叁 张信翁	蒋受捌

续表

辰州府提调官通判郭权　司吏胡溥				辰州府提调官通判黄载　司吏范应贞			
沅州提调官吏目韩功敏　司吏陈原善				沅州提调官判官庞栋　司吏陈原善			
总甲	小甲	造砖人户	窑匠	总甲	小甲	造砖人户	窑匠
张沂	田信之	田成之 蒋思远 杨均海 黄祐夫 杨灵观 田锁之 田宗保 杨金敖	向允高	张沂	田信之	田宗保 杨金敖 田锁之	向允高
					蒋名贰	向炳文 杨大器 张贤可	余伏柒
郭本立	唐阿陈	刘蜀英 陈阿伍	刘晚	郭本立	唐阿陈	游世英	刘晚
唐仲志	唐仲康	彭子原	向重肆	唐仲志	尹子隆	梁景端	余伏捌
					唐仲康	彭壹与	向重肆
				唐仲礼	梁景宗	梁景先	胡名叁

在窑窿坡窑厂内，"总甲—小甲—窑匠"三者构成了该窑厂稳定的人夫队伍，窑窿坡窑址中此三类人自始至终工作于窑厂内，并未因提调官的轮换而发生变更。稳定的人夫队伍是保障生产城墙砖的质量基础，保持制砖与烧砖技术的统一与稳定，避免因人员全员轮换产生新的组织问题和城墙砖质量的差异；同时，"总甲—小甲—窑匠"的稳定结构，也有利于生产责任的到位，可以确保城墙砖砖体的质量与烧窑效率，若出现质量问题，可以直接问责至生产小组及具体个人，而不至于扩大到窑厂内其他人员。造砖人户（夫）从窑窿坡窑址来看，因提调官的更替，该窑厂内的多数造砖人户（夫）发生了明显的变化，45名中仅7名人夫留任且集中于总甲张沂下，多数参役人夫的服役时间是与提调官的任期相关联的。

不过最后需要指出的是，由于明初长江中下游各府州县均参与了城墙砖生产，地域面积广大，各地社会组织及管理方式存在差异，生产时间早晚亦有不同，因此城墙砖砖文中涉及的职务内容均有不同。如"甲首""监工"这些职务均不见于窑窿坡窑址生产的城墙砖砖文中；窑窿坡城墙砖中同一块城砖的人夫仅见个人姓名，有些地区同一块城墙砖中常见数个窑匠与造砖人夫。这些现象反映出明初不同地区窑厂的生产组织关系还存在差异，窑窿坡窑址中所见关系仅能代表部分城墙砖窑厂的生产组织关系。所以对明初城墙砖砖窑中的生产组织关系认识，尚有待于更多此类窑址的考古发掘工作。

明初城墙砖砖窑的考古发掘，为我们研究明初城墙建设、社会与生产组织建设等问题提供了更系统的城墙砖砖文资料。因此我们认为，今后的考古工作应格外重视对此类砖窑的系统性考古发掘，以便获取各地更全面的砖文资料，从而能更全面、深入地认识明初长江中下游城墙建设的历史，并探讨社会组织与生产组织的形态与演进过程。

附记：本文所用荆州城墙砖资料为非出版物，感谢荆州博物馆贾汉青先生提供的相关材料。

明清湘黔苗区边墙史迹考[*]

陈文元[*]

摘 要：明代为稳定苗疆统治，历经"二十四堡""十三哨"，终至万历年间修筑了三百余里边墙，"围而治之"。然不及三十年，边墙坍塌，边防体系瓦解。入清后，苗疆有一段稳定期，但乾嘉苗民起义的震动警醒，促使清廷认识到先前的治苗政策欠缺全盘考虑，进而划分民、苗界址，重修边墙，"界而治之"。不同于明代边墙，清代边墙范围愈加扩大，且既防又治。明清中央王朝在苗疆修筑边墙，强化了国家统治，调控了苗汉关系，促进了社会整合。边墙遗址遗存是极为重要的民族历史文化遗产，应客观、辩证地审视。

关键词：边墙；苗疆；文化遗产；明清

中国北方有关"墙"的历史极为悠久，自先秦时期，即有齐、赵、魏等国曾大规模修筑墙垣以作防御，秦统一六国后修筑了"万里长城"，此后历代又不断修缮、扩建（汉建"塞垣"、北朝的"长堑"、唐朝时期渤海国修筑的"牡丹江边墙"、金朝的"界壕"、明朝的"边墙"）。虽然清朝没有延续历代修筑长城的"惯例"，但在北方一些地区亦修建过类似于长城的军事防御工程，如在东北修筑"柳条边"；为镇压捻军起义，在山东、河南、山西等地修筑"长墙"。

中国南方同样有着悠久和丰富的"墙"类军事建筑。如先秦时期，楚国曾修筑有长城，是为"楚长城"；汉代在滇东修筑有军事防御墙，是为"滇东古长城"；明代为经略川西北曾修筑有大量的军事关堡和连线墙垣，是为"川西北边墙"，在江南台州修筑有大型海防军事工程，是为"江南长城"；清代为抵御廓尔喀入侵，

---

[*] 本文为国家社科基金青年项目"明清湘黔苗区边墙遗址遗存调查与整理"（21CMZ027）的阶段性成果。

[*] 作者简介：陈文元，贵州民族大学民族学与历史学院。

在西藏地区修筑了诸多御敌要塞，是为"西藏长城"。

明清时期，中央王朝在苗疆曾先后修筑了边墙，延续四百余年，即"明清湘黔苗区边墙"①。边墙始建于明朝万历年间，北起喜鹊营，南至霭云营/王会营（亭子关），全长三百八十余里。清朝再筑边墙，起于四路口，止于木林坪，修筑长墙壕沟一百一十余里，又筑汛堡、屯卡、碉楼、哨台、炮台、关厢、关门等边防设施一千余座。现今，分布于湖南、贵州两省交界的边墙遗址遗存构成了南方少数民族地区特色民族史地属性的军事古迹建筑群，以及多民族文化交融形态与多样人文景观，是极为重要的民族历史文化遗产②。

一、明代修筑边墙与"围而治之"

明代，界邻湖广、贵州交界的"苗蛮"③分布，中央王朝未曾深入治理，这一区域尚处"化外"的"生苗之区"，即"湘黔苗区"，是为传统文献之"苗疆"。《读史方舆纪要》称，"麻阳、蜡尔、镇筸、铜平诸山"，乃"苗蛮巢穴"，界跨千数百里，又"悬崖鸟道，丛箐栉比，岚瘴蒸郁，阴雨恒多"，因此"视诸溪峒独称阻绝，往往乘晦冥据险为乱"④。复杂的地理形势与恶劣的生态环境，致使苗疆成为一处极难治理之地。审视整个明代，始终无法解决"苗患"，史称"历代以来皆蛮患，而明始有苗患也"⑤。

---

① 关于明清中央王朝在苗疆修筑边墙的历史记载，文献中有"边墙""楚边长城""镇筸小长城""苗疆边墙"之称谓，湘黔两省交界地区民间还有"万里墙""长城"的说法。目前学界多以"边墙""南长城""中国南方长城""苗疆边墙""湘西苗疆边墙""明清湘黔苗区边墙"概称，以"苗疆边墙"居多。

② 陈文元：《铸牢中华民族共同体意识的内生动力与现实路径——基于发挥民族历史文化遗产作用的视角》，《青海社会科学》2023年第1期。

③ 明代史籍中的"苗蛮"多有贬义，且不宜直接与现今苗族对应，有时还包括瑶族、侗族、仡佬族、土家族等先民，以及汉族流民。简言之，"苗蛮"一定时期是南方非汉族类群体的统称。

④ （清）顾祖禹撰，贺次君、施和金点校：《读史方舆纪要》卷81《湖广七》，中华书局，2005年，第3834页。

⑤ （清）魏源：《苗防论》；（清）王锡祺：《小方壶斋舆地丛钞》（第八帙），光绪十七年上海著易堂铅印本，杭州古籍出版社影印本（第8册），1985年，第125页。

明廷在苗疆的防卫与控制经历了从"二十四堡"—"十三哨"—"边墙"的演变[①]。宣德年间，时"筸子坪长官吴毕郎等，与贵州铜仁诸苗为乱"，明廷遣兵征讨，"总兵官萧授筑二十四堡环其地守之"[②]。但好景不长，至景泰年间竟"苗势殊炽"，动乱波及范围愈广，"西至贵州龙里，东至湖广沅州，北至武冈，南至播州之境，不下二十万，围困焚掠诸郡邑"[③]，至明代中后期，"苗蛮"动乱呈现愈演愈烈之势。嘉靖年间苗疆复乱，明廷只得再举大军征讨。事平后，总督张岳鉴于"苗患"频发，在萧授所筑"二十四堡"的基础上重新整饬边防，将"二十四堡"改制为"十三哨"[④]，构成"民苗哨寨"形势。为加强防守，又命"参将孙贤立烽火候、建营隘，筑边墙七十里"，初显堡、哨、边墙连环相扣的防卫结构，然"后不缮修，倾颓殆尽"[⑤]。此次修筑边墙，是明代在苗疆修筑边墙的最早历史记载。但嘉靖年间修筑的"七十里边墙"尚未构成规模，只是作为"十三哨"的防卫延伸，且由于史料阙如，无法探求其具体建筑形制、防卫形态与结构特点。

"苗蛮"虽分属两省，实则一体，"湖贵间有山曰'蜡尔'，绵亘三百余里，

[①] 张振兴：《从哨堡到边墙：明代对湘西苗疆治策的演递——兼论明代治苗与土司制度的关系》，《吉首大学学报（社会科学版）》2014年第2期。

[②] （清）严如熤：《苗防备览》卷15《述往中》，嘉庆二十五年刻本。另，"二十四堡"的具体名称与地址已难考究，根据伍新福先生的考证和龙京沙先生的考古探查，大致可知有：寨阳堡、阴隆江堡、爆竹堡、洞口堡、都溶堡、牛隘堡、南阳堡、大凹堡、湾溪堡、安江堡、小坡堡、牛坳堡、石花堡、芭茅堡、长兴堡、牛心堡、太平堡等。大致分布线路，应是西北起自贵州松桃县及其湘西花垣、凤凰县交界一带，经铜仁、凤凰边境南下，绕过麻阳西北部、凤凰西南部，再北上经凤凰东部地区，而至吉首市南部与西南部。参见伍新福：《明代湘黔边"苗疆"堡哨"边墙"考》，《中南民族大学学报（人文社会科学版）》2003年第2期；龙京沙：《湘西苗疆边墙调查报告》，岳麓书社，2023年，第311、312页。

[③] 《明史》卷310《列传第一百九十八·湖广土司传》，中华书局，1974年，第5490页。

[④] "……奏请增一十二哨，曰铜信，曰小坡，曰水塘凹，曰水田营，曰石羊头，曰五寨，曰清溪，曰洞口，曰筸子，曰强虎，曰乾州，曰永安，连镇溪所，共十有三，各据险互扼，边腹稍安。"各哨有城楼、关隘、炮楼、哨所、梆楼、演武场、营房等设施。参见（清）黄志璋：《麻阳县志》卷10《外纪志》，康熙二十四年刻本。

[⑤] （清）鄢翼明：《辰州府志》卷7《边防》，康熙五年刻本。

诸苗居之。虽分隶两省,其蟠结窜从实相薮匿焉"①。苗疆长久波动迫使明廷不断更置防苗、治苗策略,然"兵愈分则力愈寡,将愈多则费愈侈"②,终至调控不及,因而谋求统辖湖贵两省的边防体系。而嘉靖年间孙贤所筑"边墙坏而入犯路多,如四达之衢"③,不得已,明廷在万历四十三年(1615)修筑了连亘湘黔两地三百余里边墙:

> 又万历四十三年,分守湖北带管辰沅兵备道参政蔡公复一,巡历镇边,目击当哨星罗,苗路羊岐,难以阻遏觊窃。于是申详两院,支公帑四万三千余两,上至铜仁,下至保靖汛地,建立沿边土墙,迤山亘水三百余里④。

蔡复一认为"苗无君长,无大志,不过劫财、执人取赎,练兵守险,可以御之"⑤,故而主持修筑边墙,"有摄兵使者右辖蔡公苦心拮据,督筑边垣,选将募兵周防饬备"⑥,共耗"公帑四万三千余两"。"守险有要着,曰'固筑有墙'。练兵有急著,曰'暂益故兵'。"⑦为实现苗疆稳定,明廷竟再次整饬边防,将沿边的营、堡、哨、关、隘等军事设施连成一线,"沿溪石壁,水城天堑生成界限"⑧,自湘黔交界之西南至东北,区隔腊尔山"生苗之区"与西南泸溪、麻阳县"编户之区",旨在"抑汉/镇苗","藉以捍蔽苗类,保障边圉也"⑨。

---

① (明)徐学谟:《湖广总志》卷31《兵防二·苗徽》,万历十九年刻本。
② (清)鄢翼明:《辰州府志》卷7《边防》,康熙五年刻本。
③ (清)顾炎武:《天下郡国利病书》原编第廿五册《湖广下》,《续修四库全书·史部·地理类》,上海古籍出版社,2002年,第228页。
④ (清)黄志璋:《麻阳县志》卷10《外纪志》,康熙二十四年刻本。
⑤ (明)蔡复一著,何丙仲点校:《遯庵全集》(上),商务印书馆,2018年,第277页。
⑥ (明)吴国仕:《楚边图说》,万历四十五年刻本。
⑦ (清)顾炎武:《天下郡国利病书》原编第十五册《湖广下》,《续修四库全书·史部·地理类》,上海古籍出版社,2002年,第228、229页。
⑧ (清)俞益谟:《办苗纪略》卷1《镇箄传边录》,康熙四十四年俞氏余庆堂刊本。
⑨ (清)段汝霖:《楚南苗志》卷1《边墙图说》,乾隆二十二年刻本。

天启二年（1622）①，"又设前任辰沅兵备道副使胡讳一鸿者，委授黔游击邓祖禹自镇溪所起至喜鹊营止，添设边墙六十余里"②。至此，明代边墙自霭云营/王会营（亭子关）至喜鹊营，全长三百八十余里（图一），终成"围而治之"之势。

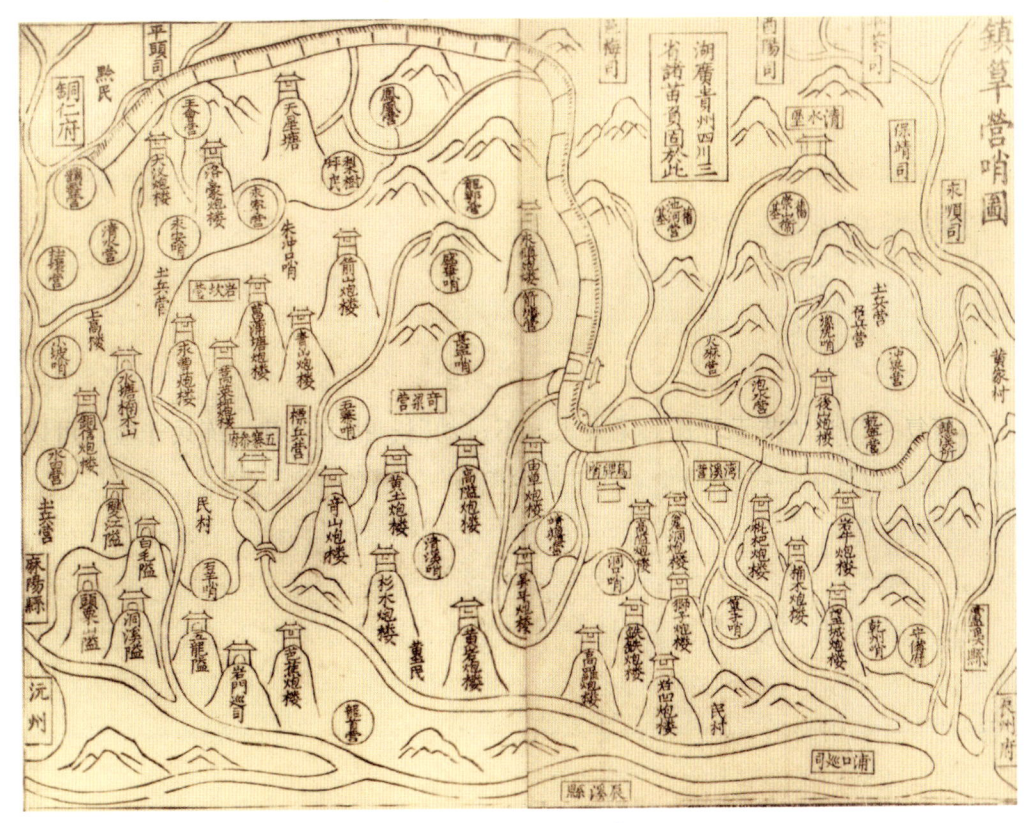

图一　镇筸营哨图③

---

① 据乾隆《沅州府志》卷二十五《职官一》有载"（兵备道）胡一鸿，天启元年任"，又乾隆《湖南通志》卷一百五《名宦》记"彭先儁……天启二年知泸溪县时，逆苗劫掠，先儁与镇筸游击邓祖禹多方剿抚，民赖以安"，据此可大致推测镇溪所至喜鹊营段六十余里边墙当在天启二年（1622）修筑。

② （清）俞益谟：《办苗纪略》卷1《镇筸传边录》，康熙四十四年俞氏余庆堂刊本。

③ （明）吴国仕：《楚边图说》，万历四十五年刻本。因《楚边图说》编于万历四十五年（1617），故未见天启年间增修的六十余里边墙。

不过，边墙修筑线路与原有防卫线路是有所退缩的，"公议于苗边地方渡头坑、毛都塘、两头羊、红岩井、毛谷坨、大田、泡水等处一带起工筑城"，但"州府县民虑远喜近，辞难就易"，又"各官受贿就近从易"，竟将"芦塘、都溶、龙井、强虎都处"置于墙外。明代边墙的建筑形制，主要是以夯土构筑，"高八尺许，基厚五尺，顶三尺"①。官府募兵民共同修筑，给付工钱。其中兵筑一丈银一钱二分，民则银一钱八分。为了确保边墙防线稳固，边墙竣工后，还时刻派人巡查维修，"各哨选游兵头目巡墙，队长领兵数十名，虽雨夜接替传签，沿墙巡视，墙圮则令兵时为补葺"，规定边墙如有毁坏，三年以内"仍令原筑兵民修葺"，三年以外"责令附近哨寨兵民补筑"②。如此，苗疆以边墙为连接，营哨、炮楼、关隘星罗棋布。

边墙沿线驻守有汉、土官兵七千八百名，负责日常守卫。其中，"参守等员饬行各营哨"，又以"游兵头目十名，巡墙队长一名"，设置"循环二簿，限定时刻"。每头目带兵三十名等，不分雨夜，依边墙沿线巡查，"交签接替，循去环来"，然后"朔望赴参守衙门具结"，以示稽察勤惰③。遇有警，"至炮兵，下哨击梆上哨，举火是矣"④，至近城则敲钟戒严。

行至明中期，明初构建的卫所/土司防控苗疆体系瓦解，且"附近土司以窃苗为利薮，从征将领以存苗为生涯"⑤，无所倚仗，"明廷的腐朽不堪，对应的是地方社会卫所颓败、土司挟苗逐利、官员懈怠庸碌"⑥。而苗疆时有动乱，波及湘黔两域，明廷为考虑全局，不得已筑墙固界。"设立边墙自万四十三年，

---

① 现湖南省凤凰县落潮井镇杨柳湾村的吃血坳，有一段保存较好的明代土边墙遗址，近东—西走向，长200余米。土边墙遗址依山势而建，一端由河谷延伸，连于山顶。缓处坡度为15°，近河谷处坡陡为60°，横切面呈半圆状，残高0.15—1.5米，残顶宽0.6—0.9米，残底宽1.6—3.2米，与文献记载基本相符。
② （清）席绍葆：《辰州府志》卷四十《艺文纂》，乾隆三十年刻本。
③ （清）段汝霖：《楚南苗志》卷1《边墙图说》，乾隆二十二年刻本。
④ （明）吴国仕：《楚边条约》，万历四十五年刻本。
⑤ （清）鄢翼明：《辰州府志》卷3《纂集杂志》，康熙五年刻本。
⑥ 陈文元：《略论明代苗疆的治理及其启示》，《武陵学刊》2020年第1期。

乃楚边长城,非为镇筸而设,原为全楚而设。"①但至边墙修筑完工已是天启年间,明朝亦进入穷途末路。不久,边墙沿线"嗣因兵额渐被苗占,扼要之地悉为苗据",迨明清递嬗,"流贼生发,群苗窥隙",边墙亦被"踏为平地"②,不及三十年,边墙与边防体系遂行瓦解。

二、清代再筑边墙与"界而治之"

清初,云贵至湖广一线是清廷与南明的重要拉锯地带,其后又有"三藩之乱",尚无暇顾及苗疆治理。待政局稳定后,苗疆仍时有波动,小有动乱,鉴于此,有官员借喻明朝旧制重提修筑边墙事宜,以限民苗之界③。但清廷主张"抚而训之",教化苗民。而且,由于经费制约和治苗政策不同,地方官员彼此在治苗政见上颇有分歧。如有官员即称修筑边墙乃"祖龙故智,良可笑也"④,并称:"镇筸一小长城为苗云扰波摇,疲于奔命几二三十年,七千八百汉、土官兵被苗杀掳殆尽,兵不自保,安能保民?"⑤或因如此,清廷先后两次罢议重修边墙。在此期间,清廷并非不理苗不治苗,亦对前明之修筑边墙"围而治之"颇有反思。然而,苗疆复杂的族群关系与薄弱的统治基础,致使几无稳妥之举、长久之治,诚如清人严如煜总结道:

> 明宣德间,萧授筑二十四堡,环苗地守之,捣苗巢穴,而苗近百年无事矣。至嘉靖中年,苗大猖獗,张岳改为十三哨,其后或因或增,至为四营十四哨,卒无以防苗也。万历间,蔡复一于亭子关至喜鹊营,筑边墙三百余里以限之,至墙圮而苗依然如故矣。则是经略苗疆,而

---

① (清)俞益谟:《办苗纪略》卷1《镇筸传边录》,康熙四十四年俞氏余庆堂刊本。
② (清)段汝霖:《楚南苗志》卷1《边墙图说》,乾隆二十二年刻本。
③ 参见(清)刘应中:《边墙议》;(清)严如煜:《苗防备览》卷21《艺文下》,嘉庆二十五年刻本;(清)陈宏谋:《湖南通志》卷54《理苗二》,乾隆二十二年刻本;鄂海:《抚苗碑》;黄应培:《凤凰厅志》卷19《艺文一》,道光四年刻本。
④ (清)王玮:《乾州厅志》卷1《城郭志》,乾隆三年刻本。
⑤ (清)黄志璋:《麻阳县志》卷10《外纪志》,康熙二十四年刻本。

欲其久安长治,迄无善策也①。

缓至康熙中期至雍乾年间,清廷施行改土归流,废除土司制度,裁汰卫所,委派流官,置府设厅,苗疆曾有一段稳定期,然不久纷争再起,至乾隆六十年(1795),爆发了乾嘉苗民起义。起义平定后,清廷认识到先前的治苗政策欠缺全盘考虑,随即调整治苗方针,厘清民、苗界址,解决土地纠纷,缓和苗汉矛盾,重修边墙再次提上日程。

在平定起义、稳固苗疆统治的同时,清廷仿效明廷旧制,重修边墙,增修军事防御设施,到嘉庆五年(1800)初成②。不过,与明代边墙多为土墙不同的是,清代边墙主要是石墙,由时任凤凰厅同知傅鼐主持修筑,起于四路口,止于木林坪,"自三厅由乾州交界之木林坪,至中营所辖之四路口","沿边开筑长墙濠沟百余里"③,共筑边墙一百一十余里,"又度险扼冲,筹设屯堡,联以碉卡"④。边墙修筑后,鉴于"乃仍有匪徒越墙,或于悬崖陡坡不能筑墙之处攀援而上"⑤,又加削凿,并于苗疆交界筑汛堡、屯卡、碉楼、哨台、炮台、关厢、关门等边防设施一千余座。各边防设施之间,间有墙垣修筑,以加强防卫⑥。也就是说,不同于明代的三百八十余里边墙的一线防卫,清代的边墙范围扩大,囊括凤凰厅、永绥厅、乾州厅、古丈坪厅、保靖县、泸溪县、麻阳县、松桃县

---

① (清)严如熤:《苗防备览》卷17《要略》,嘉庆二十五年刻本。

② 需要说明的是,清代嘉庆年间在苗疆大规模修筑边墙与边防体系之前,并非没有间段性和区域性修筑边墙的情况。如《铜仁府志》载:"铜之苗患出没不常,明季为尤甚。迄国朝初猖獗如故,顺治十五年冬,知府梁懋宸亲率有众至铜鼓滩攻而杀之……越一年,调副将贺国贤镇守铜郡,防御有法,筑边墙于振武营,开道路于石榴坡。"表明为防止"生苗"作乱,清初曾在湘黔交界有修筑边墙、加强防卫之举。参见(清)敬文:《铜仁府志》卷2《地理·苗蛮》,道光四年刻本。

③ (清)佚名:《苗疆屯防实录》卷1《屯防纪略》,江苏扬州人民出版社,1960年复制印行。

④ (清)但湘良:《湖南苗防屯政考》卷15《勋绩考》,光绪九年刻本。

⑤ (清)黄应培:《凤凰厅志》卷8《屯防一》,道光四年刻本。

⑥ 近年来,笔者从事湘黔两省交界地区边墙遗址遗存的调查整理,发现除整体一线的边墙外,各汛堡、哨所、碉卡之间,往往会有小段的边墙修筑情况。如湖南省保靖县涂乍汛遗址遗存,即是有从涂乍碉卡山脊处延伸至涂乍汛营盘的边墙遗址遗存;再如贵州省铜仁市碧江区的滑石营、松桃县的正大营、盘石营,围绕这些军事据点,均有边墙延伸。

构筑了主体边墙＋数以千计的边防设施＋数段墙垣，边墙修筑还借助了悬崖沟涧等自然地势，构成边墙与边防体系（图二）。

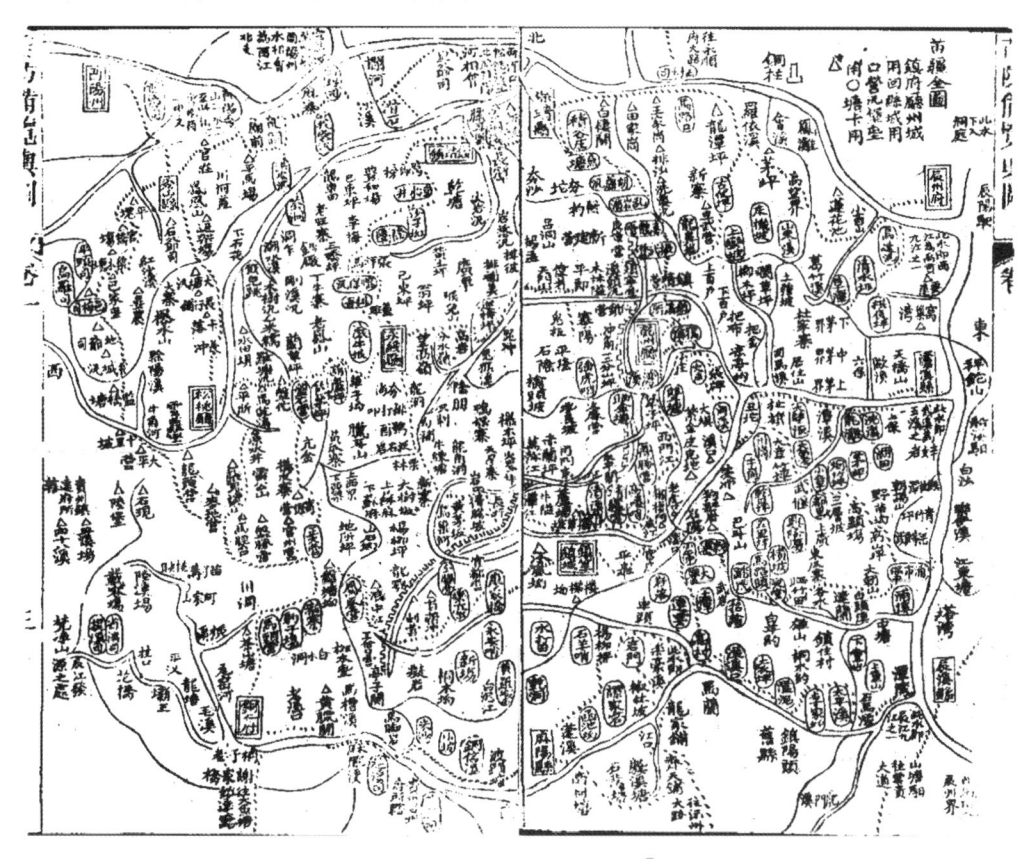

图二　苗疆全图（清代）[①]

清代重修边墙，是秉持明代修筑边墙的基础上的"界而治之"，践行苗汉分治，以求"使兵农为一以相卫，使民苗为二以相安"[②]。清代治理苗疆，无论是力度、广度还是深度，较之明代更甚，既防又治，以边墙为依托开展一系列的治理措施。"一方面，边墙起到了暂时缓解苗汉矛盾的作用；另一方面，边墙的存在为后

[①] （清）严如熤：《苗防备览》卷1《苗疆总图》，嘉庆二十五年刻本。
[②] （清）魏源：《魏源集》，中华书局，2018年，第363页。

续治理措施的顺利开展奠定了基础。"[1] 边墙修筑后，除沿线驻扎的重兵，又设置"苗守备""苗千总""苗把总""苗外委"等职官四百八十六名，构建了更为牢固的治安保障体制；推行屯田与屯政，均出十五万余亩屯田，置屯官（屯守备、屯千总、屯把总、屯外委、屯额外）、屯长（总屯长、散屯长），促进了苗疆的社会建设[2]；增（重）修书院六所，修建屯义学、苗义学一百二十馆，划分"边""田"字号，适时推动儒化，推动科举事业发展。总之，清廷依托边墙开展了一系列的社会治理措施，试图振兴苗疆。边墙修筑后，苗疆形成不一样的发展格局，是为"边墙格局"[3]。质言之，相较于明代，清代边墙不仅强化了军事防卫，更突出了社会治理、经济开发、治安保障的功能。

三、明清湘黔苗区边墙的历史意义

其一，明清中央王朝在苗疆修筑边墙，有强化王朝国家统治、调控苗汉族群关系和维护社会秩序之义，是传统中国治理民族地区统治方式和控制手段的重要体现，促进了苗疆社会整合。边墙虽是历史时期分隔苗汉、防苗控苗的军事建筑，但以历史上民族关系发展轨迹与今日民族平等、民族团结的良好氛围视之，应以一种不反感、不回避、不遮掩、不偏颇的姿态去看待边墙所带给我们的反思、自省和警惕，透视因之而产生的民族关系史、文化交流史与政治制度史，以墙为"诫"，以史为鉴，为当前铸牢中华民族共同体意识工作以及民族团结进步事业发展提供历史借鉴与理论支撑，实现历史服务现实的研究宗旨。

其二，明清时期，中央王朝在苗疆修建边墙与边防设施，现今湘黔交界地区除了实体的边墙、古城遗址遗存，还包括大量的屯堡、关隘、营哨、汛堡、屯卡、碉楼、炮台、关厢、关门等边防设施，形成了规模宏大、类型丰富、数量众多、

---

[1] 陈文元：《"区隔"与"疏导"：清代湘西苗疆边墙与族群交往秩序》，《民族论坛》2021年第1期。

[2] 陈文元：《清中后期湘西苗疆的农业政策与社会结构》，《农业考古》2020年第4期。

[3] 陈文元：《边墙格局与苗疆社会——基于清代湘西苗疆边墙的历史学考察》，《中央民族大学学报（哲学社会科学版）》2020年第6期。

地域广泛的遗址遗存。加之边墙沿线生活着苗族、汉族、土家族、侗族、仡佬族等，因边墙而产生不同的文化生境，衍生出边墙地域的文化类型与文化资源，与边墙遗址遗存一道构成了"全景式"的文化遗产结构，形成了南方少数民族地区特色民族史地属性的军事古迹建筑群，以及多民族文化交融形态与多样人文景观，是极为重要的民族历史文化遗产。

其三，不论是南方的苗疆边墙，还是北方的长城，皆是明清中央王朝为应对边疆/边缘地区复杂社会形态与多元族群结构情形下，建立起赖以治边固界的军政型管理系统，是传统中国边疆统治方略体现，是中国古代中央王朝基于地理结构与社会形态的"因地制宜"和"因俗而治"，修"墙"不是目的，而是一种统治策略、管控手段。边墙是划界治理的重要载体，重在区隔而非隔离，况且边墙内外均有一定的经济文化交流。

其四，中国历史上从来不缺乏"墙"的存在，修筑"墙"以及围绕"墙"的经营与维护可视为传统中国的一种统治模式。然而，学界目前尚未重视这一问题，且多集中于北方长城的讨论。其实，中国古代有关"墙"的含义是十分丰富的。笔者粗略认为，如要理解传统中国的政治统治，一是不能谈"墙"色变，更不能把"墙"统统固定理解为"军事防卫""隔离""镇压"等；二是要看到中国古代"墙"的多样政治结构。北方的长城从游牧与农耕的政治脉络演化至中华文明的象征，但并不能统而概之中国所有"墙"的政治内涵与文化细部。比如，位于南方地区的即有"楚长城""滇东古长城""江南长城"以及本文探讨的"明清湘黔苗区边墙"等，有些"墙"的历史甚至要比北方长城的历史要久远得多。其实，对这些"墙"的阐释都不应大而化之地贴上"长城"的标签，或者说不应该被北方长城的内涵所覆盖。

军事城防遗产导则下我国军事城防遗产价值再认识

——以南京城墙为例

付梓杰[*]

摘　要：作为新兴的遗产类型，关于军事城防类遗产的讨论一直是近年来学界所关注的重点问题之一。以此为背景，由国际古迹遗址理事会军事城防专委会（ICOFORT）起草的《军事城防遗产导则》于2021年正式通过审议，成了针对该类遗产的首个导则性文件，系统性地针对军事城防类遗产的定义概念、价值认定、保护管理及干预工作方式等进行了界定。本文以《导则》文件为基础，通过对南京城墙的潜在遗产价值进行分析，发现了《导则》在军事城防类遗产价值认定方面的侧重与特点。文章认为，在《导则》的框架下，军事城防遗产的价值与遗产本体、历史沿革、所处地理环境和利益相关者有着紧密的联系，且同时反映了当前遗产学界的研究趋势与该遗产类型的特点，展现了其多样的价值维度。作为军事城防类遗产大国，我国遗产学界在推进相关工作时应充分关注《导则》的前沿观点，发挥其指导性作用，以更加全面地保护、阐释军事城防类遗产所蕴含的价值。

关键词：军事城防；遗产价值；南京城墙

一、军事城防类遗产的研究工作现状

近年来，随着遗产学界研究的不断深入，愈来愈多的遗产类型和其所承载的潜在遗产价值得到了挖掘与界定，文化景观、文化线路、工业遗产等新兴遗

---

[*] 作者简介：付梓杰，中国古迹遗址保护协会。

产类型的出现，不仅拓展了学界的认知维度，同时使更多的潜在遗产点的价值得到认定，得以纳入到遗产保护和管理工作体系当中。作为以功能为主要分类标准的类型遗产，军事城防类遗产在近年来逐渐得到了国内外遗产学者的关注与探讨，使其成了学界所关注的热点议题之一。

我国是遗产大国，军事城防类遗产种类多，分布广，时代特色鲜明，近年来，大量的遗产学界专家学者针对我国的军事城防类遗产开展了丰富多样的研究工作。孙华、奚江琳等学者对作为军事遗产的重要组成部分的军事工程类遗产的定义、类型与价值进行了剖析，细化了我国军事遗产具体构成类别[1]。邓浩、奚江琳、张奕、杨涵等学者针对军队建筑遗产的概念、价值构成与价值认知等内容进行了研究，进一步拓展了我国军事遗产分类的时间维度，剖析了以军队建筑遗产为代表的军事遗产的价值认定与感知框架[2]。赵丛苍、张朝等学者从遗产价值的角度出发，对军事类文化遗产的价值及阐释进行了梳理[3]。郑希黎、陈晓键、潘一婷等学者则基于国际性视野，将关注重点放在了以英国、法国为代表的，已深入开展军事城防类遗产保护与研究工作的国家上，通过剖析其军事遗产概念的研究与保护工作的研究与脉络，为我国的军事遗产保护工作提供了参考思路[4]。而以包佳良、赵金娥、王琛为代表的学者，则从我国不同历史时期的军事防御体系着手，对防御特征、空间形态、防御体系等要素进行了研究，剖析了构成军事遗产价值的重要因素[5]。

整体来看，我国遗产学界目前开展的军事遗产的主题研究基本涵盖了遗产界定、遗产分类、遗产价值剖析、军事遗产保护体系比较、遗产价值构成要素

---

[1] 孙华、奚江琳：《军事工程遗产概说》，《遗产与保护研究》2017年第5期。
[2] 邓浩、奚江琳、张奕：《军队建筑遗产的概念与价值构成探析》，《中国园林》2009年第5期；邓浩、奚江琳、杨涵：《军队建筑遗产研究与群体价值认知》，《中国园林》2012年第1期。
[3] 赵丛苍、张朝：《军事文化遗产的价值阐释》，《文物春秋》2020年第3期。
[4] 郑希黎、陈晓键：《法国军事遗产的保护与利用》，《建筑遗产》2020年第3期；潘一婷：《中外视野下的近代战争遗产研究》，《中国名城》2020年第1期。
[5] 包佳良：《明清襄樊城墙防御特征研究》，北京建筑大学硕士论文，2020年；赵金娥：《明代广东海防卫所空间形态研究》，华南理工大学博士论文，2019年；王琛：《南宋四川山城防御体系研究》，北京建筑大学博士论文，2017年。

等在内的诸多研究方向。然而，目前尚未有学者对国际性导则文件框架下的军事城防类遗产定义、价值认识等要素开展研究。同时，鉴于《军事城防遗产导则》（以下简称《导则》）发布时间的限制，与之相关的研究与讨论更是少之又少。以此为背景，本文将基于《导则》文件的框架与内容，以我国的典型军事城防类遗产南京城墙为案例，剖析《导则》框架下的军事城防类遗产价值，以对当下的我国军事城防类遗产的研究工作提供借鉴与参考。

二、《军事城防遗产导则》框架下的遗产概念构建

2021年末，由国际古迹遗址理事会军事城防专委会（ICOFORT）起草，并由国际古迹遗址理事会（ICOMOS）审核表决的《ICOMOS军事城防遗产导则》（以下简称《导则》）正式通过。作为ICOMOS及其下辖的科学委员会所起草的首个涉及军事城防类遗产的导则类文件，《导则》系统性地针对军事城防类遗产的概念，理解军事城防类遗产的方式，军事城防类遗产的保护管理及干预工作方式进行了剖析，旨在为世界范围内的军事城防类遗产的保护、修复、展示阐释及管理提供统一的国际性引用以更好地推进军事城防类遗产的申报与保护管理工作。

作为近年来备受关注的新兴遗产类型，军事城防类遗产的概念界定一直都是学界所热衷讨论的话题之一。在《导则》中，军事城防类遗产被定义成了"由社群通过自然材料（如地质材料、植物材料等）或合成材料所建造的，以保护自身免受外部攻击伤害的建构筑物之和"。基于此定义，有着独特遗产价值的军事工程造物，如堡垒、军工厂、军事基地、攻守飞地等军事设施、地点，均可以被认为是军事城防类遗产。同时，《导则》也阐释军事城防类遗产定义的三个关键属性，即"功能""社群"与"材料"，三种属性不仅是军事城防类遗产的重要特征表象，更是军事城防类遗产的价值判别的关键抓手。下文将针对以上三种属性进行说明，从而为《导则》中军事城防类遗产的价值描述提供铺垫。

克劳塞维茨认为，战争是政治以其他手段形式的延续，战争不仅仅是一种

政治行为，更是一种达成政治目的的工具①。因此，在功能层面，军事设施往往是有着明确目的性的建构筑物，在政治、边防、战略等层面发挥着不可忽视的作用。了解军事设施因何种原因建设，是厘清军事城防类遗产的潜在遗产价值中的必要环节。ICOFORT在《导则》中对军事设施的建设目的进行了界定与划分，如表一所示②：

表一　建设目的的阐释

建设目的	目的阐释
屏障和保护（Barrier and Protection）	军事设施最为主要的功能为防御职能，旨在抵御来犯的外敌，保护人民的生产生活活动与聚居地安全
命令\指令（Command）	作为军事活动的枢纽，军事设施视情况可发挥指挥中枢职能，尽可能远地监控防守区域的周边环境，掌控局势，预防攻击者潜在的军事行动
纵深（Depth）	不同军事设施互相策应、联动，为军事活动构建出战略性运动的地域空间，预备物资、规划防线，增加外敌进攻的难度和速度
合围（Flanking）	由不同体量、功能军事设施所营造成的微观体系，通过不同军事设施的策动，消除潜在的防御盲区
威慑（Deterrence）	为达到其防御目的，喝阻外敌，军事设施在体量、材料和相关防御设施的设计方面会采取特殊的形制与规划，以威慑敌人，阻断其进攻的欲望

军事活动有着多种多样的表现形式，相应地，在其中发挥着重要功能的军事设施也扮演了不同的角色。军事设施不仅是历史事件、战事的重要见证者，更是其中的亲历者，承载了大量的考古、历史信息，展现了历史不同时期军事思想理论的进步与实践，构成了军事城防遗产的潜在价值的重要组成部分。

在社群层面，军事作为人类社会的特殊活动，一方面在人类的历史演化和时代变革中扮演了重要的角色，另一方面也反映了特定历史时期人类世界观与科技观的演变与发展。克劳塞维茨曾在《战争论》中强调，战争有着强烈的从属性，社会共同体与文明民族之间的战争，往往与政治形式和政治动机的目的

---

① 李哲罕：《君主—主权、启蒙—反启蒙与民族—国家——对克劳塞维茨"三位一体"战争观之展开》，《浙江社会科学》2021年第10期。

② ICOMOS. ICOMOS Guidelines on Fortifications and Military Heritage [Z]. 2021.

有着千丝万缕的联系[1]。这种目的又经常反映在民族认同与国家建设等方面之上，因此，军事设施不仅承载了某一特定群体的个体与集体记忆，更是其个体与民族认知与身份建构的重要组成部分，展现了军事城防类遗产与相关社群的人地联系，体现了军事城防类遗产的社会属性。

在材料层面，古往今来，人类军事活动的开展离不开军事思想与军事科技的发展，其中，存在着一荣俱荣、一损俱损的关系，军事科技是军事理论发展的基础和前提，军事理论的实践与落地又不能脱离军事科技的发展而发展[2]。战争是迫使敌对一方服从意志的暴力行为，而这种暴力的使用是无限度的，为迫使敌人屈服，战争的一方往往会最大程度地使用力量[3]。军事思想和军事科技的发展即是这种暴力行为的延伸，进攻方和防守方会尽可能地采取所有可能的资源和力量，达到自己的目的。在此期间，军事科技和思想发展的烙印自然也在各种各样的军事城防类遗产上得到了体现，反映在建构筑物的材料、结构、体系等方面，并与"功能""社群"等关键要素一道，成为军事城防类遗产的重要属性之一。

三、基于《导则》定义与共识所形成的军事城防类遗产价值认定体系

针对遗产价值的讨论由来已久。从1964年的《威尼斯宪章》中"历史文物"所可能拥有的文化、艺术、历史、科学价值，到联合国教科文组织在《国家级别保护文化与自然遗产的建议》中的文化与自然遗产从历史、艺术或科学的角度应当"具有特殊价值"，再到《保护世界文化与自然遗产公约》中强调的"突出普遍价值"，遗产价值随着时代的发展和阐释的深入，其内涵的深度和广度逐渐得到细化[4]。

---

[1] 夏征难：《克劳塞维茨〈战争论〉概说》，《军事历史研究》2006年第1期。
[2] 于汝波：《中国历史上军事科技进步与军事理论发展之关系》，《军事历史研究》2005年第3期。
[3] 夏征难：《克劳塞维茨〈战争论〉概说》，《军事历史研究》2006年第1期。
[4] 史晨暄：《世界遗产"突出的普遍价值"评价标准的演变》，《风景园林》2012年第1期。

近年来，随着批判性遗产研究的深入，学界对遗产价值的关注点开始逐步实现从"物"到"人"的转变，以社区为代表的利益相关者以及其所创造、实践的非物质性要素开始逐步得到遗产学界和保护工作者的关注。这种认识的转变也反映在相关的宪章与准则文件之中，影响了当下遗产类型的认定和遗产价值的阐释。

作为新兴的类型类遗产，军事城防类遗产的价值不仅来源于其定义与属性，更与遗产领域内的价值认识息息相关。《导则》将军事城防类遗产的潜在遗产价值进行了细化，形成了以建筑和科技价值为首的 8 条价值定义，如表二所示：

表二 价值定义

价值名称	价值定义	价值侧重
建筑和科技价值	军事城防类遗产反映了人类战争技术的演变。评估这一价值，需要对军事武器和军事技术的演化有着深刻理解，以便更好地识别并评估那些与军事科技和工程发展有关的创新元素	材料
土地和地理价值	作为一种领土资源组织形式，军事城防类遗产是宏观防御系统的重要组成部分，不同规模等级的军事城防设施互相策应，形成了规模更大，功能更全的军事防御体系，在宏观层面上深化了军事城防类遗产的价值。其中，军事防御设施的战略位置，设计如何反映武器装备的空间分配、预定围攻或进攻的类型、防御外延以及要保卫的领土的地形和生态系统等，均是该价值的重要组成部分	功能
文化与景观价值	文化景观层面的价值视野有助于更好地在尊重军事城防类设施的飞地、军事层面的作用与周边地域的相对主导地位以及视觉和物理关系的基础上，理解其材料和功能的价值	材料，功能
战略价值	军事城防设施是多种形态知识融合的象征。其战略价值大于其所承载的领土或地理价值，反映了决策的能力、知识的深度以及社会统治阶级的内聚力	功能，社群
人类价值	军事城防设施建造的目的是在一方人类群体的攻击下保护另一方，因此，其往往可以和冲突地点联系起来。军事城防设施有时会与压倒性的残酷和毁灭性的战争相联系，也可以在国家民族建设中扮演重要的角色。军事城防设施和其周边的文化景观有可能承载着对整个军事城防类遗产的理解起重要作用的重要考古信息，对于理解整个军事城防遗产和相关设施历史使用情况起到重要的作用	社群

续表

价值名称	价值定义	价值侧重
记忆、身份、教育价值	军事城防设施在社会的记忆中扮演着重要的角色，它直接描绘了冲突的场景，允许人们从一部分社区共享的历史中获得激烈的，通常是个人的认知体验，这些集体记忆与军事城防设施所在的文化景观息息相关；此外，军事城防类遗产可以提供与军事遗产文化体验相关的环境氛围，构成了其教育价值	社群
历史价值	军事城防类遗产见证了其建设和使用时期的作用与世界观，对于该价值的理解可通过学习和阐释军事城防类设施与当代社会之间的关系来实现	社群，功能
社会/经济价值	军事城防类遗产对与之相关的社群而言有着潜在的经济价值，同时也有着蕴含着潜在的价值和知识体系，对于该价值的认识需要基于一系列针对遗产与社区的振兴行动而得到实现	社群

整体来看，《导则》不仅在尊重了军事城防类遗产的特性的基础上，在潜在遗产价值的认定中涵盖了前文所述定义中的"材料""功能""社群"三个重要因素，同时也从当下遗产保护工作的现状出发，结合军事城防类遗产的角色与功能，纳入了对其教育阐释属性、社会经济潜力等因素的考量，建立了具有特色的军事城防类遗产价值认定体系。通过该体系的建立，《导则》一方面确保了与军事城防类遗产直接相关的形式、构造、建筑、功能、技术等物质价值的认定，而在另一方面，其又在一定程度上肯定了军事城防类遗产所承载的非物质要素，将与之相关的当地历史，人民、社区的集体记忆和文化身份纳入到了遗产价值的表述中，在最大程度上保证了这一复杂类型遗产的要素完整性。

当下，我国现有的军事城防类遗产的研究仍然更多地注重于与遗产自身"物"相关的价值上，如反映军事工程设计构思和工程规模的建筑价值，以及见证历史重大战役和人物的历史价值等，此外，也有学者认为该类遗产在情感寄托、激励和警示社会和后人方面发挥着重要的作用，因此，现实价值和情感价值同样也是军事城防类遗产价值构成的重要组成部分之一[①]。相较于《导则》，在我

---

① 孙华、奚江琳：《军事工程遗产概说》，《遗产与保护研究》2017年第5期。

国现有军事城防类遗产价值认定的框架下,遗产的物质要素虽然得到了较为全面地研究和认定,但非物质要素和与遗产有着紧密联系的社群在一定程度上仍处于失位的状态。以此为背景,下文将以我国代表性的军事城防类遗产之一——南京城墙为例,在《导则》的框架下分析其所承载的遗产价值,以拓展军事城防类遗产的价值认知维度。

四、案例分析——南京城墙

(一)遗产概述与沿革

自早期人类文明诞生开始,随着人口的繁衍,族群的扩大带来了对更多生存所需资源的迫切需求,在此期间,对资源争夺与控制往往构成了实力强弱不一的族群之间冲突的主要内容,有冲突便有防御,早期的人类族群为满足其防御需求,一方面需要依仗具备自然天险的地形地貌,利用自然险阻来抵御来犯之地,另一方面,无地利可依托的族群则兴筑起了壕沟和高墙,利用工程造物来保护自身免受外敌来犯,形成了已知最早的、具有军事防御要素的历史遗存[1]。

除军事防御职能之外,城墙也是城市文明的重要组成部分,其与城市边界划定、道路空间规划、权力象征等要素都有着紧密的联系[2]。以此为背景,城墙类遗产不仅与人类文明的发展息息相关,同时也是象征着人类军事防御行动的重要遗存组成,具有相当程度的代表性。

位于我国江苏省的南京城墙于1988年以"古建筑及历史纪念建筑物"类型被列入全国第三批重点文物保护单位名单,是我国现存规模最大、保存状况最为完好的古代城市城墙之一,集中展现了我国古代城市工程营造记忆和城墙建设思想的成就,有着丰富的潜在遗产价值。

今天遗产学界所关注的南京城墙大多特指明代所遗留的历史遗存,明南京

---

[1] 孙华、奚江琳:《军事工程遗产概说》,《遗产与保护研究》2017年第5期。
[2] 贺云翱、于晓磊:《中国明清城墙》,《世界遗产》2014年第1期。

城墙是在原南唐都城城墙的基础上扩建而成，而南唐南京城墙的基础最早可追溯至东吴时期（229）兴建的都城建邺，往后的朝代，如东晋和南朝时期的建康城阙和宫殿，便以建邺为基础，在此之上各代均有所兴筑。唐末五代时期，徐温改筑城郭，设立金陵府。天祚二年，统治者以金陵为西都，府治为宫，以城为都，改金陵府为江宁府。经过这一时期南京城的扩建，石头城、秦淮河等著名的地标和河流均被包裹进了城内，奠定了"城周二十五里，比六朝都城近南，贯秦淮于城中，西据石头，即今石城，三山二门"的基本城市格局。

宋元时期，作为中国南方重要的政治、经济、文化中心之一，南京城基本维持了自唐末五代时期所扩建形成的城郭规模，在此基础上仅对城墙进行了修整与扩建，加建了硬楼、女儿墙等构件，此外，这一时期的统治者绕南京城开凿了城壕，并在壕内筑建"羊马城"等小型军事防御设施，以应对日益迫切的战争防御需求。

元至正十六年，朱元璋率领所部红巾军发起了攻取集庆路（元代南京古称）的集庆之战，夺取了南京城，改路为府，将元朝时期的集庆路改为应天府，并在原城基础上大兴土木，扩建城域。在原南唐城市的基础上，将北部的狮子山、北极阁、小九华山、富贵山、马鞍山等均圈入城内。同时将南京城向东西方向进行拓展，整个城市沿秦淮河延伸，据岗垅之脊筑城合拢，形成了"东尽钟山之南岗，北据山、控湖，西阻石头，南临聚宝，贯秦淮于内"，拥有垛口13616个，窝棚200座，全长33676米的古城。

此外，为适应逐鹿天下和早期统治的需要，在扩建城市范围的基础上，明南京城进一步补充了军事城防设施，完善了其防御职能。一方面，明南京城因地制宜，充分利用城市周边的地形地势进行城市与城墙的营建工作，形成了以外郭城、外城、皇城与宫城所组成的城市体系，整个城市以外城城墙作为主要的防御设施，并辅以城垛、城楼、箭楼、城门、护城河、内外瓮城、外郭城等军事防御构造，不同防御构造之间互相协同，巩固防御重点，弥补短板。另一方面，明朝统治者充分利用了南京城已有的历史遗存和周边的山水环境，在原有南唐城址的基础上，进一步向东、北两面拓展，不仅以清凉山、马鞍山、卢龙山、四望山、鸡笼山等山脉为依靠，兴筑城池，同时以秦淮河和玄武湖为拱卫城市的护城河与湖，并兴建水门，强化水路防守。加之明初时期对于我国传统筑城思想与技术的革新，南京城逐步构筑起了全面、复杂、立体的军事防御体系。

作为南京城的军事防御功能主要载体，南京城墙不仅在营建技艺和形制上展现了明朝初期对筑城技术和思想的革新，更在布局上体现了中国传统的治城理念，同时展现南京城市与历史遗存以及周边山水元素之间的紧密关系。南京城墙因地制宜，依山就势，由城墙包裹而形成的城市布局不甚规范，形成了"非方、非圆、多角不规则的南斗、北斗聚合形态"，充分依托利用了南京低山缓岗，江湖交错的地理地势，最大程度地利用现有地形，尽山水之利，形成以防御为主的不规则城池，与我国传统古代城市重视礼制、以经纬为主的形制有着明显的区别，是我国古代以地形为主的建城思想的集中体现。

整体来看，南京城市形态结构与南京城墙有着紧密的关系，自东吴建邺到明应天，南京城经历了漫长的城市发展过程。基于统治需要，历代的城墙不断地延伸、拓展、增建，囊括、连接了南京周边的山水环境要素，形成了以地利为基础的城市格局。在此基础上，南京城墙不断在原有基础上补充军事防御设施，以应对不同时期日益紧迫的战争需求。元末明初，太祖朱元璋改集庆为应天，在充分利用历史南京城墙遗存的基础上进一步加以拓展，形成了以宫城、皇城、京城、外郭为主要构成的四重城市体系。此外，明南京城在营造时因地制宜，以山为体，以水为壕，加之明朝对城墙营造技术和思想的革新，使南京城墙成了融合自然与人工，兼顾防御与统治的我国古代城墙代表性案例。

（二）《导则》框架下的南京城墙遗产价值分析

那么，在《导则》的认定框架下，南京城墙的潜在遗产价值究竟有几何？《导则》将潜在的军事城防类遗产价值细分成了有着"材料""功能""社群"三种不同侧重的八条价值标准，而作为我国古代城墙代表性案例的南京城墙，则以其综合性的营建过程，因地制宜的土地资源整合模式，复合且立体的防御体系构建等要素而与《导则》中的价值有着一定的应和之处。本文认为，基于目前的研究成果，南京城墙的潜在军事城防类遗产价值可从如下五个维度进行剖析。

在建筑与科技价值层面，元末明初时期，在朱元璋的号召下，全国筑城活动层出不穷，在城墙形制和营建技术上取得了空前的成就。明代城墙的营建工作汲取了过往历史城防战争中的经验，同时应对新的工程兵器的威胁与防御的需要，在城墙的用料、墙体建造技术等方面给予了相当的重视。为保障墙体的稳固，明南京城墙外壁多采用条石与城砖砌筑，内壁以城砖，块石为基础并加土夯筑，形成呈"犬牙梳栅"式的卯榫相交模式，既确保了墙体内部拉力的稳固，受力点均匀分散的同时，又保障了城墙墙体整体美观①。此外，南京地区地形复杂，山岗河湖密布，为城墙的营建与维护造成了诸多挑战，以此为背景，城墙营建者往往依据所处地段地理环境和自然条件的不同，在墙体与墙基的营建上采取了不同的策略，如在临近河道的城墙段落，墙基便多深埋于地下逾5—12米处，以支撑南京城墙由条石与城砖砌筑的高大墙身，防止塌陷，形成了坚固难倒的城墙，完善了其军事防御效果②。此外，由于南京地处东部沿海，降雨较多，排水问题处理不当，极易造成雨水渗透乃至损坏城墙，为应对此种情况，营建者在城墙顶部额外加铺了一层坡形砖面，由外壁向内壁倾斜，便于引导雨水自内壁吐水槽排出，后再经设置在城下和城根的窨井和石槽引入河流，与整个南京城的排水系统浑然一体③。以上种种思想和技术的实践与应用也对后来明朝统治下的全国城墙营造产生了深远的影响，客观上实现了我国古代修城筑城技术的革新，带起了中国古代筑城史上的最后一个高潮。

在土地与地理价值层面，南京地处长江下游，东近大海，南接吴越，北控江淮，山水资源丰富，也因此，地形要素在南京城墙的营建过程中扮演了重要的作用。南京城因地制宜，充分利用周边地形地势进行城墙与城市的营建工作，部分城墙段落以山为体，沿山筑城，所谓"据岗垅之脊筑城合拢"，便是形容这一情景。此外，南京城墙在营建时也充分考虑了对水文要素的应用，以外秦淮河与玄武湖为依仗，形成拱护城市的河湖之势。加之对南唐等过往朝代城墙基础的利用

---

① 季士家：《明都南京城垣略论》，《故宫博物院院刊》1984年第2期。
② 季士家：《明都南京城垣略论》，《故宫博物院院刊》1984年第2期。
③ 季士家：《明都南京城垣略论》，《故宫博物院院刊》1984年第2期。

与增建，以及与后续不断拓展的以城门、瓮城、箭楼、水关、涵闸等设施组成的军事防御设施，使得南京城不仅占据了战略位置上的制高点，以山水为屏障，构成了复合立体的军事防御体系，形成易守难攻的防御态势，满足了其军事防御需求，同时也最大程度地整合了地理资源，提高了土地利用效率，间接改善了南京城市和周边的地理和交通条件，展现了其潜在的土地与地理价值。

在文化和景观价值层面，正如前文所述，南京城墙的营建因地制宜，不仅满足了其军事防御的需要，同时也最大程度地整合了周边的自然资源与地理地形的要素，是我国古代城市营造与人地关系处理思想的集中体现。此外，明初南京城墙由地形限制所形成的"非圆""非方"的城市形态在一定程度上反映统治者的趋吉心理，由城东南的通济门与西北的仪凤门、钟阜门形成的连线，展现了象征着"皇权"与"百姓"的"北斗""南斗"相互聚合交融的意向，展现了其蕴含的浓厚的封建王朝与儒家文化影响下的行政文化与思想。

在记忆、身份、教育价值层面，南京城墙自营建以来，便成了南京城市重要的标志性符号，明顾炎武所著《肇域志》有云："南都城高坚甲于海内，自通济门起至三山门止一段尤为屹然。……吾行天下，未见有坚厚如此者。"展现了有明一代对南京及其城墙特点的印象与描述。而如此坚厚的南京城墙也在冷兵器时代的军事城防和抵御外敌入侵发挥了重要的作用，而伴随着热兵器的使用和现代城市发展的趋势，自20世纪上半叶开始，南京城墙逐步遭到废弃乃至废除。直至20世纪末，随着国家对文物保护工作的不断重视，包括《南京市文物古迹保护管理办法》《南京城墙保护管理办法》《南京明城墙风光带》等一系列城墙保护管理规章制度以及相关保护管理部门的成立与工作，使得南京城墙的文化重要性和符号表征性重新得到凸显。整体来看，城墙作为南京文化与历史城市发展的物质性载体，不仅承载了南京市民的集体性记忆，更是成为城市和市民的文化身份的标志性符号，除此之外，城墙悠久的历史和巧妙的营造手法，以及其曲折的保护历程，也在历史、遗产价值、建筑景观设计营造以及文物保护思想等方面有着独到的教育意义。

在历史价值层面，自东吴时期的建邺开始，南京便作为我国多个朝代的都城而存在，其更是与明朝的建立息息相关。元末战争时期，面对元朝统治者及其军队的威胁，以及各路起义军之间的不断征讨与吞并，占据南京的朱元璋采用了谋士朱升"高筑墙、广积粮、缓称王"的战略建议，韬光养晦，积极备战，最终胜出，得以建立明朝。以此为背景，营建的南京城墙的理念和目的经历了从军事防御到首都统治需要的转变，由此也推动了相关营建技术和规划思想等的运用和实践。作为明清城墙营建的集大成之作，南京城及其城墙见证了历史不同时期我国城墙营建思想与技术的变迁，有着重要的潜在历史价值。

五、总结

作为专注于军事城防类遗产的首部导则类文件，由ICOFORT起草的《导则》做出了大量的努力，一方面将军事城防类遗产的潜在价值维度进行了拓展，在军事城防类遗产的价值标准以及保护管理措施等方面融入了大量与利益相关者、集体记忆等层面的内容，应和了当前遗产学界的研究与讨论趋势。一方面又在对该类遗产概念定义、价值标准和保护管理等方面的讨论时均是从其特点出发，在了解军事城防遗产历史脉络、建造目的、功能与潜在利益相关者等要素的基础上进行。整体来看，《导则》既保持了与当前遗产学界研究讨论工作的一致性，又额外突出了所关注军事城防类遗产的特性，在开展相关遗产的申报、保护管理等工作方面有着积极的可借鉴意义。

本文基于《导则》框架下的价值标准，通过对我国具有代表性的军事城防遗产案例——南京城墙进行剖析，展示了《导则》下军事城防类遗产价值的思考模式与关注重点。我国是军事遗产大国，现有军事遗产有着分布广泛、种类多样、时间跨度长等特点，不同的军事城防类遗产因其建造目的、历史沿革、所处地域以及时代大环境的不同，所承载的遗产价值往往有着较大的差别。因此，对军事城防类遗产的价值剖析离不开对相关因子的理解，也同样也无法离开对利益相关者等遗产客体的讨论与关注。战争是复杂的人类活动，与政治、国家、民族等因素有着紧密的关系，军事城防类遗产作为见证、亲历军事战争活动的载体，承载了包括民族、具体社群在内的利益相关者的非物质性的记忆和情感，赋予了遗产除物质性价值之外的精神内涵，彰显了其独特的社会文化价值。

可以预见的是，伴随着《导则》的出台和起草，以 ICOMOS、ICOFORT 为代表的国际遗产研究专业机构将进一步重视军事城防类遗产这一新兴的遗产类型，并以该文件为基础开展与之相关的主题研究和工作。因此，在我国未来有关军事城防类遗产的申报、价值剖析、保护管理等一系列工作探索中，应当注意该《导则》在军事城防类遗产方面给予的指导性意见，进一步加强对于遗产本体、历史沿革、所处地理环境和利益相关者的研究和了解，以更加全面且系统地保护、阐释不同类型军事城防类遗产所蕴含的价值。

城墙铭文

江苏沭阳发现明代铭文城砖及其相关问题初探

田 帅 徐秋元[*]

摘 要：沭阳县境内陆续发现一些明代的铭文城砖，按其类别可分为字号类、地名类两类，它们是明朝初年为营建南京城或明中都遗留的官方贡砖。明代沭阳砖城营建的过程表明，整个淮北地区长期处于被忽略的状态，又因时势而得到重视。各地砖城营建时间的早晚，倍受王朝整体国家安全观的影响。城砖尤其是明初遗留的贡砖，是明王朝一直控制的国家资源。

关键词：沭阳；明代；城砖；铭文

清代以来，沭阳县境内陆续发现了一些明代的铭文城砖，按其类别可分为字号类、地名类两类，它们为研究明代沭阳城墙的建筑历史提供了实物资料。本文通过考释砖面铭文，并结合文献记载，对沭阳境内发现的铭文砖来源、城墙营建社会背景及相关问题予以探讨，不当之处，还请方家指正。

一、发现概况

（一）文献记载

在民国《沭阳重修县志》金石篇古砖条目中，曾记载有一种古砖[①]，其文曰："淮安安东县造提调官□□□伯／作头丁□□□／洪武七年三月□日。砖宽三寸余，长五寸余，计四行，前二行七字，三行五字，四行八字，字径寸真书，高家沟南街方姓挖出，此砖现存程仰希家。"高家沟即今涟水高沟镇，明、清及民国初年时为沭阳辖地，故录入县志内。康熙七年（1668）大地震，海潮倒灌，

---

[*] 作者简介：田帅，扬州中国大运河博物馆。徐秋元，沭阳县博物馆。
[①] 《中国地方志集成·民国重修沭阳县志》，凤凰出版社，2008年。

后沭河决口，南城墙倒塌，城南半圮，四周垛堞俱坠，该砖可能是此次大地震后被民众拣选，并辗转至高家沟。

（二）建设发现

2007年，在沭阳名品虞姬城项目建设施工过程中，发现了大批城砖，包含部分带字城砖。结合地望及县志记载，该地属于沭阳明清县城南城墙区域。从带字砖的形制来看，可分为两类，一是字号类，砖面有"固""永固""福"等字；另一类是地名类，砖面内容为"□□官同知林永龄/司吏施祥/□□提调官主簿王潛道/司吏郭思中"。两类砖面文字均为阳文，楷书字体。

二、内容考释

根据《明中都字砖》收录的FZB∶80、FZB∶174、FZB∶178号铭文砖[1]，铭文（含复原）为"淮安府安东县造提调官县丞刘伯钦/作头丁成杨遇□/洪武七年二月/日"，从砖的规格、文字内容、字体及书写方式等来看，与民国初年沭阳境内发现的那枚"安东砖"高度雷同（图一）。据此，可推断沭阳县、明中都发现的部分"安东砖"是同一监官、同一作匠、同年、不同月份烧制的，它们最初都是为营建中都而制作。

又依《南京城墙砖文》收录的0153—0169号"太平府当涂县"城砖[2]，其形制与2007年沭阳发现的地名砖形制相似（图二），文字内

图一 明中都发现的安东县纪年铭文城砖

---

[1] 凤阳县文物管理所：《凤阳明中都字砖（上）》，文物出版社，2016年，第88、89页。
[2] 南京市明城垣史博物馆：《南京城墙砖文》，南京师范大学出版社，2008年，第48—54页。

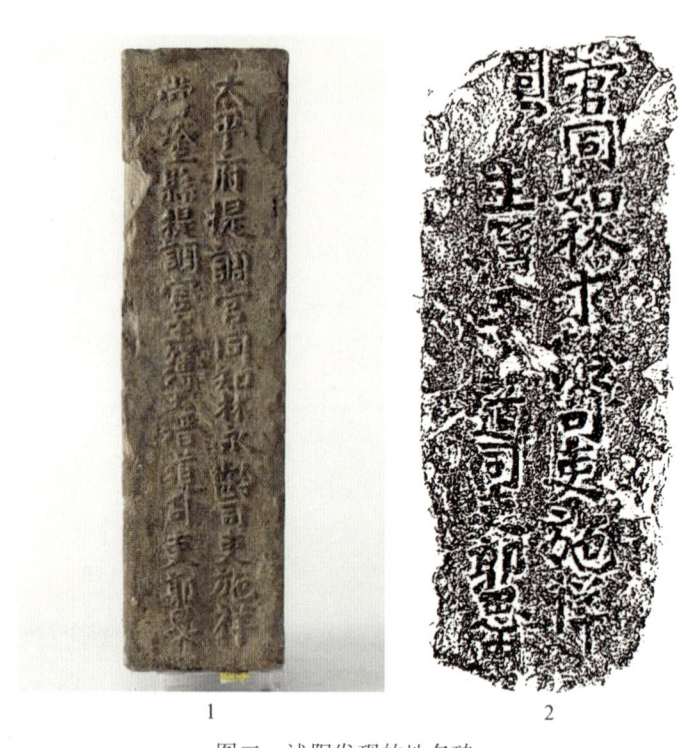

图二　沭阳发现的地名砖
1. 南京城发现的当涂县纪年铭文城砖（南京城墙保护管理中心官网）　2. 沭阳县博物馆馆藏当涂县纪年铭文城砖拓片

容也雷同，其完整铭文应都是"太平府提调官同知林永龄／司吏施祥／当涂县提调官主簿王潞道／司吏郭思中"，这表明它们都是同时期太平府当涂县为营建南京城而烧制的。沭阳发现的"太平府当涂县"铭文城砖与南京地区发现的这类城砖，大小虽然基本一致，但质量上远不如后者，这或是营建南京城墙时遗留的残次品。

《明中都字砖》收录的FZB：181号铭文砖[1]，其铭文曰"淮安府沭阳县提调官典史王祯／司吏何祥礼／作匠孙□"，这直接说明沭阳县是明中都建造用砖供给单位之一。而沭阳发现的"福""固""永固"字砖（图三）应与明中

---

[1] 凤阳县文物管理所：《凤阳明中都字砖（上）》，文物出版社，2016年，第91页。

图三　沭阳县博物馆馆藏的"永固"款铭文城砖

都发现的"福"字款砖类似[①]，属于吉语类，这说明它们最初也是为明中都烧制的。

三、相关问题分析

（一）明代沭阳城城砖来源

结合本地民间传说[②]和上述铭文砖的内容考释，明代沭阳城的城砖来源多样，至少有四类：第一类是其他地区为营建明南京城烧制的遗留残次砖；第二类是本地为营建明中都烧制的砖；第三类是其他地区为营建明中都烧制的砖；第四类是本地为营建砖城烧制的砖。这种多元化的背后，原因复杂，详见下文分析。

（二）明代沭阳砖城营建时间

关于明代沭阳城的文献记载主要有以下几条：

一是《正德淮安府志》记载："旧无城池。正德六年（1511），流贼犯境，民无所守。七年（1512），知县易瓒筑土城，周围八百九十四丈四尺，高二丈二尺，

---

① 凤阳县文物管理所：《凤阳明中都字砖（下）》，文物出版社，2016年，第29页。
② 当地文史专家多认为明清沭阳县城的城砖是本地烧制的，并推测烧制地点是在当地马厂镇境内。

池深一丈。九年（1514），知府薛□以县北当齐鲁，平原无险阻可凭，请于朝，用属县旧废驿递钱，并各县逐年均徭内带征五分之一，买砖石包砌。工料已备，成功有期。"①

二是《天启淮安府志》载："旧无城池……九年（1514），知府薛□具砖甓包城，上请未修。嘉靖年，河决，冲东城。"②

三是《古今图书集成》载："旧无城池……嘉靖年，河决，冲东城没戴家巷并东门桥。隆庆五年（1571）决，东子城小南门一带半湮于河，因北徙势卑隘，内逼外削。万历二年（1574）决并，李巷城西角半湮。二十年（1592），知县徐可达议以砖修。四十四年（1616），知县杜从心修葺坚固。周八百四十丈，高十七尺，三城楼五窝铺，一敌台，一千七百九十七垛。建东西两城房，正东门曰承晖门，正西门曰宣义门。正南门曰迎薰门，沿东数十步小南门曰聚奎门。以如船形，故无北门。崇祯十五年（1642），知县刘士璟加高垛四围凿池。皇清康熙七年六月十七日，地大震，崩塌城南一带，四围垛俱坠。十三年，知县张奇抱修复加垛如制。"③

从上述几则文献记载来看，明代沭阳县城始以砖城代替土城的年代不早于明正德九年（1514），全部完成砖城修筑的时间不早于万历四十四年（1616），其后至清代又历经多次修缮与加固。

（三）明代城砖与国家安全

沭阳县发现的明代铭文城砖的年代在洪武七年（1374）至洪武三十一年（1398）之间，这与其部分墙体用砖石包砌开始的最早时间至少相差在140年④。如何理解沭阳砖城的始建年代晚于发现的铭文城砖的年代？从已有的发现

---

① 淮安市地方志办公室编：《淮安文献丛刻·正德淮安府志》，方志出版社，2009年。
② （明）宋祖舜撰，方尚祖纂：《淮安府志》，明天启六年刻本，崇祯增刻本，清顺治五年递修本。
③ （清）陈梦雷编纂，蒋廷锡校订：《古今图书集成·方舆汇编·职方志》第七百四十三卷，清雍正刻本。
④ 依据文献记载，用砖石包砌当在正德九年（1514）以后。

和研究资料来看，明代的国家安全观，决定着城砖的建造与使用、城砖的流通和城建的规划。

明朝初年，明王朝实行了南京城、中都两项大的国家工程，它们均需要大量的建筑用砖，并由此形成了"贡砖制度"。所谓的贡砖制度是指明朝初年，明王朝为营建南京城、明中都，要求各地派遣官员到南京、中都地区建窑烧砖或在本地烧制好后运往，烧制的城砖采用实名责任制，包含烧造地各府、州、县造砖单位的负责人及窑匠等，并在洪武时期推行里甲制后形成的固定制度。它是保证两项国家工程用砖的供给制度，也是贡砖质量监督制度。有学者经过多年的调查和研究发现，明朝初年，供应南京建城的至少有三十三府行省、十一州、一百四十八县和七镇[1]，明中都有二十二府七十六州县[2]。为达到贡砖的质量要求，规避责任追究，各地在烧制的过程中必然会存在一些残次品。另外，洪武八年（1375），朱元璋突然"诏罢中都役作"，这无疑也会使部分主要贡砖的府县留下大量未及运往中都的建设用砖。

对于遗留贡砖的处置，有证据表明，明王朝是把它们作为国家控制资源，并纳入到王朝的都城、国防、城市建设体系之中。如明初各地兴建的砖城，主要是一些重要的军事中心或重要府城，集中在江淮地区和北方地区，前者是全国政治经济中心，后者是抵御北方蒙古族侵扰的前沿，其主要考虑的是都城安全和国防安全两个因素。

又如淮安府海州城（今连云港），史料记载，其砖城始建于永乐十六年（1418），但近年在本地区发现的"淮安府海州提调判官刘子实／司吏徐庸作匠朱德山／洪武七年□月□日造"等铭文砖[3]，与明中都发现的这类铭文砖在内容、大小上几乎一致，这表明在永乐朝修筑城墙时，部分使用了洪武年间遗留的贡砖。在淮安也发现有淮安府海州洪武七年（1375）纪年铭文砖[4]。它们在明

---

[1] 王少华：《南京明代城墙的建造》，《东南文化》1997年第3期。
[2] 凤阳县文物管理所：《凤阳明中都字砖》，文物出版社，2016年，第198页。
[3] 张家超：《明代"淮安府海州"铭文城砖探析》，《江苏地方志》2019年第2期，第82、85页。
[4] 张家超：《明代"淮安府海州"铭文城砖探析》，《江苏地方志》2019年第2期，第82、85页。

初即开始修筑砖城，并且允许使用遗留的贡砖，这与它们特殊的政治地位密切相关——首先，在地理区位上都临近南京城，是建设国都安全的屏障需要；其次，淮安是元末江淮地区战略要地，海州一直是海防重要城市。

另外，正德九年（1514）淮安知府薛鏊在工料已备的情况下，申请对沭阳城用砖甓包城，而明朝中央决策层最终没有同意。本次请求修砖城的背景是正德七年（1512），淮北地区流贼严重，"知府刘祥、县丞程俭为贼所执"，曾出现过一起严重的国家安全事件。但这时期明王朝的砖城建设集中在东南沿海地区，这显然与沿海"倭患"远比内陆"流寇"更为急切，海防建设才是此时的国之重点。

上述几个例子说明，明王朝对于城砖尤其是贡砖，一直是作为国家安全战略资源来管控的，并且把它紧紧纳入到整个王朝的发展规划之中。但结合"买砖石包砌"的记载与沭阳县境内发现当涂县、安东县铭文砖的实际来看，洪武年间（1368—1398）修建南京城、明中都遗留的贡砖（一类为残次品，另一类为明中都停罢，各地未及转运的成品），作为国家控制资源在使用权限上呈现出逐步下放的态势，至明朝中期，已经允许县级层面的官方流通。

（四）沭阳砖城营建社会背景分析

在万历十年（1582）—崇祯七年（1634），一直处于明朝砖城修筑"真空"区域的整个淮北地区也出现集中修筑砖城的现象，沭阳砖城也正是其代表之一。这一时期，为何会突然在淮北地区兴起建设砖城的浪潮？这与明王朝治淮保运、镇压农民起义和防范清军入侵等综合因素密切相关，本质上仍是维护国家安全需要。

明代前期，黄河下游河道变迁频繁，整个淮北地区作为国家河患后果的承担者，徐、宿、淮地区人民深受其害，这也是明代前期该地区鲜有筑砖城的现实因素之一。明嘉靖二十五年（1546）"全河尽出徐、邳，夺泗入淮"后，加速了河道的淤积，嘉靖、隆庆年间，沭阳地区的水患正是与此相关。明万历二十四年（1596），总河杨一魁一改潘季驯"筑堤束水"的办法，分黄导淮，自桃源（今泗阳）开300里黄坝新河，分部分黄河水由灌河口入海，阻断了沭水入游水通道，沭水改由灌河及蔷薇河入海。这件事使沂沭河下游水系遭到极大破坏，沭阳境内的硕项湖、桑墟湖等淤成平地。

为避黄行运，万历三十二年（1604）伽河开挖成功，自夏镇引水东南流，经韩庄合彭河及伽河、沂河诸水，出邳州直河口入运河，避开330多里的黄河、二洪之险，改善了运河的漕运状况[①]。但伽河的开凿也使水系更加紊乱，沂水、武河诸水通道被切断，并改变河流的自然流向，使沂沭河排水条件进一步恶化，沂沭河下游地区的沭阳更是深受其害。为解决水患给县城带来的影响，才有了明万历四十四年沭阳知县杜从心修葺加固城墙的行为。水患问题也一直是制约明代沭阳县城城墙修筑用材选择的重要现实因素。

明朝末年，农民义军涌起、清军不断南下，为应付局势，各地营建或加固城池成为现实需要。据《民国重修沭阳县志》记载，"天启元年，白莲邪教作乱"[②]。《明史》载崇祯十五年（1642）十一月，清军由墙子岭（今密云北）分道入塞南下，数月间破蓟州、真定、河间、临清、兖州等地[③]，这应是崇祯十五年（1642），沭阳"知县刘士璟加高垛四围凿池"的直接原因，从实际效果来看，它并未阻挡清军的入侵，"崇祯十六年正月七日，清兵入城，知县刘士璟死之"[④]。

四、结语

综上所述，沭阳县发现的明代洪武年间（1368—1398）的铭文城砖，是明朝初期为营建南京城或明中都遗留的官方贡砖，为厘清明代沭阳县城城砖来源提供了实物证据。通过明代沭阳砖城的营建过程的探讨，我们可以管窥出沭阳乃至整个淮北地区，作为明王朝"被牺牲的局部"[⑤]到开始经营再到重视经略的

---

① 李德楠：《沂沭河与运河关系的历史考察——以禹王台的兴废为视角》，《中国水利水电科学研究院学报》2014年第2期。

② 《中国地方志集成·民国重修沭阳县志》，凤凰出版社，2008年。

③ 《明史》卷二十四，中华书局，1974年，第331、332页。

④ 《中国地方志集成·民国重修沭阳县志》，凤凰出版社，2008年。

⑤ 马俊亚：《被牺牲的"局部"——淮北社会生态变迁研究（1680—1949）》，北京大学出版社，2011年。

变化，是治淮保运和抵抗农民起义军、入塞清军等现实需求决定，但从根本上来说砖城的营建首要考虑的因素仍是国家安全。简言之，有明一代，砖城营建时间的早晚，受王朝整体国家安全观的影响。城砖尤其是明初遗留的贡砖，是明王朝一直控制的国家资源。

附记：本文在写作期间，沭阳县博物馆提供了馆藏及拓片资料以供参考，在此表示感谢！

己卯栖霞寻访古窑记

路 侃[*]

当我第一次去南京市栖霞区官窑村寻访前，心里一直在猜想这座窑址会是烧制青釉还是烧造黑釉系列的瓷器，却没有往陶器上想，这主要是受到"官窑"这一特别地名的影响而先入为主了。

早上6时许，我背上背包出门，内有罗盘、卷尺、笔记本、江苏省地图册、手铲、矿泉水、塑料袋、照相机等常备物品。那时我住的地方较偏远，需要步行1千米后才能坐上公交车，再转一次车才可以到南京火车站，再从南京火车站南广场东侧乘南龙线（南京站—龙潭的郊区车）经新庄（有时花木公司站也停）、长途东站、樱铁村、伊刘屯、岔路口、三元祠、尧化门西、尧化门、尧化门东、高庙、前新塘、农场、十月村、十月村东、甘家巷、戴家库、南象山公墓、栖霞寺、栖霞山、南水新村等20个站点，一路随车摇晃，经过一个多小时才到梅墓站下。梅墓可分上梅墓、中梅墓、下梅墓，既是村名，也是站名。这是因为历史上有姓梅的人去世后埋葬于此，故得此名。

从地图上看，中梅墓距官窑村最近，只有几千米，步行需要几十分钟。梅墓地处宁镇山脉的中段，因为这里岗高、坡陡、急弯多，故自行车在此处发挥的作用不是很大。沿马路向前（东北方向），不多时，看到有两三座村民的房屋散布在路旁树林中，从房屋的规模、用材、格局来看，建筑的年代应该在中华人民共和国成立以后。这几处房屋都有在（西）山墙下加建披屋的现象。披屋即砖石混砌且没有粉刷的用于堆放杂物及圈养家畜的矮房。可能是习惯使然，我老远就看到砌猪圈的材料中有部分青砖。这些青砖比常见的六朝砖要厚一些，走近一看青砖上还有粗绳纹，第一时间判断这应该是汉代的青砖。脑海里一下子联想到，在20世纪50年代的《考古》杂志上，刊登过一篇简报，南京博物

---

[*] 作者简介：路侃，南京大学文化与自然遗产研究所考古部。

院的考古工作者曾经在该地发掘了几十座汉代墓葬，印象中这批墓葬中也有石室墓。故此，这里能出现汉代青砖也不足为奇。

因为今天的主要任务是寻访官窑村，所以对猪圈上的汉代墓砖拍照后继续沿马路向前。不多时看到迎面走来一位老年人，头戴草帽、边走边吆喝，草帽的边沿上印有"上海"两个红字。田野考古工作者也经常戴这种草帽，看到有亲切感，让我记忆深刻。老人60岁左右，身体很好，左肩上搭高提梁的竹篮，右肩斜挎盘成圈的竹篾，应是一位走村串户修补凉席的手艺人。走村串巷的人对于周边应是熟悉的，便向他打听去官窑村的方位、所剩路程等。这位陈姓老人反问我去官窑村干什么，我回复说去官窑村是为了调查窑址，陈姓老人一时听不太明白。我又讲，官窑村可能会烧造古代的碗、盘等陶瓷。他一听直摇头，说官窑村不烧碗盘，倒是句容的下蜀有的地方有窑，而且现在还在烧灶和盆。我闻听此话，立刻感到可能会有新的收获，问清怎样去下蜀、坐什么车等等。按照陈姓老人的指点是不能向东北方向走的，那是过杨村、西村、西沟等到龙潭的线路，应该是先向南再向东走，能到句容市的宝华镇，过了宝华镇再向前（东）约18千米就是下蜀镇，在312国道旁边就有窑业村，那里有人在烧制灶、盆等。另外，查看随身携带的地图可以看到，周边地区还有纪家窑、蔡家窑、陆家新窑、包巷窑等地名，途中皆可乘坐招手即停的中巴。

中巴走走停停，没过多久售票员就通知到窑业村了。窑业村在312国道的南侧，下车后走了二里多路，看到一处平地上有晾晒的土灶的坯件。在晒坯场的东南角看到一处有顶无墙的简易操作间，再走近一看，里面有三位中年男子正在制作坯件。递上香烟的同时，问他们这里是否制作其他陶瓷。据他们讲，这里除了土灶还做盆，即拉坯盆，未上釉焙烧，冬天不做，歇工，主要原因是怕冻坏。此外还得知，从窑业村到纪家窑一带，主要是烧制土灶、红陶盆、砖瓦等，我听到有瓦，也想起小时候，在外婆家村旁看到过切土坯砖及制瓦的场景。瓦为小瓦，也称蝴蝶瓦，此处晾晒的瓦为桶状，瓦身呈喇叭口状，无底，内壁上有4道脱内模时留下的竖向细槽，细槽的深度超过瓦壁的一半。在晾晒到一定程度后，工匠拎起一件瓦坯，用手一拍，瓦坯一分为二；再将一分为二的坯件背面（外弧面）两两对敲，就分成4块瓦片。坯件刚晾晒时，两块之间有一点距离，随着时间的推移，坯件会逐层架空，所以瓦坯堆放好之后就像一面镂空矮墙，这样可以节省场地。晾坯的作用主要是蒸发坯件的水分，到一定的时候才能入小土窑焙烧成形。后来得知，在此附近还出现过大量"扑满"残次品（扑满，类似今天的储钱罐），也就是说该区域内曾经烧制过不迟于明代的陶器。

到句容下蜀窑业村时已经是下午1点多钟了，因为一路步行，早把包里带的水都喝完了。天气炎热，此时更感到口干舌燥，为避免中暑，便没有扩大寻访范围。第一次寻访官窑村的工作实以失败告终，但是这次寻访却了解到句容下蜀窑业村在烧制土灶，这种技艺应该是传承下来的，可能拥有百年的历史。可谓失之东隅，收之桑榆。

第二次去寻访官窑村是几天后的事了，我与时任栖霞寺办公室主任的徐业海先生同行。徐业海先生曾在栖霞山铅锌银矿工作过，又是土生土长的栖霞镇人，对周边地理环境以及历史文化较为了解。我们相约上午11时在栖霞寺站汇合，然后再坐公交车在上梅墓站下车。下车后便一路向官窑村疾行，沿着坑坑洼洼的路向北（江边），拐过弯是一条笔直的砂石路。以路为界，左侧为农田，右侧为山地。再放目远望，路的左边有以蓝白为基调的"小野田"水泥厂，而右边有红砖砌造的大烟囱。烟囱上口正在冒白烟，冒白烟就证明砖瓦厂（轮窑厂）在生产，那肯定有人在了。我们随即加快脚步前行，在没有围墙的砖瓦厂食堂隔壁买到矿泉水，一口气喝了大半瓶，余下的水全部浇在头上，以利降温。听卖水的人口音，我觉得这里的工人可能是皖北的。随后从一名正在洗锅的食堂工作人员处得知，在窑厂干活的人主要来自安徽、陕西、四川这三个省份。

在食堂后面的空地上零散放着几块模印莲花纹的六朝砖。我立即警觉起来，问食堂工作人员这种砖是从哪里来的。她们说，是从地下挖出来的，随后带我到工人宿舍的后面看现场，发现这是一座六朝时期的墓葬。墓葬西南向，整体长方形，顶已毁，后壁残剩三顺一丁的两组青砖，左右墓壁的砖仅存一层，墓底的铺地砖也有部分被撬起，能看出铺地砖原来就只有一层。

沿晾晒砖坯的垫埂向取土口走，在废弃坑的边缘，看到一件青石质的长方形供桌。从供桌的形制以及石质的风化程度来判断，其时代不会迟于宋代。

随后问抽水的工人，官窑村还有多少路。旁边低头拉成品砖的工人听到后回答说，从窑厂运输材料的道路出去右拐，不远处即为官窑村。

按照工人的指点，步行3分钟后，我便在道路右边看到一处山谷，谷边山地上种有黄豆、花生、玉米等农作物。沿着道路前行五分钟，看到了门框上钉有"官窑村"门牌号的村民房屋。村里的房子大都西南朝向，即房屋的西山墙靠路。路的顶头不足1千米即为长江南岸。整个村庄的地势为东面高、西面低。在村口小商店内又买矿泉水饮用，同时询问窑村的来历。商店门口的一位老者讲道："上人（老人）传下来的话，这里的窑是朱洪武为修城墙时烧砖头修的，当时这里有72张（座）窑。"我问目前哪里还有窑，有一位张姓老者立马带我到村的最东边房屋前。老者讲，房屋是他家小儿子的，门口偏左的地方就有窑。

看到的窑址为馒头状，上面爬满开着花的南瓜藤，当然，也有长成弯把形的青皮南瓜。在窑址旁，看到侧面上有模印"应天府提调官……上元县……"铭文的残砖，于是拍照、测量、记录，忙了很长时间才结束。离开官窑村之前，在村口小商店内再次买矿泉水、饼干时，我问售货员及张姓老者，村前有豁口（山谷）处，是否是当年取土烧制城砖时形成的。他们表示不清楚这个，但是豁口里是还有窑的。

第三次去官窑村是在第二次寻访到官窑遗址的几天后，作为向导，陪同时任南京市文物研究所常务副所长的贺云翱，及栖霞区文化局分管文物的几位领导去官窑村考察。从官窑村返回时，在栖霞区委党校食堂吃中饭，饭后没有休息就离开了，以至于装有手套、考古手铲等用具的塑料袋却被我遗留在食堂的板凳上，这件事让我记忆深刻！

行文至此，突然想到距第一次寻访"官窑村"已有20多年光景了。发现官窑村的缘由是当年贺云翱所长在一张地图上看到南京栖霞区有一个名为"官窑"村的地方，派我去做前期调查。当年第一次寻访未果时，我去了与南京毗邻的镇江下蜀的几处烧日用陶的作坊，也算是阴差阳错的收获。后来找到了官窑村，得知其处的古窑大概率为制城砖而修造。

附记：己卯年即为1999年，距今已有25个年头了。当年的记录本、拍摄的照片都存档在原南京市文物研究所，一时无法找到，故小文撰写三次，都没能标出具体日期，对此感到遗憾与抱歉。但依据寻访过程中的气候、沿途看到的农作物来推断，应该是7月或8月。2019年南京城墙保护管理中心编著的《南京城墙砖官窑遗址研究》出版，在序言中贺云翱先生提到1999年夏天，"让同事路侃等几位同志先去调查……"特记之。此外，2017年南京市考古研究院副院长马涛先生作为领队，对官窑村及其附近开展了主动性和课题性的考古工作，取得了十分重要的成果。

城墙保护

长城九眼楼段修缮用灰浆的失效问题分析

周双林　李　莎　席艳峰[*]

摘　要：长城九眼楼段为万里长城上建筑规模最大、规格最高的敌楼，因坍塌严重，于2018—2019年间进行了维修，但不久之后灰浆开始出问题，主要表现为块状脱离，甚至粉碎。为了解修缮灰浆的失效原因，因此采用扫描电镜、X射线衍射及红外光谱等仪器分析的方法对修复用灰浆样品进行形貌、矿物、元素、成分分析，结果表明修缮中使用的灰浆为石灰和石膏混合形成的灰浆，这与传统的灰浆不同，虽然石膏的存在可以提高灰浆的初凝，但是由于石膏容易吸水且容易被水溶解，因此导致了修缮灰浆的破碎。通过对修缮灰浆材料本身的分析，拟了解灰浆失效的原因，并为后续长城修缮灰浆的材料控制提供科学依据。

关键词：灰浆；科学分析；材料

一、引言

长城是我国古代灿烂文明的承载者，是我国历史文化的见证者，也是城市文化景观的彰显者[①]。作为古代防御工程，分布于中国北部和中部的广大土地上，总计长度达5万多千米，其修筑时间自西周时期始，绵延了2000多年。目前长城多存在不同程度的倾斜、裂缝、酥碱、空鼓等损伤，此类损伤和病害严重威胁长城的结构安全，长城的保护修缮亟须开展。以往对古城墙破损部分的修缮

---

[*] 作者简介：周双林，北京大学考古文博学院。李莎，陕西省考古研究院。席艳峰，北京帝测科技股份有限公司。

[①] 王筠、邱厚梁：《浅析中国古代城墙的发展及其作用》，《江西化工》2007年第4期。

主要使用现代水泥砂浆[1]，该种修缮材料存在诸多加重古城墙破坏的缺陷[2]，鉴于上述弊端，相关学者思考重新使用传统灰浆，并开展了一系列研究包括其组分及材料改性的研究[3]。但在采用传统灰浆修缮的项目中存在材料制备多由有经验的师傅进行，主观性较强，出现修缮后的质量良莠不齐的现象，长城修缮用灰浆的科学化分析及修缮质量的控制方面急需开展研究。

二、九眼楼长城概况

（一）九眼楼长城及维修

九眼楼位于四海镇东南9千米的火焰山主峰之上，为万里长城之上建筑规模最大、规格最高的敌楼[4]。现已开发为"九眼楼长城自然风景区"对游人开放。景区山高谷深，面积阔大，植被丰茂，环境幽静，风光壮丽（图一）。

九眼楼为正方双层建筑，因每边有九个瞭望孔而得名，现存一层，高度为7.8米，每边为13米，瞭望孔高1.65、宽0.5米，内有军士来往巡视宽1.2米的环行步道。九眼楼下部砌石条，上部用白灰砌青色城砖，构建十分坚固而壮美。楼下西侧有小平台，为军士集中的场地。平台北侧，有砖砌的台阶，沿台阶可达楼南门。楼顶为砖砌券拱式结构，楼内宽大，可驻兵、储器，向北开两窗，

---

[1] 袁雄洲、孙伟、陈惠苏：《水泥基材料裂缝微生物修复技术的研究与进展》，《硅酸盐学报》2009年第1期。

[2] 王瑞兴、钱春香：《微生物沉积碳酸钙修复水泥基材料表面缺陷》，《硅酸盐学报》2008年第4期；张秉坚、尹海燕、铁景沪：《石质文物表面防护中的问题和新材料》，《文物保护与考古科学》2000年第2期。

[3] 魏国锋、张秉坚、方世强：《添加剂对传统糯米灰浆性能的影响及其机理》，《土木建筑与环境工程》2011年第5期；李博、宋燕、马清林等：《中国传统灰土灰浆材料改性试验研究》，《广西民族大学学报（自然科学版）》2013年第4期；李祖光、方世强、魏国锋等：《无机添加剂对糯米灰浆性能影响及机理研究》，《建筑材料学报》2013年第3期；魏国锋、周虎、方世强等：《石灰种类对传统糯米灰浆性能的影响》，《建筑材料学报》2015年第5期；郑晓平、魏国锋、张秉坚：《自制硅酸盐对传统糯米灰浆性能的影响》，《土木建筑与环境工程》2017年第4期；胡悦、魏国锋、方世强等：《骨料种类对糯米灰浆性能的影响》，《土木与环境工程学报（中英文）》2019年第3期。

[4] 鲁白：《航拍火焰山上九眼楼》，《万里长城（2015年合订本）》，2015年。

四面各有一门，门高两米，阔1.2米，出入极便利。

九眼楼长城因为坍塌破损严重，于2018—2019年进行了维修。由于城墙是用当地的石块砌筑而成，修缮时仍使用原工艺，石块铺设地面和砌筑城墙，石块之间的缝隙使用灰浆灌注，按照传统的做法是使用纯的石灰浆进行。修缮完成的城墙如图二所示。

图一　九眼楼长城远眺

图二　修缮完整的九眼楼长城营盘段

（二）灰浆修缮的问题

九眼楼长城维修完成一段时间后，地面铺设的石块之间的灰浆开始出问题，主要表现为块状脱离，甚至粉碎，进而导致铺地的块石之间失去连接。在降雨的时候产生积水，破碎的石灰块还影响游客的走动，易导致游人滑倒。石灰脱离破碎的情况见图三，为了了解失效的原因，对其进行了取样分析。

图三　长城地面石块之间的灰浆破碎脱离

三、样品及分析

（一）样品

样品根据病害情况进行提取，一般粉碎的石灰块捡取即可，一些比较完整的墙上石灰块采取撬取的方式。取样情况见表一。

（二）分析方法

通过扫描电镜、X射线衍射及红外光谱相结合的方式对修缮灰浆样品进行微观形貌和成分的分析。具体分析方法如下。

表一　九眼楼灰浆取样表

编号	照片	备注
1		地面粉化灰浆
2		地面碎裂灰浆
3-1		地上石灰块
3-2		墙上石灰块

1. 扫描电镜（SEM）

扫描电镜分析可以观察样品的显微结构，放大倍率高，低真空下不需要对样品进行处理。配合能谱可以对样品局部进行元素分析进而确定成分。使用荷兰FEI公司的FEIQuanta200FEG扫描电镜结合能谱确定微观形貌及分析元素。将样品经镀金处理，制样完备，待测。

2. 红外光（FTIR）

红外光谱测试矿的晶格振动，用于了解无机和有机材料的化学组成。使用德国Bruker公司的VECTOR22傅里叶变换红外光谱仪确定无机样品和有机样品的成分。样品粉末和磨细的KBr粉末按质量比约1∶100在玛瑙研钵中研磨混合均匀，待测。

3. X射线衍射仪（XRD）

X射线衍射仪基于不同矿物具有不同的晶体构造，根据晶体特征及X射线衍射，根据衍射峰值计算出晶面间距，进而判断物相及晶型，并半定量样品的矿物百分比含量。使用德国Bruker公司的D8 Advance X射线衍射仪确定样品的矿物成分及含量。样品经机械研磨，待测。

（三）分析结果

1. 微观形貌

将样品1和样品2经镀金处理，然后使用SEM进行测试，具体测试结果如下表二所示。样品1结果具体见表二，样品2结果具体见表三、表四。

由表二可知，样品形貌比较疏松，推测为石灰和石膏晶体的混合。

由表三、表四可知，样品2第一点的致密，第二点的疏松，二点的微观结构也不同，第二点的硫酸钙结晶比例很高，而第一点是石灰和石膏晶体混合在一起。

表二　样品 1 的扫描电镜观察结果

城墙保护 171

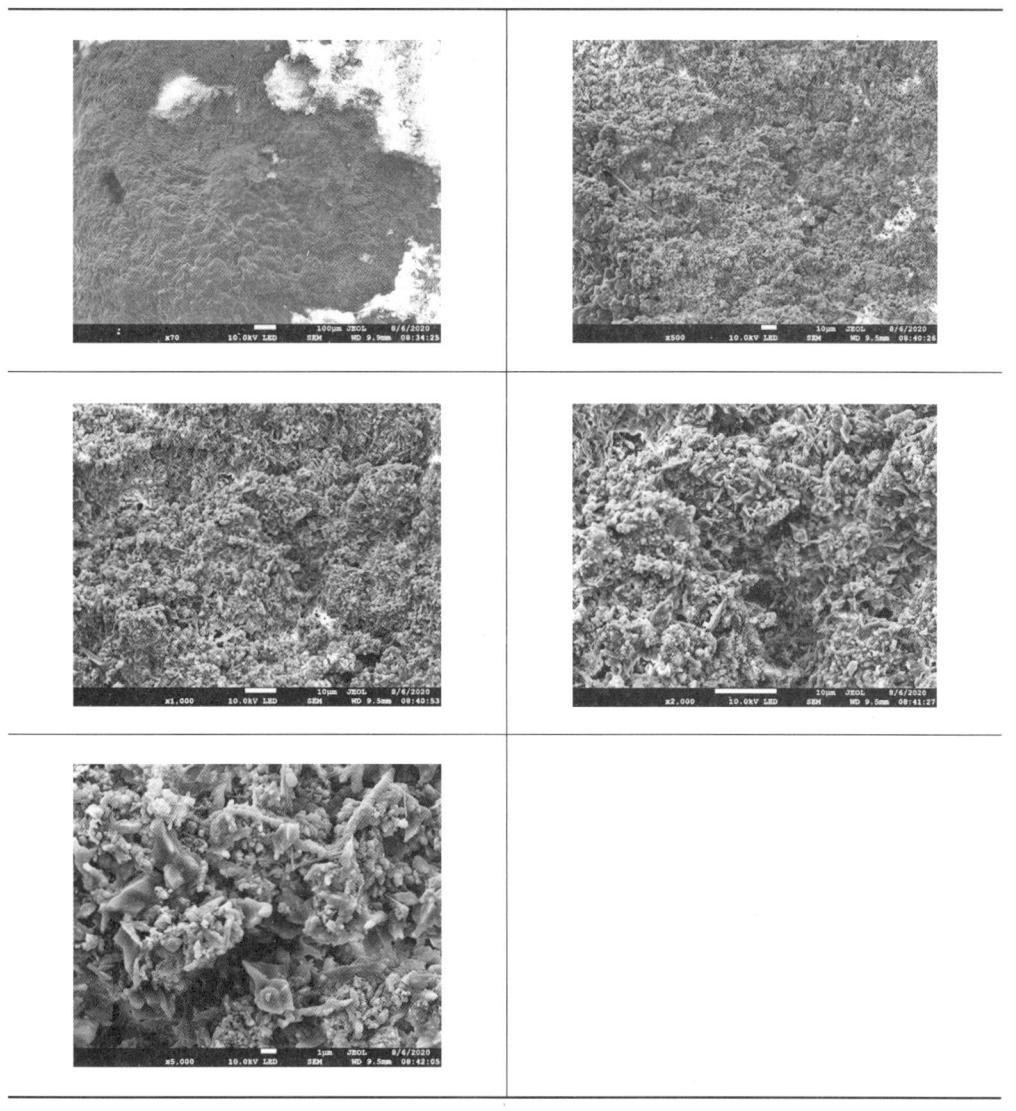

表三 样品 2 的扫描电镜观察结果（第一点）

表四　样品2的扫描电镜观察结果（第二点）

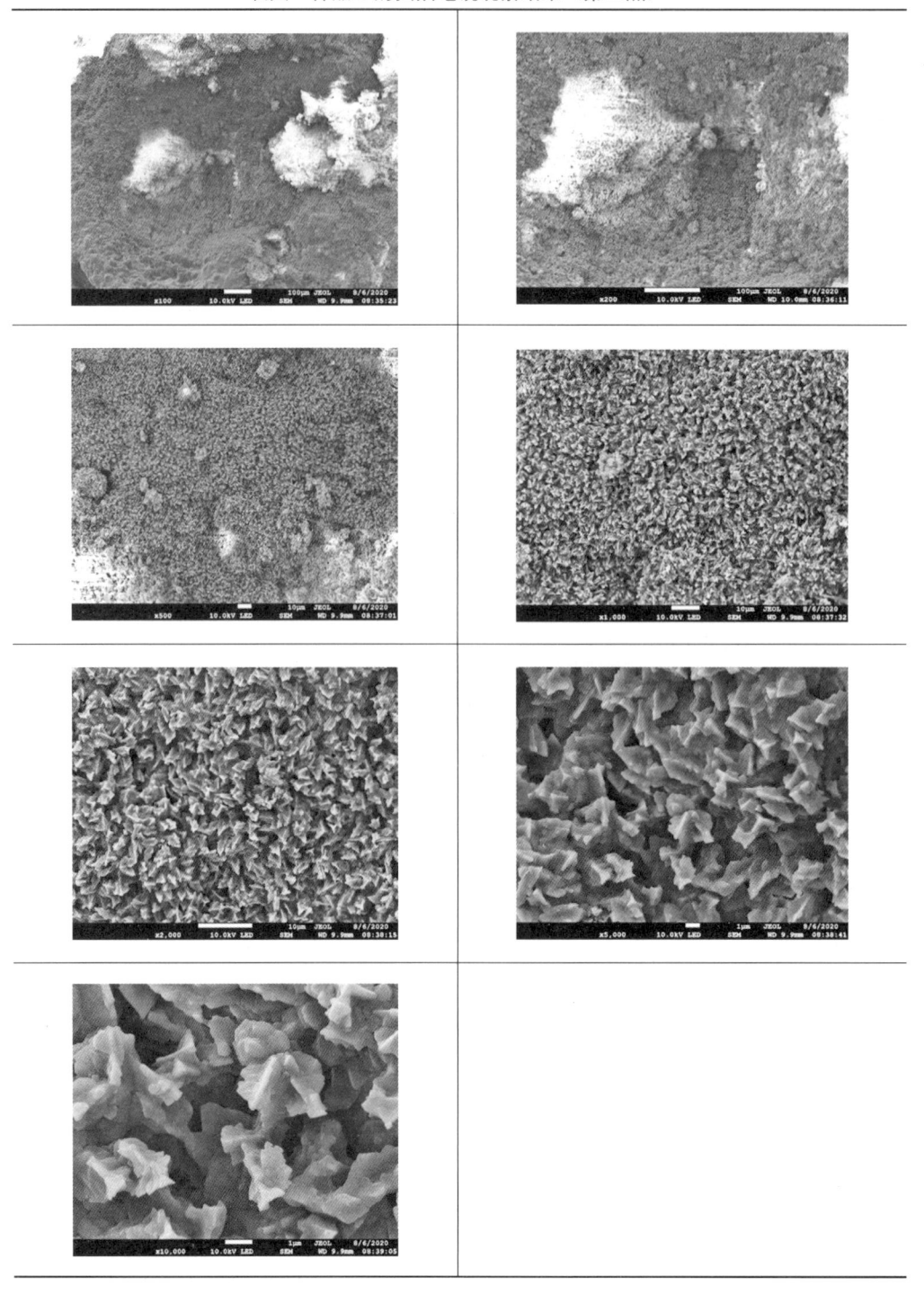

2. 成分及矿物分析

将样品1、样品2和样品3-1、样品3-2进行红外光谱分析，此外对样品1还进行了XRD分析验证。样品1结果具体见图四，样品3结果具体见表三、表四。

（1）红外光谱分析：样品1粉末和磨细的KBr粉末按质量比约1∶100在玛瑙研钵中研磨混合均匀，然后进行测试，结果见图四。由图四得出：样品1成分主要为石灰和石膏。

（2）X射线衍射：为进一步探究原矿的矿物组成，取样品1，后经机械研磨，对上述粉体样品的化学组成进行X射线衍射（XRD）分析，检测结果见图五，含量见表五。

表五　1号样品矿物百分比含量

样品名称	样品编号	方解石	石英	石膏
1	210329H09F001	95%	3%	2%

从图五和表五中的XRD分析结果可见，样品1的主体组成为方解石（含量95%），并含有较少量的石英、石膏等次要成分。XRD的测试结果跟红外光谱结果相互印证。

图六结果表明，样品2以石灰为主，少量石膏存在。

图七结果表明，样品3-1石灰比较高，少量石膏。

图八结果表明，样品3-2石灰和石膏共同存在，石灰比较高，石膏比例低。

通过微观形貌和成分及矿物分析，结果表明：几个样品的红外谱图接近，主要的成分是石灰，少量的石膏成分存在。通过分析1和2号样品的微观结构，观察可以发现灰浆的混合不好，有些位置是石灰和石膏的混合，有些部位只存在石膏。另外发现灰浆的石灰部分基本致密（1号和2号的第一点），但是石膏含量高的地方比较疏松。

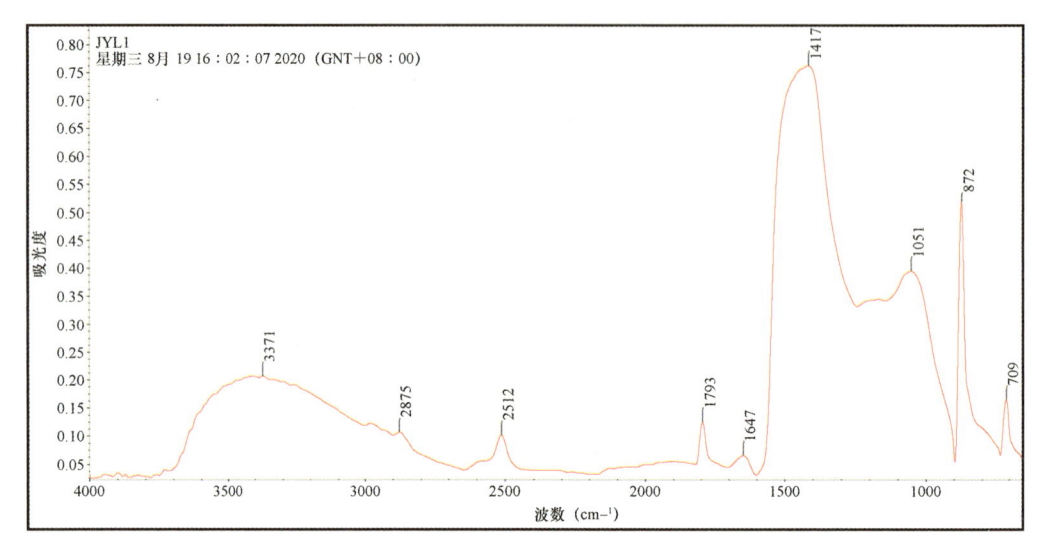

图四　样品1的红外光谱图

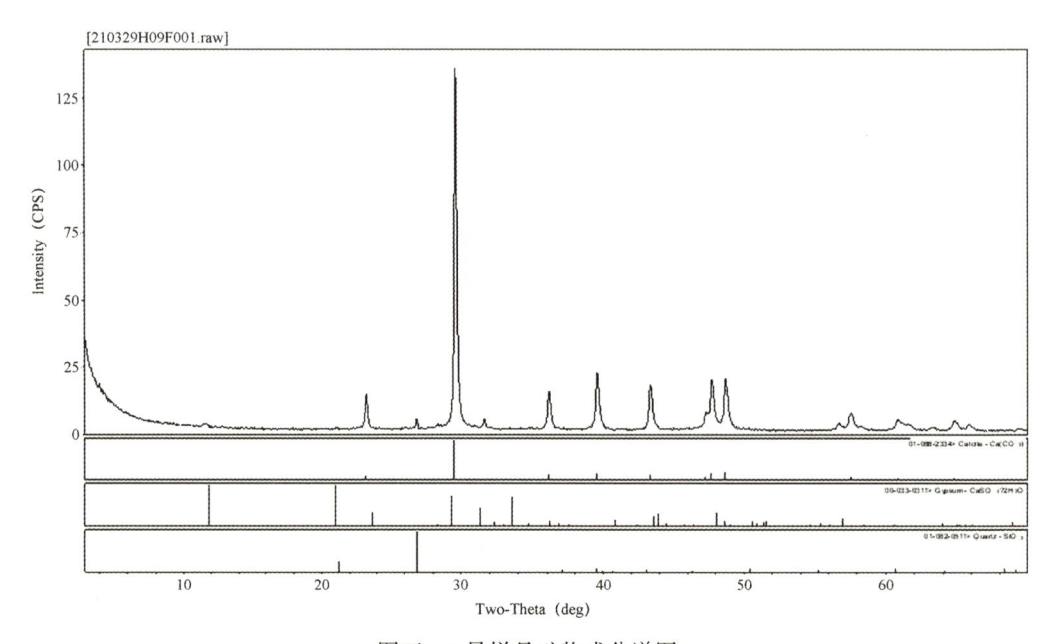

图五　1号样品矿物成分谱图

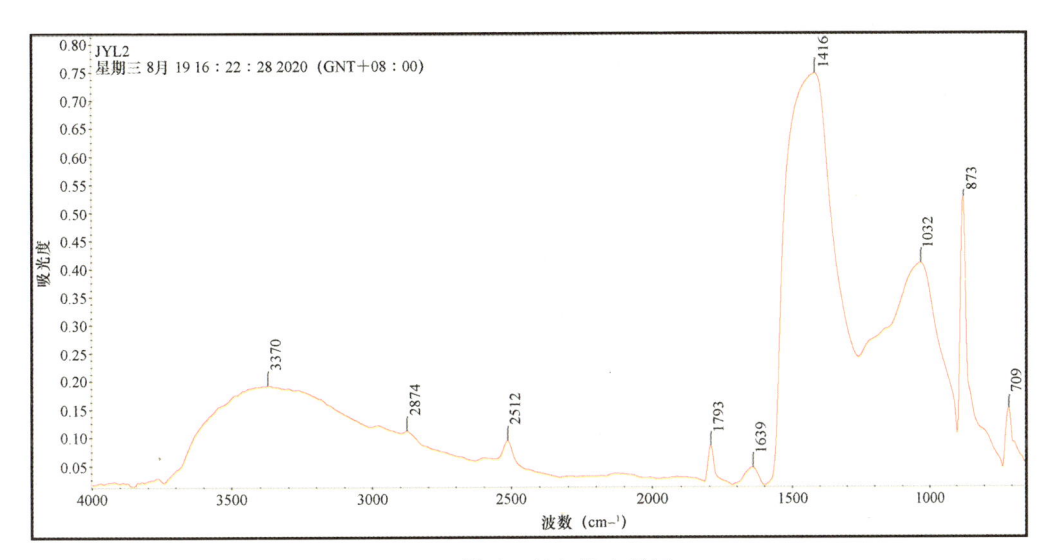

图六　样品 2 的红外光谱图

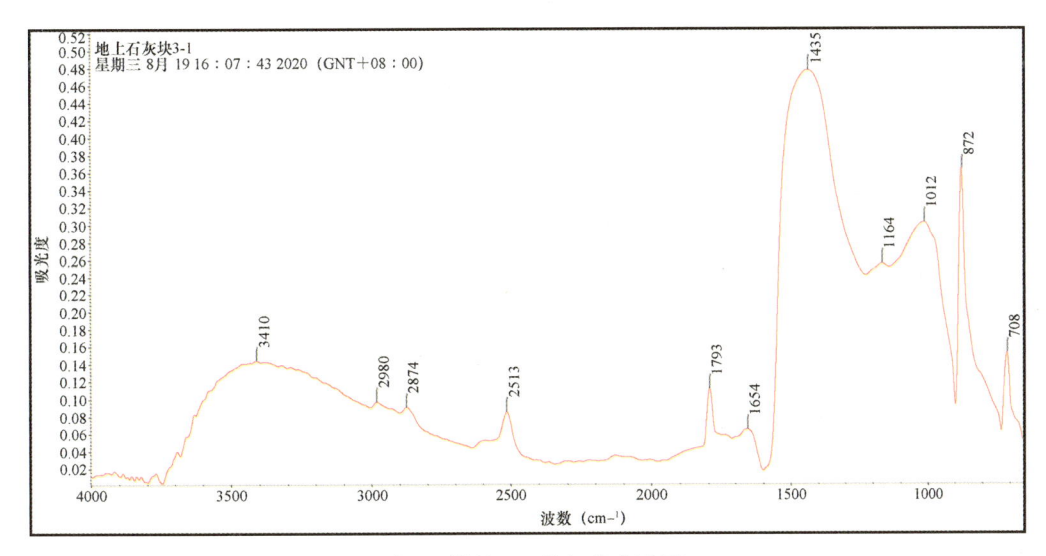

图七　样品 3-1 的红外光谱图

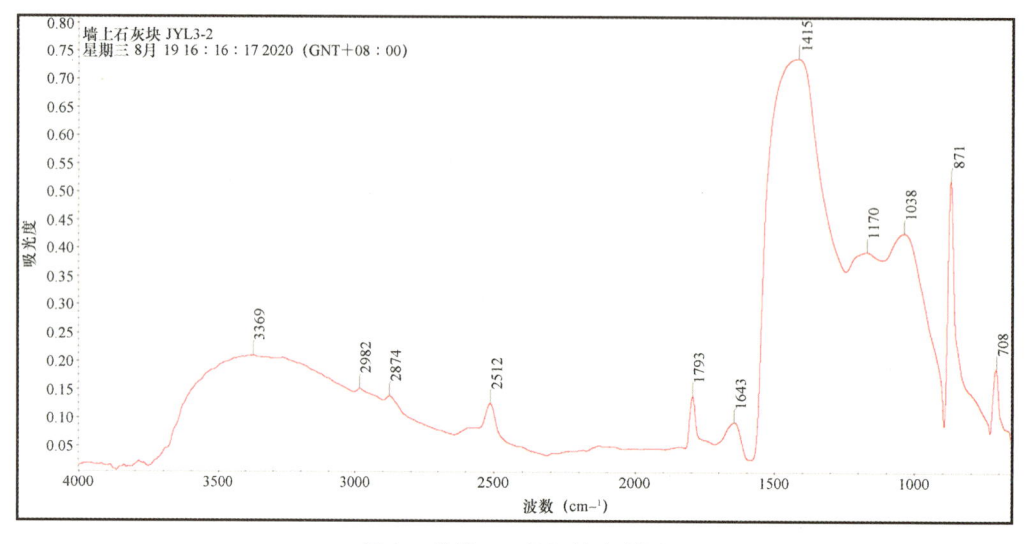

图八　样品 3-2 的红外光谱图

四、结论与不足

通过初步科学分析确定九眼楼长城营盘段的修复中使用的灰浆为石灰和石膏混合而成，这与传统的灰浆不同。石膏的存在虽可以提高灰浆的初凝，但是由于石膏容易吸水且容易被水溶解，因此导致了修缮灰浆的破碎。

该研究只从材料本身出发，探讨失效问题，为了深入了解灰浆的破坏原因，应调查当时施工的操作记录，并了解施工的问题。此外应进行灰浆的孔隙结构分析，如压汞实验，了解孔隙结构和抗冻能力。建议对失效的灰浆进行重新修缮，严格控制石灰灰浆的质量，并按照标准的操作工艺进行修缮操作。

关于完善地方性法规《南京城墙保护条例》的探讨研究

刘 斌[*]

摘 要：加强立法保护是对南京城墙文化遗产实施长期科学保护管理的现实需要。文化遗产在本质上属于公共资源，其保护管理是一项极其庞大的社会系统工程，立法保护是加强文化遗产科学保护管理的基础工作和重要环节。当今世界遗产保护理念和技术体系日新月异，聚焦南京城墙文化遗产保护管理实践以及申遗工作中的新挑战、新问题，依法对《南京城墙保护条例》进行修订完善，将有利于加强南京城墙文化遗产科学保护管理的法制保障，进一步规范南京城墙文化遗产保护管理实践，推进实现将南京城墙列入《世界遗产名录》的目标愿景。

关键词：《南京城墙保护条例》；地方性法规；修订完善

文化遗产是全人类共同财富和未来可持续发展的基础，妥善保护文化遗产是国际社会的共同目标。中国境内丰富的文化遗产是凝聚中华民族精神的文明瑰宝，是深化中外文明交流互鉴的重要载体。中国作为加入联合国教科文组织《世界遗产公约》的世界遗产大国，践行新发展理念，不断提升文化遗产保护管理水平。党的十八大以来，以习近平同志为核心的党中央对历史文化遗产保护高度重视，要求坚持保护第一的原则，全面提升文物保护利用和文化遗产保护传承水平。

城墙类文物是中国文化遗产的重要组成部分，南京城墙作为其中的杰出代表，目前享有三种法定保护地位：南京城墙是国家级历史文化名城保护体系中的重要组成部分和保护对象；1988年，国务院正式公布南京城墙为全国重点文

---

[*] 作者简介：刘斌，南京城墙保护管理中心、南京城墙研究会。

物保护单位；2006年和2012年，以南京城墙为代表的中国明清城墙联合申遗项目两次被国家文物局正式列入《中国世界文化遗产预备名单》。2023年3月，国家文物局更新《中国世界文化遗产预备名单》。更新工作将遵循习近平总书记关于世界遗产申报要"有利于突出中华文明历史文化价值、有利于体现中华民族精神追求、有利于向世人展示全面真实的古代中国和现代中国"的重要批示精神，以服务国家战略、彰显国家意志、展现中国形象为总体要求，以世界遗产突出普遍价值及其评估标准为专业参照，以加强交流合作、推动文明对话、促进交流互鉴为主要方向[①]。

一、《南京城墙保护条例》颁布与实施的现状分析

文化遗产本质上是公共资源，在国际文物保护运动中，国际社会普遍赋予文物以"人类共同文化遗产"的法律地位，旨在以全球化视角确立文化遗产保护的共同准则，构建人类共同利益[②]。文化遗产保护管理是一项庞大的社会系统工程，立法保护是其中的基础性工作和重要环节。

南京作为中华华夏文明重要发源地、中国著名四大古都之一和首批国家历史文化名城，拥有深厚的文化遗产资源以及历史文化保护传承的优良传统。自1984年以来，南京市共编制四版《南京历史文化名城保护规划》，按照"全面保护、整体保护、积极保护"的原则，重视加强古都格局保护与历史文化风貌传承，彰显南京历史文化特色。南京市政府重视加强文化遗产保护的法制建设，构建具有地方特色的文化遗产保护法律体系。南京城墙是南京历史文化名城重要的组成部分，南京市政府注重强化对南京城墙的规划保护与法制保护，并纳

---

① 参见2023年3月28日国家文物局关于《中国世界文化遗产预备名单》更新工作的通知。
② 联合国教科文组织《保护世界文化和自然遗产公约》第六条规定："本公约缔约国，在充分尊重第一条和第二条中提及的文化和自然遗产的所在国的主权，并不使国家立法规定的财产权受到损害的同时，承认这类遗产是世界遗产的一部分，因此，整个国际社会有责任合作予以保护。"参见联合国教科文组织、国际古迹遗址理事会、国际文物保护与修复研究中心、国家文物局主编：《国际文化遗产保护文件选编》，文物出版社，2007年。

入城市建设与百姓生活，历史文化名城保护的法律体系不断完善[①]。

近年来，南京为实现"中华文化重要枢纽、世界古都的杰出代表、具有广泛国际影响力的历史文化名城"的保护目标，重视将文化遗产保护纳入城市整体发展战略之中，保护和彰显南京山水形胜，整合城墙、护城河、历史街巷等历史文化资源，加强和完善历史文化名城保护体系，协调保护与发展的关系。未来的南京还将在历史文化资源保护的基础上，进一步系统保护与展示南京山水环境和历代都城格局，推动历史文化遗产及其依存的历史环境、山水人文景观与现代城市功能相融合。南京城墙文化遗产保护管理的实践，已经成为中国古代城市遗产可持续发展的经典案例。

进一步加强立法保护是南京城墙文化遗产保护管理和永续传承的现实需要。南京城墙遗产价值内涵丰富，构成要素复杂，保护管理工作涉及规划、城建、文保、园林、水利、交通等多个管理部门，容易出现政出多门、保护标准不一的状况。加强立法保护是南京城墙申遗的基本要求和必要环节，需要对标世界遗产公约及其操作指南相关要求，建立南京城墙文化遗产的完善保护管理机制。联合国教科文组织《世界遗产公约》[②]及《操作指南》[③]中，明确要求世界遗产地申报国必须建立有效的保护管理体系，包括法律、科技、行政和财政措施。国家文物局2013年制定的《世界文化遗产申报工作规程（试行）》规定：申报的遗产地必须颁布实施文化遗产保护的地方专项法规和规章。自2014年南京正式成为中国明清城墙联合申遗牵头城市，南京市委、市政府高度重视依法保护城墙文化遗产，全面统筹提升保护管理水平。

---

① 1982年，《南京市人民政府关于保护城墙的通告》发布。1992年，南京市建设委员会会同规划局、园林局、文化局等多个部门组织编制《南京明城墙保护规划》。1996年，江苏省人民代表大会常务委员会批准《南京城墙保护管理办法》。1999年，南京市政府批复《南京明城墙风光带规划》正式出台。南京市相继颁布实施《南京市历史文化名城保护条例》《南京城墙保护条例》《南京市地下文物保护条例》《南京市非物质文化遗产保护条例》等地方性法规。

② 联合国教科文组织、国际古迹遗址理事会、国际文物保护与修复研究中心、国家文物局主编：《国际文化遗产保护文件选编》，文物出版社，2007年。

③ 参见《实施世界遗产公约操作指南》（2021版）第97条规定："列入《世界遗产名录》的所有遗产必须有长期、充分的立法、规范、机构和/或传统的保护及管理，以确保遗产得到保护。"

《南京城墙保护条例》作为南京城墙文化遗产保护管理的专项法规[1]，统合南京历史文化名城保护规划及其他相关法律规范，针对南京城墙文化遗产特征进行专门保护，同时满足南京城墙申报世界文化遗产的各项要求[2]。《条例》有效界定并规范南京城墙文化遗产的保护对象、管理体制、保护措施、传承利用等诸多内容，涵盖南京城墙文化遗产整体保护、议事协调工作机制、文化遗产传承与公众参与、法律责任等各项重要制度，有效提升了南京城墙文化遗产保护管理水平，有利于南京城墙文化遗产核心价值体系及其真实性和完整性的整体保护。

《条例》明确了南京城墙文化遗产保护对象，"南京城墙"的概念是指原都城城墙（含宫城、皇城、京城、外郭及其附属建筑），包括城墙（城门）、护城河、城墙遗址遗迹等，它们被纳入法律保护范围，实行统筹规划，统一管理。《条例》划定了南京城墙的保护范围，要求对南京城墙本体、周边环境以及相关要素实行整体保护，保护对象不仅包括南京城墙遗址遗迹，还包括依托于南京城墙的景观视廊、水系、历史文化街区和历史传统等。《条例》明确了南京城墙文化遗产保护管理体制，明确了城墙管理主体由南京市人民政府设立城墙保护委员会负责协调、指导城墙保护工作的重大事项。《条例》确立南京城墙保护议事协调工作机制，由文物部门主管整体保护工作，这共同构成了南京城墙文化遗产保护管理体系，成为南京城墙文化遗产实施有效保护管理的基础和保障。

《条例》以"保护为主，科学规划、合理利用、依法管理"为原则，重点

---

[1] 《南京城墙保护条例》2014年12月由南京市第十五届人民代表大会常务委员会第十四次会议制定，2015年1月由江苏省第十二届人民代表大会常务委员会第十四次会议批准实施。

[2] 涉及南京城墙文化遗产的法律、行政法规、地方性法规和规章主要包括《中华人民共和国宪法》《中华人民共和国文物保护法》《中华人民共和国文物保护法实施条例》《江苏省历史文化名城名镇名村保护条例》《江苏省"全国重点文物保护单位"保护范围及建设控制地带的通知》《南京市文物保护条例》《南京市历史文化名城保护条例》《南京城墙保护条例》等。涉及南京城墙文化遗产的保护规划主要包括《南京城市总体规划（2011—2030）》《南京历史文化名城保护规划（2010—2020）》《南京市土地利用总体规划（2006—2020）》《南京明城墙风光带规划（1990—）》《全国重点文物保护单位南京城墙保护规划（2008—2025）》等。

解决南京城墙文化遗产保护中的重点与难点问题，注重与城乡规划、文物保护、历史文化名城保护等相关法律法规相衔接。《条例》的立法思路对标国际公约中关于世界文化遗产的保护要求，依法保障南京城墙文化遗产突出普遍价值及其真实性与完整性。文化遗产保护传承应当为现代生活提供便利并促进民生改善，城墙与南京老城区居民生活关系密切，社区居民以及社会公众需要充分了解南京城墙文化遗产价值，地方立法需要充分保障社会公众的文化遗产权，《条例》中也体现了文化遗产公众参与、文化遗产保护共治与成果共享的理念。《条例》进一步完善了南京城墙文化遗产保护管理措施，包括组织编制南京城墙保护规划，并与《南京历史文化名城保护规划》相衔接；按照世界文化遗产标准组织开展城墙修复、遗址考古发掘以及城墙沿线环境整治和历史风貌恢复；建立博物馆、遗址公园等形式展示阐释遗产价值；鼓励开展城墙保护科学研究，建立专家咨询机制，推广应用城墙保护科技成果；组织城墙本体监测，进行风险评估并建立管理档案等。

二、《南京城墙保护条例》修订与完善的必要性分析

1972年，联合国教科文组织通过的《保护世界文化和自然遗产公约》旨在保护具有"突出普遍价值"的自然和文化遗产，保护人类文明成就以及生存的环境。公约鼓励缔约国通过建立国际援助和合作的形式加强遗产保护，以教育和宣传手段提升公众对于遗产的认识。世界遗产作为联合国教科文组织旗舰项目，在全球范围内产生了巨大影响，形成了最具影响力的国际遗产保护运动。世界遗产代表着一个进步的、文明的、美好的、崇高的理想体系；世界遗产是"根据现代科学方法制定的永久性的有效制度"，是联合国教科文组织内各个缔约国必须遵循的国际法体系；世界遗产是一套不断进化，不断完善的理论、知识和技术体系。以"突出普遍价值"为核心的遗产保护理论与方法在世界各国得到广泛应用[1]。联合国教科文组织这一国际机构建立的宗旨是通过教育、科学和

---

[1] 2019年8月14日，国家文物局原副局长刘曙光在杭州良渚遗址管理区管理委员会举办"世界遗产与遗产监测"专题讲座发言稿，参见大运河遗产官网http://www.chinagrandcanal.com。

文化来促进各国间合作，对全球和平与安全作出积极贡献。世界遗产自始至终都肩负有"于人类思想中构建和平"[1]的重要使命，在当前复杂的国际格局与形势之下，世界遗产的保护管理与可持续发展已经成为维系和平与国际秩序的重要手段。

《世界遗产公约》诞生50多年来，已获得国际社会的广泛共识与普遍认可，目前已拥有195个缔约国。《世界遗产公约》在保护人类共同财富、维护世界文化多样性、促进文明对话和全球可持续发展、推动构建人类命运共同体等方面发挥着重要作用，未来更将拥有巨大潜力。指导《世界遗产公约》实施的重要技术文件——《实施〈世界遗产公约〉操作指南》每两年修订一次，产生一个新的版本，目前已经完成第26次修订，直接体现了世界遗产领域保护理念与实践经验的不断发展。2021年版《实施〈世界遗产公约〉操作指南》是2005年以来内容修订最大的一次[2]。

可持续发展是当代全球人类发展最重要的主题。1987年，联合国世界环境发展委员会的报告《我们共同的未来：从一个地球到一个世界》中，正式表述了"可持续发展"的完整概念[3]。2015年9月，联合国发展峰会通过了由193个国家领导人共同签署的重要历史性文件《变革我们的世界——2030年可持续发展议程》，旨在消除贫困、保护地球、确保所有人共享繁荣[4]。《2030年可持续发展议程》共设置了17个可持续发展大目标和169个子目标，涉及经济发展、社会进步和环境保护等方面，是实现更美好和更可持续未来的宏伟蓝图[5]。

---

[1] "于人之思想中构建和平"出自联合国教科文组织组织法序言部分："本组织法之各签约国政府代表兹代表其人民宣告：战争起源于人之思想，故务需于人之思想中筑起保卫和平之屏障。"

[2] 孙燕、解立：《浅议2021年版〈实施世界遗产公约操作指南〉修订》，《自然与文化遗产研究》2022年第2期。

[3] 报告将"可持续发展"的概念定义为："这是建立在社会、经济、人口、资源、环境相互协调和共同发展基础上的一种发展，其宗旨是既能相对满足当代人的需求，又不对后代人满足其需求的能力构成危害。"参见联合国发展委员会官网：http://www.un-documents.net/ocf-ov.htm。

[4] 参见联合国官网：https://www.un.org/zh/documents/treaty/files/A-RES-70-1.shtml。

[5] 鲜祖德、巴运红、成金璟：《联合国2030年可持续发展目标指标及其政策关联研究》，《统计研究》2021年第1期。

《2030年可持续发展议程》首次将文化纳入可持续发展的国际进程，可持续发展目标11.4提出"进一步努力保护和保存世界文化和自然遗产"，体现了可持续发展在世界遗产理念中的核心地位[①]。世界遗产成为实现联合国《2030年可持续发展议程》中环境可持续、包容性社会发展、包容性经济发展以及和平安全等众多目标的纽带。联合国教科文组织将遗产保护转向可持续发展，全球化的世界遗产保护事业对于实施《2030年可持续发展议程》重大意义在于可以促进不同文明之间交流互鉴、消除贫困、建设和平以及促进全球可持续发展。2015年联合国教科文组织第20届《世界遗产公约》缔约国大会通过了《将可持续发展愿景融入世界遗产公约进程的政策》，在保护世界遗产突出普遍价值及其真实性和完整性的基础上，发挥文化遗产的潜力，促进遗产地社会、经济、环境等诸多方面的可持续发展，充分体现了可持续发展理念在世界遗产中的核心地位。

　　中国的世界文化遗产保护法律体系主要是由《文物保护法》《城乡规划法》《环境保护法》《文物保护法实施条例》《历史文化名城名镇保护条例》《世界文化遗产保护管理办法》等一系列法律法规、部门规章和地方性法规、规章等构成。《文物保护法》作为基本法，规定了国家文物保护的基本方针、保护范围及其所有权归属、不可移动文物的保护、考古发掘制度以及违反《文物保护法》的法律责任等问题。

　　中国自1985年起正式成为《世界遗产公约》缔约国[②]，汇入世界遗产保护运动的潮流之中，对国际社会作出了为人类妥善保护世界遗产的庄严承诺，为世界遗产保护事业的进步和发展不断贡献中国智慧和中国力量。中国的文物保护工作逐渐放眼国际，接触国际遗产保护理念与原则，使国际遗产保护管理框架与中国的方法与实践相结合，走出了一条具有中国特色的文化遗产保护利用

[①] 参见中华人民共和国外交部网站https://www.fmprc.gov.cn/web，《变革我们的世界——2030年可持续发展议程》全文。

[②] 1982年《文物保护法》颁布之时，中国尚未加入《世界遗产公约》，政府、立法机关以及社会各界对世界文化遗产保护理念、技术等比较生疏。参见王云霞：《中国世界文化遗产的法律保护模式——以北京故宫为样本》，《中国文化遗产》2013年第5期。

之路。

2000年，国家文物局发布由中国古迹遗址保护协会制定的《中国文物古迹保护准则》，实现了中国与国际文化遗产保护理念和保护原则的对接，成为中国的文物保护理念转向文化遗产保护的重要标志，成为中国融入全球化遗产保护的一个里程碑。

2005年，国务院下发《关于加强文化遗产保护的通知》，标志着中国文物事业向文化遗产事业转变的一次划时代飞跃。2006年，国家文物局颁布《中国世界文化遗产监测巡视管理办法》《中国世界文化遗产专家咨询管理办法》等规章制度，这是中国的文物保护体系与世界文化遗产保护管理体系相结合的实践，在某种程度上解决了中国尚未出台世界遗产保护管理专项法律法规的实际问题。2006年，文化部审议通过并实施的《世界文化遗产保护管理办法》等行政法规和部门规章是中国世界文化遗产保护的重要法律依据，规定了世界文化遗产保护工作的基本方针、管理机构、保护规划的编制、遗产管理与监测等基本制度[1]。

如何对中国的世界遗产实施科学的保护管理是一个重大的现实问题。由于中国现行的世界遗产保护制度是沿用既往的中国文物保护制度，与国际遗产保护管理体系存在不相适应的问题。党的十八大以来，党中央高度重视文物保护工作，习近平总书记多次作出重要指示批示要求统筹文物保护与经济社会发展，全面贯彻"保护为主、抢救第一、合理利用、加强管理"的工作方针，努力走出一条符合国情的文物保护利用之路。2015年，经国家文物局批准，中国古迹遗址保护协会与美国盖蒂保护所合作修订的《中国文物古迹保护准则（2015年修订）》正式公布，成为指导中国文物古迹保护工作的行业规范性文件。它是在中国文物保护法规体系框架下，参照《关于古迹遗址保护与修复的国际宪章（威

---

[1] 文化部出台的《世界文化遗产保护管理办法》属于部门规章，法律位阶低，难以对其他政府部门和社会主体产生约束力。中国目前还没有出台世界文化遗产保护管理的专项法律法规，中国境内世界文化遗产地的保护管理依然依赖于地方性立法。参见王云霞《中国世界文化遗产的法律保护模式——以北京故宫为样本》，《中国文化遗产》2013年第5期。

尼斯宪章）》[1]等一系列国际原则而形成的"中国准则"，在文化遗产价值认识、保护原则、新型文化遗产保护、合理利用等方面，充分体现了当今中国文化遗产保护的认识水平，具有针对性、前瞻性、指导性和权威性。《中国文物古迹保护准则》科学构建了中国文化遗产保护从价值认知到保护原则、再到保护实践的完整体系，得到国际社会广泛认同，标志中国文化遗产保护进入一个新阶段[2]。

加入《世界遗产公约》近40年来，中国已经发展成为一个真正的世界遗产大国，文化遗产工作为提升中华民族文化自信提供了实证，中国的文化遗产保护观念、保护体系等也产生了较大的变化，对遗产价值的认识从"以物为主"逐步发展到"以人为本"的可持续保护和发展理念，从单纯注重保护逐渐演变到保护与管理并重。中国通过积极参与世界遗产保护相关事务，也为全球化的世界遗产保护提供了独特的中国方法，成为国际文化遗产保护领域的主流力量和主要引领者，充分展现了负责任大国的形象。在法律层面上，中国以法律法规、地方政府规章以及行业标准等建立了多层次的世界遗产保护体系，形成以政府为主、民间力量积极参与的世界遗产保护管理格局，并初步形成包括议事协调制度、世界文化遗产保护规划编制、世界文化遗产监测预警体系等管理体制。中国以《文物保护法》为基本，与世界遗产保护国际宪章相衔接并以各地的各级法规和规划为支撑，建立了中国特色的世界遗产保护法规规划体系。中国的世界遗产保护管理机制既有中央政府与地方政府的配合，也有属地各部门之间的协调配合。

因现行的《文物保护法》修订于2002年，其制度体系不能完全满足当今中国日新月异的文化遗产保护管理的实际需要，以现行《文物保护法》为核心的中国世界文化遗产法律框架与国际化的遗产保护要求存在显著差距。2015年起

---

[1] 联合国教科文组织世界遗产中心、国际古迹遗址理事会、国际文物保护修复研究中心、国家文物局：《国际文化遗产保护文件选编》，文物出版社，2007年。

[2] 国际古迹遗址理事会中国国家委员会主席、国家文物局原副局长宋新潮：《"中国文物古迹保护准则"修订版，新在哪里？》。

《文物保护法》启动了修订工作，本次修订的重要原则是坚持问题导向，修改原《文物保护法》中与新形势、新要求不相符的规定内容，完善新时代所迫切需要的重要制度，重点解决地方反映强烈的突出问题。本次《文物保护法》修订中广泛借鉴资源类立法和文化领域立法经验成果，注重参考近年来文化遗产保护地方立法和境外文化遗产保护法律法规等，特别是引入了"世界遗产""世界遗产保护"等表述，以适应世界遗产本身作为理论、知识和技术体系的不断进化和完善[①]。2018年10月，中共中央办公厅、国务院办公厅印发了《关于加强文物保护利用改革的若干意见》，对文物保护利用改革作出了全面部署。中国的文化遗产事业发展面临着新形势和新任务，迫切需要完善文化遗产相关法律保障。

《南京城墙保护条例》是根据《中华人民共和国文物保护法》《江苏省历史文化名城名镇保护条例》等法律法规并结合南京城市发展实际而制定的一部地方性法规。《条例》自2015年初颁布实施至今已近十年，在文化遗产保护管理实践中发挥了重要作用。随着国内外遗产保护理念和技术体系的日益更新、中国经济社会的高速发展、南京城墙文化遗产保护管理状况的更新变化以及申遗工作中出现各种新问题，有必要根据新修订的《中华人民共和国文物保护法》《中国文物古迹保护准则》《世界文化遗产保护管理办法》《中国世界文化遗产监测巡视管理办法》等法律法规和规章，结合南京城墙文化遗产保护管理的实际，依法适时对《南京城墙保护条例》进行修订完善，加强南京城墙保护管理法制保障，进一步科学规范南京城墙文化遗产保护管理实践，推进南京城墙列入《世界遗产名录》。

三、关于完善《南京城墙保护条例》的思路脉络

1972年联合国教科文组织大会通过的《世界遗产公约》旨在认定、保护、保存和传承对于全人类而言具有突出普遍价值的自然和文化遗产。它是各缔约

---

① 参见《中华人民共和国文物保护法（修订草案）》（征求意见稿）。

国必须遵循的国际法体系，申报列入《世界遗产名录》的遗产项目必须有立法保护，并且有长期的保护管理规划。法律制度是《世界遗产公约》缔约国保护世界遗产的主要途径和保障，是实现文化遗产保护管理的关键[1]。根据联合国教科文组织《关于实施〈世界遗产公约〉操作指南》的要求，缔约国应当对正在申报的遗产从国家、区域、城市等各个层面，通过立法、机制等方式保护好文化遗产。立法工作本身也是对社会公众的一种教育，完善的遗产保护法律便于公众理解、接受并遵守[2]。

将南京城墙申请列入《世界遗产名录》，需要履行对《世界遗产公约》的责任与义务，使其突出普遍价值长久保存与传承。修订完善《南京城墙保护条例》的立法思路首先要对标《世界遗产公约》的要求，依法保障南京城墙文化遗产"突出普遍价值"的"真实性与完整性"；要坚持科学保护、合理利用以及可持续发展的理念，妥善处理南京城墙文化遗产保护与利用的关系，切实发挥其当代价值，促进经济社会和谐发展和民生改善；要坚持问题导向，借鉴国内外世界遗产地保护管理以及立法的实践经验，重点解决南京城墙文化遗产保护管理中的重点、难点问题，提升南京城墙文化遗产保护管理的层次与水准；要注重做好《南京城墙保护条例》与城乡规划、文物保护、历史文化名城保护等相关法律法规的协调与配合。

依法修订完善《南京城墙保护条例》，还需要特别关注以下几个方面的问题：

---

[1] 《保护世界文化和自然遗产公约》第四条规定，文化遗产所在地的缔约国应尽的责任与义务，缔约国均承认保证"本国领土内的文化和自然遗产的确定、保护、保存、展出和遗传后代，主要是有关国家的责任。"第五条规定，各缔约国须"采取为确定、保护、保存、展出和恢复这类遗产所需的适当的法律、科学、技术、行政和财政措施。"参见联合国教科文组织世界遗产中心、国际古迹遗址理事会、国际文物保护修复研究中心、国家文物局：《国际文化遗产保护文件选编》，文物出版社，2007年。

[2] 《保护世界文化和自然遗产公约》第二十七条规定，缔约国应采取有效措施进行遗产保护的国民教育。联合国教科文组织世界遗产中心、国际古迹遗址理事会、国际文物保护修复研究中心、国家文物局：《国际文化遗产保护文件选编》，文物出版社，2007年。

（一）需要在文化层面和法律层面理解南京城墙文化遗产作为"人类共同文化遗产"的基本概念与内涵

20世纪以来，在联合国教科文组织以及国际文物保护和修复中心、国际古迹遗址理事会等国际性组织推动下，通过一系列条约、宪章、宣言、决议、文件等有关文化遗产保护的国际法规范，赋予文化遗产为"人类共同文化遗产"的法律定位，目的在于以全球性的视角确立文化遗产保护管理的共同准则，构建保护人类共同利益的文化遗产国际法律机制。

1972年联合国教科文组织通过的《世界遗产公约》是规范文化遗产概念的里程碑，也标志着保护世界遗产全球化行动的开始。公约首次用突出普遍价值评估全球文化和自然遗产，并以国际法形式确定具有突出普遍价值的世界遗产属于全人类，要妥善保护管理世界遗产并将其传递给未来的世代[①]。2003年，联合国教科文组织通过《保护非物质文化遗产公约》，保护无形的文化遗产成为对《世界遗产公约》的补充，两者共同为世界遗产保护管理奠定了重要的国际法框架和基础。中国作为《世界遗产公约》缔约国和世界遗产大国，一直积极参与世界遗产保护行动。在中国的世界遗产保护管理实践中，不仅需要通过国际司法的进步和推动，而且需要构建中国的文化遗产司法保护制度，彼此互相协调互动。

[①] 1964年《国际古迹保护与修复宪章》提出："人们越来越意识到人类价值的统一性，并把古代遗迹看作共同的遗产，认识到为后代保护这些古迹的共同责任。"1972年《保护世界文化和自然遗产公约》提出，"部分文化或自然遗产具有突出的重要性，因而需作为全人类世界遗产的一部分加以保护"，"整个国际社会有责任通过提供集体性援助来参与保护具有突出的普遍价值的文化和自然遗产"。

（二）需要强调对南京城墙文化遗产突出普遍价值及其真实性和完整性[①]**的保护理念，一切保护管理措施都要基于遗产的突出普遍价值**

世界遗产是经联合国教科文组织确认、具有突出普遍价值的人类共同财富，其"突出普遍价值"是指罕见的、超越了国家界限的、对全人类的现在和未来均具有普遍的重要意义的文化和/或自然价值。世界遗产的永久性保护对整个国际社会都具有至高的重要性。《实施〈世界遗产公约〉操作指南》明确规定"世界遗产的保护管理须确保其在列入《世界遗产名录》时所具有的突出普遍价值以及完整性和/或真实性在之后得到保持或加强"，"列入《世界遗产名录》的所有遗产必须有长期、充分的立法、规范、机构的和/或传统的保护及管理，以确保遗产得到保护。保护必须包括充分的边界划定。同样，缔约国应该在国家、区域、城市和/或传统各个级别上对申报遗产予以足够力度的保护"。"国家和地方级的立法、规范措施应确保遗产的保护完好，使其突出的普遍价值包括完整性和/或真实性不因社会经济发展及其他压力而受到负面影响。缔约国还需要保证这些措施得到切实有效地实施。"[②]

《世界遗产公约》赋予文化遗产所在地的国家和地方政府不可推卸的重要使命，要求政府以高度负责的精神，谨慎而全面地对待文化遗产保护工作。地方性立法主体必须高度重视文化遗产保护传承的重要意义和重大责任，需要全面理解国际文化遗产保护管理的要求，并与中国的文物保护法律法规有机结合，确保文化遗产价值服务当代社会可持续发展，并且考虑到后世代际永久传承。

---

① 南京城墙符合《实施〈世界遗产公约〉操作指南》列入世界遗产的三项突出普遍价值标准，符合标准（iii）：能为延续至今或业已消逝的文明或文化传统，提供独特的或至少是特殊的见证；符合标准（iv）：是一种建筑、建筑整体、技术整体及景观的杰出范例。展现了人类历史上一个（或几个）重要阶段；符合标准（v）：是传统人类居住地、土地使用或海洋开发的杰出范例，代表一种（或几种）文化或人类与环境的相互作用，特别是当它面临不可逆变化的影响而变得易于损坏。参见贺云翱、陈思妙：《"中国明清城墙"体系下的"南京城墙"突出普遍价值分析》，《古都南京》2016年第6期。

② 参见2021年版《实施〈世界遗产公约〉操作指南》。

"真实性和完整性"原则是世界遗产保护的重要指导原则，也是确保遗产地可持续发展的根本。作为中国著名古都和历史城市的构成要素，南京城墙文化内涵极其丰富，既有显性的物质形态的呈现，又有隐性的社会、经济、文化等因素的叠加。《南京城墙保护条例》的修订完善，除了明确对南京城墙遗产本体"突出普遍价值及其真实性和完整性"的保护，还需要强调南京城墙所承载的与"突出普遍价值"密切相关的非物质文化遗产的保护，例如中国古代都城营建制度、国家礼仪传统、建造技艺传统、民俗文化传统等。

（三）南京城墙文化遗产保护管理要与可持续发展理念相适应

联合国《2030年可持续发展议程》是中国政府积极加入其中的一项重要的国际行动。中国政府高度重视可持续发展，从战略高度贯彻可持续发展的要求，积极推动可持续发展相关立法和机构建设，采取多种措施促进经济、社会、环境等各领域可持续发展目标协调推进[①]。中国坚定不移地推动构建人类命运共同体，同国际社会携手应对全球性挑战，为人类走向共同繁荣作出积极贡献。

修订完善《南京城墙保护条例》，应充分对标《世界遗产公约》中有关世界遗产保护管理的要求以及联合国《2030年可持续发展议程》的全球可持续发展目标愿景，坚持科学保护、合理利用、可持续发展的理念，切实发挥南京城墙文化遗产的当代价值，优化城市功能、改善人居环境，促进民生改善与保障，促进经济社会和谐发展。

（四）强调南京城墙保护管理中的公众参与制度建设

强调公众参与是当代世界文化遗产保护的发展趋势，是国际公约规范的重要内容。世界遗产的全球战略特别强调社区的作用，强调社会公众参与融入世

[①] 中国积极推动《2030年可持续发展议程》与"十四五"规划等国家发展战略对接融合，立足新发展阶段，贯彻新发展理念，构建新发展格局，推动高质量发展，持续增进民生福祉，加快绿色转型，积极应对气候变化，力争在2030年前实现碳达峰、在2060年前实现碳中和。参见《中国落实2030年可持续发展议程国别自愿陈述报告》。

界遗产的保护当中[①]。修订完善《南京城墙保护条例》要着重加强公众参与的制度建设，建立多方参与遗产保护机制。除南京城墙文化遗产专业保护机构之外，包括大学、研究院等多学科的学术研究机构应共同参与南京城墙文化遗产的研究和保护。南京城墙保护区域内的居民对遗产保护和利用工作享有知情权、参与权和监督权，要加大与南京城墙遗产地利益相关各方的沟通，达成共识。南京城墙文化遗产传承与服务公众，重点要加强文化遗产价值的挖掘和保护，注重遗产价值的展示与阐释，要引导文化遗产走向公众并且服务公众，要让它更好地融入现代生活中。

（五）注重城市历史景观整体保护框架方法的运用

联合国教科文组织始终重视城市作为历史文化遗产宝库的重要性，力图在国际遗产保护框架下寻求建立一个能够统筹兼顾保护与发展的方法。2015年第39届世界遗产大会上将"历史性城镇景观"作为一种文化遗产的保护方法，纳入《实施〈世界遗产公约〉操作指南》，用以指导世界遗产地的提名、登录及保护管理。"历史性城镇景观"是一种获得国际广泛认同与实践的历史城市遗产整体保护框架模式，可以融合城市多维度发展目标，平衡遗产保护与经济社会的可持续发展，对南京城墙文化遗产保护有重要的借鉴价值。要注重保护南京城墙历史风貌和文化景观遗产特征，注重保护与南京城墙文化遗产相关联的历史文脉和场所精神，重视对南京城墙相关的岁时民俗、诗文书画、历史记忆等非遗的深入挖掘与保护传承。通过科学规划提高南京作为历史城市的宜居性，充分发挥南京城墙文化遗产资源的当代活力。

---

① 《保护世界文化和自然遗产公约》第二十七条强调："缔约国应通过一切适当手段，特别是教育和宣传计划，努力增强本国人民对本公约确定的文化和自然遗产的赞赏和尊重。缔约国应使公众广泛了解对这类遗产造成威胁的危险和根据本公约进行的活动。"参见联合国教科文组织世界遗产中心、国际古迹遗址理事会、国际文物保护修复研究中心、国家文物局：《国际文化遗产保护文件选编》，文物出版社，2007年。

（六）重视气候与环境变化对南京城墙文化遗产的影响

气候与环境变化是全世界广泛关注的问题。全球化的文化和自然遗产保护面临着由于气候变化导致的极端天气、自然灾害以及次生灾害所带来的巨大威胁，这也是国际遗产保护领域普遍关注的重点之一。积极应对气候变化下遗产保护所面临的挑战，已经成为一项全球性的事务。中国作为《世界遗产公约》缔约国，应当履行对本国境内文化遗产可持续发展的责任义务，采取措施积极应对全球气候变化问题，以确保境内世界遗产的可持续发展与永续传承。在南京城墙文化遗产保护传承中，既要尊重历史，也要敬畏自然，要加强风险管理。作为适应气候变化的具体手段，要建立南京城墙文化遗产的风险预防机制，评估其在气候变化中的脆弱性，采取预防性保护措施，最大程度消减气候变化对南京城墙文化遗产可能带来的威胁。

四、结语

当今世界正处在经济、社会与科技的巨大变革之中，文化遗产也面临着诸多威胁和挑战，妥善保护文化遗产已成为全人类的共识和行动。"每一种文明都延续着一个国家和民族的精神血脉，既需要薪火相传、代代守护，更需要与时俱进、勇于创新。"文化遗产是坚定文化自信、建设文化强国的宝贵资源，"只有全面深入了解中华文明的历史，才能更有效地推动中华优秀传统文化创造性转化、创新性发展，更有力地推进中国特色社会主义文化建设，建设中华民族现代文明"。党的十八大以来，以习近平同志为核心的党中央对文化遗产保护传承高度重视，作出一系列重要指示批示和战略部署。法治作为人类文明进步的重要标志，也是治国理政的基本方式。要完善中国的文化遗产保护法律法规体系建设，不断提升文化遗产法治保护效力，努力走出一条符合中国国情的文化遗产保护传承之路。《南京城墙保护条例》制定、颁布、实施以及适时的修订完善是文化遗产保护管理和申遗工作的重要环节和现实需要，将有力推动南京城墙文化遗产的科学保护和永续传承，也将为全球化的文化遗产可持续发展贡献中国智慧、中国方案和中国力量。

博物馆研究功能在基本陈列展中的体现和思考

——以南京城墙博物馆为例

龚 哲*

摘 要：回顾博物馆新定义的产生过程，"研究"被放在了博物馆新定义的突出位置，并特别强调"研究"应作为博物馆的功能而不是目的。基本陈列展是博物馆的基本职能和核心工作，是博物馆研究工作成果的集中体现。本文以南京城墙博物馆为例，阐释研究功能在其基本陈列展中的基础性作用以及与博物馆其他功能的融合表现形式，并结合博物馆开放实际深入思考，为突出博物馆研究功能提出建议。

关键词：博物馆；研究；基本陈列展

一、博物馆的新定义

2022年8月24日，国际博物馆协会（ICOM）在布拉格现场和线上同时召开了特别全体大会（ICOM Extraordinary General Assembly），各国家委员会、国际委员会和地区联盟代表通过投票对新修订的博物馆定义进行表决，以92.41%赞成的投票结果通过了博物馆新定义提案（赞成487票，反对23票，弃权17票）。国际博物馆协会对博物馆的新定义为："博物馆是为社会服务的非营利性常设机构，它研究、收藏、保护、阐释和展示物质与非物质遗产。它向公众开放，具有可及性和包容性，促进多样性和可持续性。博物馆以符合道德且专业的方式进行运营和交流，并在社会各界的参与下，为教育、欣赏、深思和知识共享提供多种体验。"[①]

---

* 作者简介：龚哲，南京城墙保护管理中心、南京城墙研究会。
① 中国博物馆协会在2022年国际博协特别全体大会通过新版博物馆定义。

二、博物馆新定义的产生过程

随着社会环境和博物馆发展前景的变化，博物馆的原有定义和在此基础上的微调已不能满足现实需要。为了实现国际博物馆协会下国家委员会、国际委员会、地区联盟和附属组织之间的民主和公开磋商，博物馆定义常务委员会（ICOM Define: Standing Committee for the Museum Definition）制定了一种新的推进方法，旨在实现更大基础的透明，详细听取各方建议。

第一次磋商（Consultation 1）：第一次磋商是各委员会提交 2019/2020 年与博物馆定义相关活动报告，来自 23 个国家委员会、6 个国际委员会、1 个附属组织和 1 个工作组提交了报告。第一次磋商收到了各种各样的回复，这些都成为重要的考量因素，具有很大价值。这些回复被带入到之后的磋商中，帮助委员会推进新定义的拟订。

第二次磋商（Consultation 2）：国际博物馆协会就博物馆定义应包含的关键词和概念进行了第二次磋商。国际博物馆协会聘请了三名独立数据分析师，对结果进行了定量和定性分析。

第三次磋商（Consultation 3）：委员会、地区联盟和附属组织被要求再次审视第二次磋商报告中公布的关键词和概念清单，并通过在线表格提交反馈意见。国际博物馆协会聘请的数据分析师对收到的所有反馈意见进行了分析。

第四次磋商（Consultation 4）：国际博协定义常务委员会的成员根据第二次、第三次磋商的数据分析结果，起草了 5 项定义提案。在第四次磋商中，国际博物馆协会的各委员会对 5 项提案进行排序，并可以对他们的首选提案发表意见。博物馆定义常务委员会开展了大量工作，拟订了最后 2 项提案。2022 年 5 月 5 日，咨询委员会召开会议讨论并投票。

最终报告（Final report）：咨询委员会将所选的博物馆定义提案提交给特别全体大会，于 2022 年 8 月 24 日在布拉格召开会议并进行投票。

通过民主公开的磋商，博物馆新定义包含了"实体及实体修饰词""客体/主体""行动/功能""体验""社会价值""目标及关系"的维度。值得一提的是，在第四次磋商报告中特别提到"研究"一词被采用是作为"功能"维度的描述，而"行动/功能"维度恰恰是回答了"博物馆是做什么的"。"行动/功能"维度提供了 20 个备选词，各委员会需从中选出 6 个描述词，"研究"是被选择最多的词，且占比达到 93%，具有明显优势（见表一）。对所选词的重要性进行排列，"研究"也是被最多放在第一位的描述词语（见表二）。按地区分，在总体 93% 的提及率中，欧洲和阿拉伯国家的委员会表达出更强烈的呈现和提及意向，全部 32 个委员会都提及；亚太地区 7 个委员会中有 6 个提及，占比达到 86%（见表三）。由此可见，"研究"是国际社会公认的博物馆最显著、最重要的功能，位于博物馆其他功能（包括博物馆新定义中涵盖的"收藏""保护""阐释"和"展示"等功能）之前。

表一 行动/功能维度描述词整体结果

描述词	占比
研究	93%
展示/展览	74%
教育	72%
收藏	63%
保护	56%
沟通	55%
保存	53%
阐释	35%

数据来源：国际博物馆协会成员关于博物馆新定义反馈意见的第二次报告

表二 行动/功能维度描述词位次排序统计结果

描述词	总体提及率	第一位	第二位	第三位	第四位	第五位	第六位
研究	93%	33%	23%	17%	9%	8%	3%

数据来源：国际博物馆协会成员关于博物馆新定义反馈意见的第二次报告

表三　行动/功能维度描述词地区统计结果

描述词	总体提及率	北美洲（1）	拉丁美（17）	非洲（11）	欧洲（28）	阿拉伯国家（4）	亚太地区（7）
研究	93%	100%	94%	91%	100%	100%	86%

数据来源：国际博物馆协会成员关于博物馆新定义反馈意见的第二次报告

三、研究功能在博物馆基本陈列展中的体现——以南京城墙博物馆为例

南京城墙博物馆于2021年底试运营开放，位于南京市秦淮区新民坊路边营1号、中华门瓮城东侧，总建筑面积约13000平方米，不仅是全方位呈现城墙文化的重要展示地，同时也是融入城墙特色的城市"会客厅"。

南京城墙博物馆的展陈区域包括博物馆负一层和一层，负一层为南京城墙基本陈列展和特展厅，一层包括开放式展区和配套区域。基本陈列展围绕"旷世城垣"的主题，展示各类精品文物2000多件（套），创新融合了文物实物、场景复原、数字沙盘、多媒体展示以及观众互动等多种方式，从设计思想、筑城技术、皇都威仪、军事防御、遗产传承五个方面，全面展现南京城墙的历史文化及遗产价值，体现了中华民族在城市规划、科学技术、文化融合、对外交往等方面的中国智慧，大力推动以城墙为代表的中华优秀传统文化的创新性表达。

基本陈列展是博物馆的基本职能和核心工作，是博物馆研究工作成果的集中体现。南京城墙博物馆"旷世城垣"基本陈列展，就充分体现出研究功能在博物馆中的基础作用，研究作为博物馆的主要功能，与收藏、保护、阐释、展示等博物馆其他功能相辅相成，博物馆其他功能也彰显博物馆的研究功能。

1. 研究功能和收藏功能

众所周知，藏品研究是研究功能的重要体现。但是，鲜为人注意的是，研究也是丰富博物馆收藏的数量和品类的重要方式之一。

南京城墙博物馆作为城墙类专题博物馆，在建馆之初就面临着展示对象过于庞大和藏品单一的困境。从展示对象来说，南京城墙博物馆是独立于南京城

墙本体之外的博物馆，博物馆最珍贵的藏品应是南京城墙这座现存长达25千米的"不可移动文物"，如何通过藏品征集和展览设计，在博物馆有限的封闭空间内展示位于空间外的城墙本体，存在着巨大困难。从藏品角度来说，在筹建之初，南京城墙博物馆馆藏文物约有1900件，但95%以上均是城墙砖，品类过于单一，仅靠原有的文物无法支撑起博物馆的基本陈列展。

面对上述困境，南京城墙博物馆拓宽思路，以基本陈列展五个部分的主体思想和南京城墙的文化遗产价值为核心，以研究项目为索引，扩展文物的征集范围，征集与南京城墙相关的各类文物和展品。经过三年多时间，共征集到2500多件种类齐全、各具特色的文物，最终展览确定展出的文物藏品共计1500余件（不包含复制件和数字文件）。

南京城墙作为南京城市记忆和市民生活记忆中不可忘却的一部分，图像资料是博物馆收藏的重要组成部分。2017年开展的资料收集整理项目，从国家图书馆、故宫博物院等机构和民间收藏家、老一辈工作人员等个人处，征集多种珍贵资料，形式涵盖照片、绘画、地图、明信片、档案资料，作者包罗古今中外人士，时间跨度长达数百年，全方位展现了南京城墙在不同时代的面貌。

这些图像资料主要运用在基本陈列展的第三部分"四重城垣 皇都威仪"中。通过定格的影像，既可得见城墙与城门的雄伟壮观，也可感受城墙与周围景观的相衬相和，更可一窥城墙所见证的历史事件与当时的市民生活，使得观众可以跳脱出南京城墙通常意义上"文物"的视野，看待更为广泛的人与生活，展现南京城墙作为文明见证的独特之处。

2. 研究功能和保护功能

研究是了解文物的途径，了解是保护文物的前提。随着文物保护从抢救性为主向抢救与预防并重的发展转变，在开展研究项目的同时可一体推进文物保护工作，采取适宜的保护措施，加大保护力度。

"南京明城墙砖窑遗址研究项目"缘起于热心网友提供的江西黎川黎滩河两岸显露出大量窑炉遗迹的线索。研究团队通过图片资料进行初步判断后，立即赶赴现场进行实地调查。在遗址现场，发现了百余座南京城墙砖窑遗址以及砖坯晾晒场、道路、港口、铭文砖、古钱币、族谱等重要遗迹和遗物，种种发现基本证实了此处为南京城墙砖的官窑遗址。在研究项目开展的同时，研究团队发现，由于窑址群处于洪门水库淹没区，在洪门水库溢洪道闸门改造工程完成后，水库将再次积水，窑址群也将再次沉没于黎滩河水中。为了更好地保护砖窑，研究团队决定对砖窑实施易地保护。经过多次实地调研与反复研究，专业技术人员按照文物保护规范要求，对黎川官窑展开搬迁，科学有效地保护了砖窑，使得有着六百五十多年历史的砖窑与公众见面，不再淹没在黎滩河水之中。

为了保护砖窑、使其完整地进入博物馆内，在南京城墙博物馆建设之时，就将博物馆建设和文物进馆统筹安排。由于南京城墙博物馆建设采取了逆作法的施工方式，在博物馆中板建设完成后，便同时进行砖窑进馆工作，通过博物馆顶板专门留好的取土口，将砖窑吊装进入馆内，从而保护了文物的完整性不受损坏。

现在，这座砖窑是南京城墙博物馆内最大的一件展品。砖窑前的透明展柜内，陈列着在考察遗址时发现的物品，如烧制城砖使用的铁叉、带有"新城县"铭文的城砖等，向公众真实展现六百多年前的烧砖现场。配合着实物展示，砖窑本体旁，多媒体设备同步播放着考察江西黎川砖窑遗址的纪实影音，让游客在看到砖窑实物的同时，也能够深入了解到砖窑遗址发现和保护的全过程。

3. 研究功能和阐释功能

博物馆是社会教育的大课堂。为了阐释博物馆凝结的文化特质和精神内涵，真实、全面、系统地展示历史面貌，需要开展大量基础研究工作。

南京城墙作为军事防御工事，在古代乃至近代发挥了重要的军事防御作用。南京城墙的军事遗产价值也是南京城墙博物馆中突出展示的部分，在基本陈列展中单列为第四版块"战火洗礼　城垣沧桑"。这一版块展出的藏品多是攻城器械、火炮，对观众来说未免觉得枯燥单调、可感性不强。为丰富展览形式、增加展出素材，这一版块通过四场以南京城墙为攻守的著名战役展开论述，展现城墙的军事防御功能。

开展的"南京城墙军事防御功能研究与展示项目"，对南京城墙的设计思想、军事防御设施、"城河一体"的防御系统、围绕南京城墙开展的攻防战等内容进行了全面梳理、细致研究。项目形成了《南京城墙军事防御功能研究报告》，以朱元璋攻占南京为起点，回顾了明太祖定都南京、建设都城、修建城墙的历史进程；进而从南京城墙独特的设计思想入手，着重讨论城墙的军事防御体系与功能，并选取四场以南京城墙为攻守的著名战役展开论述；最后对南京城墙在实战考验下发挥的作用进行总结，展示其丰富的军事遗产价值。在大量基础研究之上，制作了《龙湾之战》《郑成功北伐》《太平天国攻防战》《南京保卫战》四部影片，真实还原围绕南京城墙展开的四场攻防战役。四部影片作为四个小专题，穿插在"战火洗礼　城垣沧桑"版块中，生动直观地向观众阐释南京城墙在军事防御中的突出作用。

4. 研究功能和展示功能

数字化是博物馆的发展方向，也是博物馆的重要展示途径。开展数字化研究项目，可以方便快捷地整理、保存、调取海量信息，拟真重塑过去的场景，拉近历史与现实的距离，真切感知文化生命力，使博物馆的文化教育和观赏体验达到最佳融合。

城砖铭文是南京城墙最具代表性的特色，在数亿块南京城墙城砖中有九成以上都带有铭文。相较于馆藏铭文城砖，绝大部分带有铭文的城砖仍砌筑在各段城墙上，亟待采集与保护。启动于2018年的"南京城墙本体砖文信息采集项目"，对25千米城墙本体的17万余块砖文信息进行采集。另外，还同期建立了南京城墙城砖铭文数据库，在全国可移动文物普查各项指标的基础上，根据城砖藏品特有信息特征，设计个性化功能模块。针对城砖藏品的信息录入和管理研究，不仅要录入城砖的名称、类型、年代、质地、尺寸等基本信息，还要根据城砖铭文的内容与特征，录入烧造单位、烧造责任人、砖文字体、砖文刻印方式等城砖特有要素。对城砖铭文的大数据采集、永久保存与动态管理，奠定了博物馆展览展示的基石。

城砖是南京城墙建造的最大宗建材，在基本陈列展第二版块"一砖一石　众志成城"中，700多块精品城砖排列形成整齐的城砖矩阵，按照产地来源、文化内涵等进行分类，带来一场令人震撼的视觉盛宴。展厅中还有"城砖百家姓"查询系统，匹配了城砖照片、铭文，观众可以寻找与自己相同姓氏的城砖，与数百年前的古老城墙建立跨越时空的联系。

四、博物馆研究功能的思考与提升建议

南京城墙博物馆开放运行以来，博物馆研究功能在充分体现的同时，也出现了观众不能深入了解研究内容、研究主题过于宽泛、研究成果转化不足等问题。为突出博物馆研究功能、彰显博物馆作为研究机构的功能，可从以下几个方面加以提升。

（一）将学术语言转化成观众语言

研究工作往往是由专业人才主持开展，以课题攻关为主要载体、以与高校科研院所合作为主要形式，研究成果主要为学术论文、编撰著作等。研究使用的是学术语言，往往专业术语多，抽象性强，简洁精练地描述出判断、推理、归纳和演绎的过程即可。为了体现研究的客观性和严谨性，语句通常以事或物为主语。但是，要使得博物馆的研究内容更被博物馆观众接受和吸纳，就要将研究语言"翻译"成观众语言，多用主动语态拉近与观众的距离，用通俗易懂的文字和讲解，把研究的成果生动地传递给观众。

（二）将广度研究转化成深度研究

研究在博物馆建设之初，必然是大而全的，对博物馆基本陈列展的各个方面都有涉及，以确保基本陈列展能够落地实施。但随着博物馆的运行和学科的发展，研究要向小而精、专而深发展，即专注于某一领域、聚焦于某一课题开展深入专业的研究，不断丰富展览内容的内涵，更新展览展示的手段。基本陈列展并不是一成不变的，应保持动态更新，当出现重大社会事件或重大科研成果时，要对基本陈列展中的内容进行更新，可通过更新展板内容、调整展出文物、优化展陈逻辑等方式，强化基本陈列展的时代性和科学性。

（三）将研究成果转化成体验成果

在博物馆新定义的维度中，不仅有"功能"的维度，还有"目标""体验"的维度。归根到底，博物馆作为一个"实体"，在遵守"社会价值"的基础上，基于"客体"采取"行动"，是为了让"目标群体"实现"体验"的，即博物馆的奥义在于"为谁服务""人们在博物馆中能体验到什么"；博物馆的新定义也给出了答案——"社会各界""公众/向公众开放""参与""教育""欣赏""深思""知识共享""体验"。为突出博物馆研究功能，博物馆可以基于研究直接开发社教课程，如开展考古夏令营等，让受众直接参与到研究的过程中，对博物馆的研究功能有更加直接具体的接触和感受。博物馆还应加大对研究成果的多角度宣传，如记录研究的开展过程、数字化呈现解读研究内容，促进知识的共享和传播，提高公众鉴赏能力，让研究功能进一步为博物馆的体验服务。

世界城墙遗产观察

试论粟特对东回鹘建筑的影响[*]

王国豪（L.A.G.Arden-Wong）著　买合木提江·卡地尔[*]译

历史研究表明，粟特人在以蒙古草原为中心的半游牧部落联盟——东回鹘汗国（744—840）发展中发挥了重要作用。学者们认为，与蒙古草原历史上的其他游牧文化不同，东回鹘汗国以其大量的聚落建筑而闻名于世[①]。

有关第二位回鹘统领磨延啜的《磨延啜碑》记载了他的丰功伟绩和征服事迹。这些功绩当中，提到了两个聚落的建立："我在鄂尔浑（河）与 Balïqï γ（河）交汇处命人建立了汗庭。""我让粟特人和中原人在色楞格河畔建造了富贵城。"[②] 虽然关于第一个遗址的位置仍存争议，但第二个遗址可确定为色楞格河畔的著名回鹘聚落——富贵城[③]。这一铭文表明，粟特人不仅居住在回鹘聚落，并很有可能参与了至少一处回鹘聚落的建设，这引出了两个深层次的问题：我们对粟特人对回鹘聚落建设的影响了解多少？粟特人在多大程度上影响了东回鹘汗国的建筑？

这些问题是在东回鹘研究的特殊时期出现的。大多数研究粟特人与东回鹘汗国关系的学者都注重于他们间在宗教、经济、政治和社会方面的相互影响，其中大部分研究聚焦于粟特人在回鹘汗国内摩尼教形成与传播中的特殊作用[④]。能证明粟特与东回鹘联系的材料缺乏，是之前考古学分析的主要局限。然而，

---

[*] 原文为英文，发表于余太山主编：《欧亚学刊》新10辑（总第20辑），商务印书馆，2020年，第94—140页。已获原作者授权翻译。本文涉及的东回鹘主要城址图如有需要参考原文。

[*] 作者简介：买合木提江·卡地尔，新疆社会科学院。

① Tsėvėėndorzh et al. 2008, p.180, Kwanten 1979, p.52.

② Moriyasu 1999, p.185 Lines S 10 and W 5. For possible Tang Chinese influence on Eastern Uighur architecture, see Arden-Wong 2012 and Arden-Wong et al. 2015.

③ According to Ramstedt, the Balïqïy River should be equated with the Dzhirmantai River. Scholars are unsure if this specifically refers to Ordu Balïq or not. For this discussion see Moriyasu 1999, p.194.

④ With primary focus on the Sogdians see de la Vaissière 2005 and Rong Xinjiang 2014.

近些年来，东回鹘考古的重新关注，开始为蒙古高原和南西伯利亚图瓦地区有关回鹘的建筑提供了充分证据。现在，以中亚粟特城市长期研究中所积累的数据为基础，可以为比较研究工作提供新的建筑模型。本文将着重于聚落规划、圣殿、建筑细节和装饰。首先，本文将概述回鹘建筑考古现状；其次对粟特建筑进行大致描述；然后将比较两类建筑，随后对其进行讨论。

虽然关系紧密，但我在另外两项研究中论述了宗教建筑（是这个主题的深入），因此在这不会具体讨论这个主题[①]。此外，粟特建筑交流的历史基础也将在另一篇论文中进行研究。同样，就范围而言，本文中的粟特建筑仅指索格狄亚那及其北部、东北部的中世纪早期殖民地（如七河流域）建筑[②]。

回鹘建筑：图瓦建筑群

位于蒙古国鄂尔浑河谷的汗庭哈拉巴拉嘎斯（斡鲁朵八里）[③]和俄罗斯图瓦共和国，是东回鹘考古的重点（图一）[④]。遗憾的是，在《磨延啜碑》中记载的富贵城聚落还没得到充分发掘，因此难以了解其建筑情况[⑤]。它位于蒙古国布尔干省呼塔格温都尔县以西12千米处。目前所知的资料来源于S.V.基谢廖夫和H.佩里之前对遗址的小范围调查，但没有生成详细报告。U.S.胡佳科夫对建筑的防御工事和建筑风格进行了更深入的研究。尽管他只是发表了其研究结果的简要描述，但从所获得的瓦当和磨石中推断出该遗址可归属于回鹘时期[⑥]。一蒙日研究小组于1997年和1998年的两次短暂停留期间调查了该遗址，并详细

---

① Arden-Wong 2016 and Arden-Wong forthcoming.
② 由于本文篇幅仅限于七河流域和索格狄亚那粟特建筑，中原、鄂尔多斯、甘肃和新疆等地的粟特民对东/鄂尔浑回鹘产生的深远影响将不会直接探讨。中亚其他地区的区域差异和重要建筑交流将在未来的研究中进行讨论。
③ 过去窝鲁朵八里进行的考古工作最新总结请见Dähne 2015。
④ 见Kyzlasov L. R. 1969 and Kyzlasov L. R. 1979。
⑤ 见Hayashi et al. 1999。
⑥ Khudyakov 1990, pp.86-87.

公布了他们的数据①。我们现在所知的是，该遗址由三座大概呈正方形的、里面包含建筑物的围墙组成。其中两座堡垒的外墙是用中原的夯土技术建造的，但第三座堡垒保存状况较差，其营造细节不甚清楚。富贵城1号围墙是最大的围墙，其面积约240平方米，墙高7米，墙厚3—4米。尽管白石（Shiraishi）认为该遗址规划采用了唐朝的标准，但其中发现的陶器表明，该遗址后来被契丹、宋和清朝占领②。

历史资料总共记载了七处回鹘城镇，然而仅在图瓦就有大量的回鹘时期防御遗址③。D.A.克莱门茨是首位对图瓦的围墙遗址进行科学记录的人④。S.A.捷普劳霍夫、S.V.基谢廖夫、L.A.叶夫秋霍夫、S.I.魏因施泰因和A.M.曼德尔施塔姆等苏联时代的众多学者搜集了考古学数据，并为现今图瓦堡垒遗址的释读做出了贡献。当然，L.R.克兹拉索夫的贡献是最大的。L.R.克兹拉索夫假设，通常沿着河谷水系从东向西建造的图瓦围墙遗址很可能是作为防御岗哨使用的。这建设了对黠戛斯的防御体系，同时回鹘也在叶尼塞河床峡谷狭窄处建造了石围墙⑤。这一理论源于他对所谓回鹘堡垒群的考古调查和发掘，这些堡垒分布于叶尼塞河左岸和赫姆奇克河右岸。然而，这一观点遭到了U.S.胡佳科夫和其他学者的批评，他们指出他忽视了从这些聚落发现的，可能属于早期铜器时代和匈奴时代的遗物⑥。D.K.图卢什最近对这些围墙防御工事进行了更多研究，支

---

① Hayashi et al. 1999.

② Hayashi et al. 1999, pp.197-198.

③ Arzhantseva et al. 2011, Danilov 2004, pp.60-66 and Kyzlasov L. R. 1969, p.59.提到波尔巴任遗址不属于17座堡垒网络，而可以是第18座。

④ Klements 1895.在2015年的合著中，我和同事陈述："于1701年，西伯利亚地图制作和民族志的先驱谢苗·雷梅佐夫（Semyon U. Remezov）可能在其著作《西伯利亚地图》（*Drawing Book [Atlas] of Siberia*）中最早记载了波尔巴任遗址。"（Arden-Wong et al. 2015, p.6.）然而，我的好友和同事D.K.图卢什提醒我去关注他有关雷梅佐夫材料的研究，其中，他通过强调雷梅佐夫的记载中关于波尔巴任遗址的描述和位置存在差异，确信雷梅佐夫所记载的不是波尔巴任，而很有可能是图瓦西部的另外一个遗址（见Tulush 2011）。

⑤ Kyzlasov L. R. 1969, p.59.

⑥ Khudyakov 1994, Khudyakov 1999 and Savinov 2006.

持了以前确定的部分回鹘围墙遗址应归于匈奴时代的观点，并认为只有10座围墙遗址属于东回鹘时期[①]。此外，图卢什认为，像回鹘时期一样，由直外墙防御工事构成的图瓦围墙遗址是用夯土技术建造的[②]。这些遗址中，只有波尔巴任古城和沙戈纳尔3号城中包含带有中原建筑元素的建筑，如由花岗岩柱础石上的柱网支撑起来的，覆盖有瓦当的木结构屋顶。像巴金阿拉卡2号城这样的遗址包含有半地穴式房屋，估计是用木材和有机茅草材料建造屋顶，而茅草材料的发展情况还需未来的调查[③]。

这些遗址的东部是考古探查最充分的遗址——波尔巴任[④]。波尔巴任是一座有围墙的建筑群，坐落于图瓦共和国东南部捷列霍尔湖中的一座小岛上[⑤]。克莱门茨是首位记载波尔巴任古城的人，他注意到该遗址的规划与东回鹘汗国首都斡鲁朵八里HB2遗址存在相似性[⑥]。S.I.魏因施泰因于1957年和1963年首次在该遗址进行发掘，于2007年和2008年，波尔巴任基金会对该遗址进行了密集多学科考古研究，这是迄今对东回鹘遗址最为充分的分析[⑦]。很薄的居住层表明，波尔巴任的使用时间很短，这对理解当时使用的建筑原理大有帮助[⑧]。基于树木年轮和放射性碳元素测年，遗址年代在770—790年之间，而这与历史文献记载相吻合，因此波尔巴任考古队做出了该遗址"可能为夏季居住点，或者可能是纪念遗迹"的结论[⑨]。

---

① Tulush 2015. 参见 Appendix 2, pp.170-171。
② Tulush 2015, p.109.
③ Tulush 2015, pp.170-171.
④ 遗址的考古调查是由S.I.魏因施泰因主持的，而最近2007年和2008年的调查是由伊莉娜·阿尔占谢娃带领的波尔巴任基金会进行的。
⑤ 对该岛的地质勘察表明，遗址坐落在一总面积为3平方千米的半岛上。当然，湖的形状、湖中岛屿数量以及波尔巴任城址内遗址的形状和大小等与如今大不相同（Modin et al. 2010 contra Arzhantseva et al. 2011, p.7）。
⑥ Klements 1895.
⑦ Vainstein 1964 and Arzhantseva et al. 2011, p.10.
⑧ Arzhantseva et al. 2011, p.10.
⑨ Arzhantseva et al. 2011, p.10.

外城墙呈长方形（215米×162米），墙高8米，城向朝东（略东偏南），东墙有一巨大的三道门（今后以简单的基本方向描述）[①]。遗址东西轴线上是位于入口庭院和内祭典庭院之间的主大门，以及带有连接内庭院侧翼建筑的斜坡"飞廊"的中央建筑群。飞廊将祭典庭院和后院隔开。内院北角和南角的后方是两座方形建筑，内院西侧建筑侧面是两座方形小建筑，这两座小建筑可能由带有屋顶的回廊相连。拥有所有唐代中原元素的两部分中央建筑群，是由其正面和周围是祭典庭院的东（23米×23米）、西（15米×15米）两组方形建筑组成，其平面使人很感兴趣。沿着北、西、南三边建造的18座庭院呈U形，这在构筑和规划方面与祭典庭院两侧的6座建筑相似[②]。

回鹘建筑：斡鲁朵八里

东回鹘汗国都城斡鲁朵八里（也被称为哈拉巴拉嘎孙或当地称为哈拉巴拉嘎斯）位于后杭爱省鄂尔浑河谷中部，距现今的蒙古国首都乌兰巴托约320千米，其南部20千米处的前蒙古时代都城哈拉和林也位于鄂尔浑河谷。该聚落的调查开始于19世纪末。W.拉德洛夫和克莱门茨的早期调查揭示了古城的规划[③]。损毁的"哈拉巴拉嘎斯碑铭"的发现更是在国际中亚研究圈内引起了轰动。石碑铭文用鲁尼文、汉文和粟特文刻写，刻写了回鹘可汗们的生前事迹，尤其是那些在汗国内传播摩尼教的可汗。20世纪马斯科夫、S.G.基谢廖夫和U.S.胡佳科夫等人发掘了该遗址，但这些发掘结果没有详细公布[④]。最近（正在进行）蒙古国社会科学院（MAS）和德国考古研究院（DAI KAAK）之间的合作获得了大量回鹘都城详细数据。学者们将这些材料与鄂尔浑河谷首次详细考古调查以及附近墓葬群的发掘（蒙古国国立大学和由蒙古国国家博物馆成员组成的团队，国际蒙古国游牧文化研究学会和内蒙古考古与文化遗产研究学会）相结合，开

[①] Arzhantseva et al. 2011, p.6 and Arden-Wong 2015 et al., pp.6-14.
[②] Arden-Wong et al. 2015, pp.9-10.
[③] Radloff 1892-1899 and Klements 1895.
[④] Dähne and Erdenebat 2012, Kiselev 1957 and Khudyakov 1990.

始更好地了解城市的地形以及它在蒙古国更广范围与内陆亚洲历史所起的重要作用。

2007年之前，该聚落最为精确的平面图是在V.V.拉德洛夫的《蒙古考古图录》（Атлас Древностей Монголии）一书中公布的[①]。当然，现在拥有了高精度的空中激光扫描（LiDAR）图像，城市聚落有了新的观测视角。首先，聚落的面积从先前预估的25平方千米扩增到至少32平方千米。由于缺乏外护堤或防御工事，B.丹尼（B. Dähne）认为斡鲁朵八里是一座开放型城市[②]。所有在斡鲁朵八里发掘的建筑遗迹内都出土了相当数量的中原产唐代瓦当[③]。

大约26°角处有一条大致呈南北向的中央大道，把聚落一分为二，而聚落中的主要建筑大概沿着这条轴线建造的（为方便起见，今后应注明基本方向）[④]。聚落北部的关键建筑群保存得最好，且最引人注目（图一）。聚落北部的西边是面积为1平方千米的防御围墙（HB3），围墙内分出小围墙（内城），并包含有居住区或手工作坊（工业）建筑[⑤]。东西主干道也引人注目，这可能是HB3的中心轴线。

在北部后段，大道的东侧是HB2，这是防御性围墙建筑，暂时称为"圣殿—寺庙建筑"。主堡垒建筑面积为360米×404米，包含有一座大的长方形正面附属建筑（在东）和一座小型后方附属建筑（在西）[⑥]。在东附属建筑内，一条东西轴线穿过建筑的中央，显示出一道大门，这使人联想起波尔巴任古城的建筑和庭院[⑦]。除了前后附属建筑外，建筑的两个重要特征使得把波尔巴任和斡鲁朵八里的圣殿建筑相区别。第一个是位于城防建筑东南角的角楼，第二个是遗

[①] 见pl. XXVII in Radlov 1892-1899（Vol.1）。

[②] Dähne 2010, p.67.

[③] Dähne 2010, p.68. 聚落的中原建筑特点，请参考Arden-Wong 2012 and Arden-Wong et al. 2015。

[④] Arden-Wong 2012, pp.30-38.

[⑤] 这些阐释很大程度上基于挖掘工作和对地表采集陶片的注重。很明显，2013年他们在对HB3的野外调查期间，在地表获取完整的，使用中原技术的clothes-press（铁质）（Franken et al. 2014, p.365）。

[⑥] Hüttel and Erdenebat 2010, p.17.

[⑦] 这种相似性首先在克莱门茨1895（Klements 1895）中注意到。

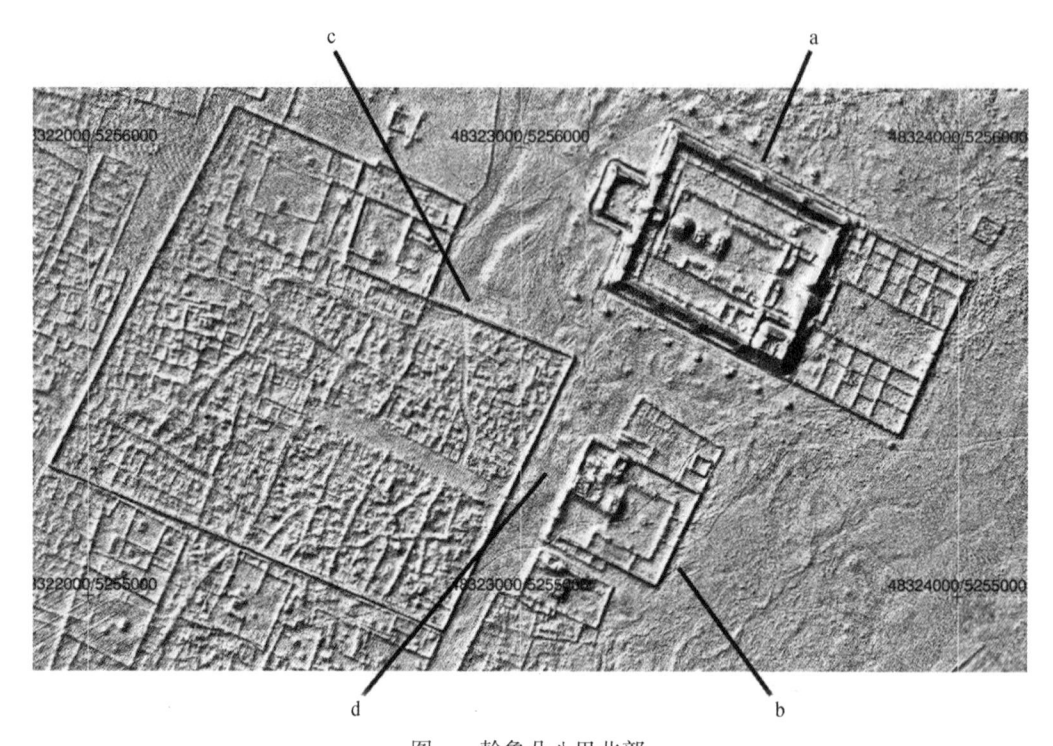

图一　斡鲁朵八里北部
a. HB2，圣殿—寺庙建筑　b. HB1，所谓摩尼教建筑　c. HB3，内城　d. 南北向中央大道
图片来源：After: Arden-Wong 2016, p.216, fig. 12. 版权属于DAI

址的佛塔群。建筑物的南北两边是夯土筑成的佛塔群以及整个城市最具特色的建筑——位于西部建筑群后，建筑主轴线后部西侧的一座宏伟的佛塔。我们不确定这是否是与波尔巴任发现的建筑具有相似性。

蒙—德联合挖掘把目标指向了HB2内的三座建筑：中心轴线上的东、西部建筑，而最近更多是堡垒。迄今为止，所有挖掘的建筑都有大面积烧毁的痕迹。虽然从中挖掘出土了大量中原瓦当，但由于这三座建筑中的前一座没有得到足够的研究，以至于不能阐释其筑造方式。西部建筑的研究更为深入。其面积29米×22米，建造在夯土台基上[①]。其北边和南边宽1.3米的走廊所出土的遗

---

① Dähne 2016, pp.38-39.

物表明，这座建筑拥有围绕中心和东（前）部的 U 形回廊。尽管这里似乎有一座较低或下沉的房屋，但之前的考古发掘难以解释中后部的建筑。建筑物的正面有一个宽大的入口大厅，大厅正面有南北向的柱列。柱廊的九根莲花纹装饰花岗岩柱础与唐朝相似，但柱础数量为奇数，跟中原建筑中偶数柱础的做法明显不同[1]。区分出三类内墙：① 1.3—2.7 米厚的夯土墙（有时这些墙是通过简单垂直切割夯土台基，并在表面涂层石膏来识别出来的）；②内部建筑的砖砌墙；③在中原建筑和波尔巴任常见的薄抹灰篱笆墙，其表面涂有石膏[2]。土堆几乎所有遗物中都发现了大量的用中原技术制作的瓦当和中原风格的花岗岩螭首。根据这座建筑的建筑风格，其年代可以与所有回鹘遗址相联系，但从中下部木构架和东部大厅中提取的一些木材样本的 ^{14}C 测年结果显示，其年代比东回鹘汗国的建立早了一个多世纪[3]。

HB2 的东南部有一座小堡垒，是为 10—12 米高的棱锥台，平面呈 60 米 × 70 米的长方形。自从 2013 年，蒙古国社会科学院和德国考古研究院的发掘主要集中在这座堡垒上[4]。最近的这些研究很受关注，因为它们阐明并超越了 S. 基谢廖夫在 20 世纪中期对斡鲁朵八里这部分发掘的简报[5]。从目前的认知可知：堡垒可通过北、西两门进入（北门上很可能有门楼）；在中央有一口人工开挖的井，令人印象深刻；沿着东部和北部边缘内部的建筑，其墙体没那么宏伟；使用中原建筑技术（夯土结构，带有瓦当）的一座有台基的建筑距离西门仅数米；在堡垒的东南角坐落着一座令人瞩目的塔，面积 20 米 × 20 米[6]。仅存的这一结构，在某些方面与 HB2 的西部建筑相似，如这一建筑也有用土砖和夯土以及一系列奇数柱子（若干均等的柱间距）建造的墙体，但不同于 HB2 的单排柱列，这一建筑有三排柱列。在这座建筑内涂灰泥的台阶上还发现了部分蓝色底层。发

---

[1] Dähne 2016, p.39.

[2] Dähne 2015, pp.169-170.

[3] 从中央建筑木材中所测的校准年代为612—648年或583—658年（Dähne 2015, p.191）。

[4] 参见Franken et al. 2014。

[5] Kiselev 1957.

[6] Franken et al. 2018.

现了一些壁画碎片，沿着台阶的上方墙面发现了白石膏上的红色条纹。建筑外是用烧砖铺砌的庭院，庭院还带有一道连接东南角楼的檐廊。放射性碳元素测年结果显示，该堡垒建造于8—9世纪，而地层分析显示出该城堡有多个建造/维修阶段，这使研究团队认为该城堡可能在蒙古高原东回鹘时代后的契丹时期被占领过。

HB2南部是一座小型围墙建筑HB1，它有着与波尔巴任和斡鲁朵八里相似的建筑布局。譬如，它也有一个同心双层外墙布局，有一个带双门的入口院落，内部祭典庭院，东部纪念建筑及其背后的一系列建筑，这些在空中激光扫描图像中不甚清晰。这座纪念性建筑建造在高达2.4米的夯土台基上，因此，即使在城市景观中，它也是很显眼的建筑。这座建筑（台基）院落西侧围绕祭典庭院的做法，显示出唐代回廊建筑布局的影响。这座台基主要通过东（前）、西（后）坡道和台阶进入。中央建筑建造在一座高达2.4米的夯土台基上，因此，即使在城市景观中，它也是很显眼的建筑。饰有壁画的石膏碎片，零星的唐式瓦当，以及一无装饰的方形柱础，都不足以帮助我们阐释台基顶部建筑的具体类型。台基南部表面的一连串砌砖残留表明，像波尔巴任古城的中央建筑群一样，夯土台基很有可能在表面铺了烧砖[1]。中央建筑中提取的两个配对木材样本的^{14}C测年校准表明，此建筑至少有两个阶段：第一个木材年代为690—770年和682—774年，第二个木材校准年代为778—864年和773—886年[2]。祭典庭院（中央建筑东部对面）的中央是著名的哈拉巴拉嘎斯碑铭碎片所在地。这让有些学者相信这里才是城市主要的摩尼教圣殿所在地[3]。

粟特建筑范例

中世纪早期中亚粟特聚落的起源，是受到了阿契美尼德王朝和塞琉古王朝

---

[1] Dähne 2015, pp.94-95.
[2] Dähne 2015, p.126.
[3] Hüttel and Erdenebat 2010, p.19.

的影响。进入中世纪早期，半游牧民族的入侵浪潮和难民迁徙进一步影响了粟特建筑。因此，到了 8 世纪，这里在不同时期和不同情况下形成了粟特聚落，并有了不同的用途。4—6 世纪，在突厥统治末期的索格狄亚那，迎来了一波粟特人口从长久居住的聚落（如阿夫拉西阿卜，撒马尔罕）迁往新要塞的浪潮。这些群体通常聚集在泽拉夫尚河一带（如片治肯特和 Paĭkend），而其他群体沿着丝绸之路在锡尔河东北建立了聚居区，这些聚居区甚至扩大到了现今吉尔吉斯斯坦和哈萨克斯坦（如阿克—贝希姆）的七河流域草原地区（图二）。有些

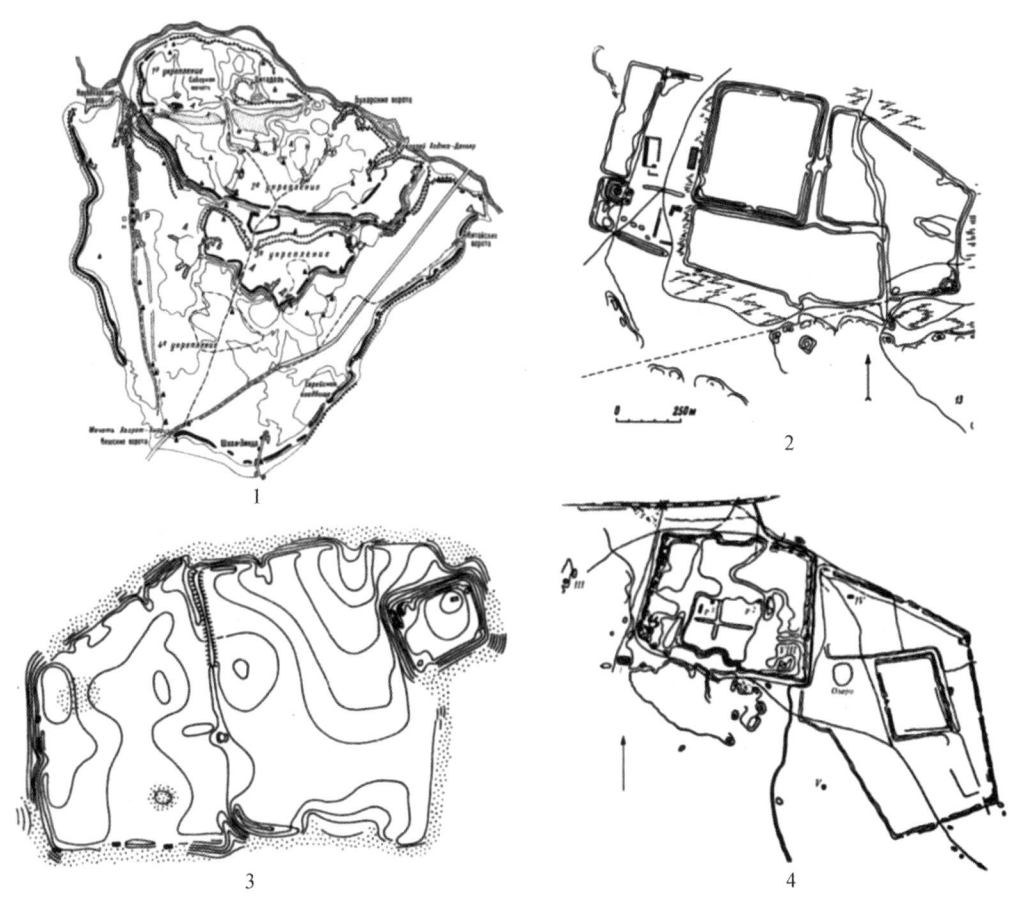

图二　部分粟特聚落地形图
1. 阿夫拉西阿卜　2. 红列奇卡　3. Paĭkend　4. 阿克—贝希姆
图片来源：Belenitskii et al. 1973 and Semënov 2002a, p.6, fig. 3

粟特人留在他们永久的家园聚落里,使这些聚落逐渐重新繁荣[1]。随着后来的人口增长,发生了城市防御工事的发展和农村防御工事向民用建筑的转变[2]。这一时期,城市和农业迅速发展的同时,在整个索格狄亚那建立起了保卫中世纪早期粟特封建社会的新型防御系统。

索格狄亚那内部发生了区域发展差异。G.L. 谢苗诺夫在他 2002 年的研究中指出,这一时期的粟特聚落可分为三个主要区域:西部索格狄亚那,中央索格狄亚那和七河流域。每个区域根据聚落位置的距离、聚落组织和街区开发而划分。下面我改编他的表格,总结了他认为的一些区域间的差异(表一)[3]。

表一

西部索格狄亚那	中央索格狄亚那	七河流域
城市都在一 march 远的距离	城市都在一 march 远的距离	18 座城堡在 10—14 千米的距离
Paĭkend 位于没有任何聚落和农田的一座长墙后	住宅围绕着片治肯特,在城郊分布着带有堡垒的聚落	主要城市有长墙围绕,墙内分布着住宅
布哈拉的平面布局为 130—140 米 × 45—50 米。Paĭkend 的平面布局面积为 84 米 × 22—25 米	片治肯特的平面布局,到了 7 世纪才完全形成。平面面积为 26.9 米 × 53.8 米	Kok-Mardan 和 Kuiruk-tobe 的平面布局,平面面积为 330—370 平方米,17 米 × 18 米

谢苗诺夫补充说,索格狄亚那建筑的差异性发生于中世纪早期[4]。5—6 世纪撒马尔罕(阿夫拉西阿卜)的城防建筑与中央索格狄亚那的堡垒建筑相似。粟特聚落中的防御建筑在中世纪早期的发展,被聚落外围墙的建造和每个聚落中堡垒的强化所证实,如堡垒通常占据着地形地势的最重要位置,并且进一步用防御墙强化防御。

---

[1] Grenet 1996 and Shishkina, 1994, especially pp.89-91.

[2] Grenet 2010, pp.272-273.

[3] 表一见于 Semënov 2002a, p.40,并带有注释。随着更多调查数据的积累,谢苗诺夫的模式产生了新的问题。例如,研究布哈拉绿洲长城迪瓦尔—I 坎皮拉克墙(Divar-I Kanpirak)的乌—美联合项目,这将阐明它们的年代发展序列、它们的建造以及它们与粟特景观之间的关系。更新的数据,参见纽约大学"古代世界中的布哈拉研究项目"研究所网站https://www.isaw.nyu.edu/research/bukhara-project。

[4] Semënov 2002a, p.40.

一定程度的社会分化也被建筑物证实。7—8世纪中央索格狄亚那富裕人家的房屋与这些乡村农庄有别，但与乡村地主的庄园相似。当然，与片治肯特相比，城市居民与Paĭkend的乡村人民是相似的。如石国、费尔干纳和七河流域等粟特殖民地的房屋，城镇与乡村也具有更多的相似性。谢苗诺夫还指出，只有城市的外围住宅特征在较长时间内被保留下来，而圣殿建筑在整个索格狄亚那地区都保持不变[①]。到了8世纪，城市发展趋于稳定，且内部结构和聚落所有权得到重组。

　　V.V.巴尔托德充分分析了中世纪早期粟特聚落建筑的特征，概述了前伊斯兰教时代城市规划的三个主要特征：①沙赫里斯坦（城市聚落）；②堡垒；③拉巴特（城郊以及商贸、手工业区）[②]。基于巴尔托德、雅库鲍夫斯基、贝尔尼施坦因、沃罗妮娜、别列尼茨基和托尔斯托夫等学者的研究，G.L.谢苗诺夫提出了中世纪早期粟特城市发展的三种不同类型。在第一种发展模式中，谢苗诺夫争辩说，城市聚落建造在一座小（通常是先前存在的）防御性建筑附近，该防御性建筑通常作为城市的堡垒发挥重要作用（如Paĭkend、片治肯特，还可能有布哈拉）。最后，还有一些堡垒和城市聚落大约同时建造（如阿克—贝希姆）[③]。

　　中世纪早期的粟特建筑模式源自先前的中亚、波斯和希腊—巴克特里亚传统。到了8世纪早期，粟特建筑模式吸收了大量的外来影响，除了聚落的规划，整个索格狄亚那的建筑材料和筑造方式都是一样的。这些通常遵循的、使用泥砖和土坯块的建筑模式可追溯到旧石器时代，而且还借鉴了中亚和西亚的建筑传统[④]。与希腊—巴克特里亚的接触影响了聚落的几何规划，即索格狄亚那的聚落更倾向于网格化的街道—街区平面[⑤]。在片治肯特，寺庙建筑的布局深受希

[①] Semënov 2002a, p.40，根据粟特建筑和聚落进行的粟特社会分化研究，请参见Raspopova 1990。

[②] Barthold 1962, p.14.

[③] Semënov 2002a, p.39.

[④] Isakov 1994.

[⑤] de La Vaissière 2011.贵霜和希腊—巴克特里亚对粟特聚落规划的影响，请参见Grenet 1996。

腊—巴克特里亚风格的影响[1]，而且片治肯特壁画最早阶段的一种装饰风格的出现是粟特—巴克特里亚交流的结果[2]。此外，粟特人还继承了早期的已存建筑，尤其是圣殿建筑。早期的结构为建筑的重新组合建立了一个架构。例如，几乎所有前伊斯兰教时期的粟特圣殿都是一个建筑群，这使得他们的规划看起来像是没有独立构造的多个建筑的合成[3]。粟特堡垒的视觉重建和其他构造很可能源于粟特艺术。像阿尼科沃银盘和保存完好的壁画等考古记载中没有发现过的粟特艺术，在建筑和露台特定的上面部分表现了出来[4]。

寺庙是粟特聚落中持续使用时间最长的建筑，而且粟特聚落形成的最早阶段经常发现圣殿建筑。在粟特中心地带，袄教是主要宗教，当然，佛教、基督教（属于景教或东方教会一类）和摩尼教等宗教在粟特社区中也有一席之地，而且在东北部的新殖民地更占主导。袄教寺庙是城市中最早的建筑之一（如在片治肯特所见到的），或是聚落形成的开端（如 Paĭkend），并且是在 8 世纪阿拉伯人侵和占领期间粟特聚落中的主要关键建筑之一[5]。

索格狄亚那的圣殿建筑都有一些共同特征，但总的来说它们还是纪念性建筑，在其使用期内经历了多次的重建和重修[6]。粟特圣殿通常坐落在防御性堡垒（城堡）内，并且包含有多个可通向主王宫的拱顶大厅。片治肯特的主王宫被分为不同高度的三个部分，最低部分位于入口，最高部分位于后方，在那里统治者有着接待受众的最高有利位置[7]。四道拱廊通向中心主大厅的方式，被认为

---

[1] Shkoda 2009.

[2] de la Vassierè 2005, p.110.

[3] Semënov 2002a, op.cit., p.31.

[4] 参见 Lurye 2016, p.18 and fig. 13。

[5] Semënov 2002a, op.cit., p.29.塔巴里（Ṭabarī）记载了屈底波（Qutaybah）在布哈拉绿洲中Ṭawāwīs（Arfūd）拜火教寺庙的活动（710年），以及它在撒马尔罕销毁拜火教寺庙偶像的行为（Ṭabarī, Vol. 23 p.177 & 194 for Ṭawāwīs/Arfūd see Barthold 1977, p.98）。

[6] 有关粟特城市中住房及它们的阐释，请参见Raspopova 1990。

[7] Belenizki 1980, p.36.

是从西亚发展而来[1]。瓦拉克沙和阿克—贝西姆的圣殿有四个通向内院的对称拱廊，而较古老的庭院—拱廊规划模式仍然在 Paĭkend 使用[2]。有趣的是，在片治肯特的圣殿有着与贵族住宅相似的建筑风格与尺寸，如它的四圆柱大厅布局[3]。甚至，片治肯特城镇里工匠的住宅与圣殿具有相似性，这说明了社会等级制度以及小农阶级与社会其余部分之间存在明显差异[4]。拱廊的柱础石可以用石块和花岗岩（通常是可回收材料）制作。P. 卢耶指出，在圆柱上支撑"带有拱肩的，上有拱门饰的拱廊……柱子和拱廊的上部必须是木制的。许多住宅房屋的入口处发现了小型带柱子檐廊痕迹。柱子还包括它们的圆台形柱础，一个圆形的基座（现在称之为'苹果'形基座），柱子向上逐渐变细，柱头通常是涡形和花形设计，上面有一支架。这些特征的原型源自于希腊和阿契美尼德王朝，并留存至伊斯兰教时代，甚至是苏联和后苏联时代建筑"[5]。

在片治肯特的大量发掘为粟特住宅建筑的深入研究提供了条件。最初，城市网络几乎总是集中在被称为"沙赫里斯坦"的围墙内。住宅建筑、手工作坊、粮仓和贸易中心等都是内部聚落的一部分，街道网络将城市分割成不同功能区。

因为 7 世纪在撒马尔罕揭露出来的住宅与这些在片治肯特发现的住宅，在概念上是相似的，因此有学者认为这是索格狄亚那一种典型的住宅建筑类型[6]。

---

[1] 在瓦拉克沙（Varaksha），最早阶段的圣殿几乎无迹可寻。第二阶段后期则都跟阿拔斯王朝时期有关。第五和最后建造阶段表现出早期阿拔斯王朝建筑影响的三个关键因素：烘（烧）砖的使用（直到730—740年，还没运用到粟特建筑上），支撑拱廊通道的大圆形砖柱（这很可能有萨珊建筑渊源），以及灰泥粉饰的使用。（Naymark 2003）术语iwan（拱廊）来源于古波斯单词apadāna，意为"带柱会客厅"（Lurye 2016, p.18）。

[2] Seměnov 2002a, p.31.

[3] Belenizki 1980, p.36.马尔沙克指出，治肯特圣殿三座四圆柱房间中的每一座与片治肯特最富家庭的房子大小相似，而且片治肯特最富家庭的房子装饰有最高质量的壁画和雕刻。还可以把片治肯特的房子与索格狄亚那不同地区的若干个堡垒和圣殿相比较（Marshak 2002, pp.14-15）。

[4] Marshak 2002, pp.7-8 和Raspopova 1990, pp.184-188。

[5] Lurye 2016, p.18.

[6] 在片治肯特，富裕家庭的房屋与普通乡村房屋有别，而在某种程度上它们与乡村地主的住宅相似，然而，Paĭkend的城市房屋与乡村房屋看起来有许多相似之处。这种特征不仅属于Paĭkend和布哈拉绿洲的聚落，还属于Čač、费尔干纳的粟特殖民地住宅，以及目前在研究的哈萨克斯坦南部的粟特殖民地（Seměnov 2002a, p.40）。

又指出，片治肯特没有一间房屋是包含有单独建筑和装饰的[1]。片治肯特私人住宅大多都是二到三层，并用泥砖和夯土建造[2]。第一层房屋的窗户较小，但是比街道水平高很多，上层房屋的窗户是大的弧形百叶窗，窗前带有阳台和用花纹砖砌成的中楣[3]。在建筑内是拱顶走廊房屋网络，它们带有上升的坡道或通往上层的楼梯[4]。泥砖拱形顶的高度达到4米，而穹隆顶则比较少见（仅限于小型房屋）。较大的房屋屋顶由复杂的木构梁架支撑。深入研究表明，"天窗顶"在较大房屋内使用，如待客厅。其他房屋覆盖有各类天窗形吊顶、带有排柱的走廊、上部带有天窗的三角形顶棚以及带有与较短的墙平行的大梁的平顶[5]。有些房屋还包含厨房和带有壁炉（祭坛）的家庭聚会厅[6]。有些更富裕的住宅包含有一座大的方形待客厅，待客厅周围带有被入口打破的土炕[7]。主待客厅装修得最漂亮，尤其是用巨大的壁画，而有时候用华丽的木雕柱头、横梁和门面[8]。在住宅群内发现像店面、手工作坊和粮仓等附属建筑和其他场所。

---

[1] Marshak 2002, op.cit., pp.15-17 and Raspopova 1990, p.194.

[2] Marshak 2002, p.15.

[3] Marshak 2002, p.17.关于梯形窗户结构，请参见Raspopova 2014。

[4] Marshak 2002, p.15.

[5] Lurye 2016, pp.18-21，而在Hisorak的平顶建筑，请参见Lurye 2014。根据卢耶（Lurye）的说法，天窗顶需要用到柱子。"每个柱子支撑两个成直角的大梁，八边形小房带平顶，而中央（通常比较大）房屋支撑一组呈45°角叠加起来的棱形横梁。吊顶的中部有一采光洞，采光洞通常用添加有带装饰的陶天花板开口。"卢耶还指出，这类屋顶在帕米尔河谷带仍然使用，并有ruzan、chorkhona、darbaz等各种名称（参见Lurye 2016, p.18）。

[6] 这些房屋是否被用作圣殿、"小教堂"或它们有作为起居室的更世俗的功能仍存一些争论。这些争论在Lurye 2014中有所总结，他指出，像这样的房屋与已知的拜火教寺庙不同，并争辩说基于从Hisorak获取的考古比较数据，这一风格的房屋也许起源于索格狄亚那山区地带，在这里的片治肯特等遗址普遍发现了相似类型的房屋。卢耶主张，这些低屋顶的房屋与这些现代高原塔吉克人使用的房屋具有相似性，并得出结论，这些房屋作为可能起源于山区的粟特在一年中的寒冷时期睡觉的场所使用的。

[7] Belenizki 1980, p.32.

[8] Belenizki 1980. P.卢耶阐明了粟特装饰横梁与吐鲁番盆地发（西回鹘汗国的中心）现横梁的不同之处。卢耶（2016, p.25）强调说："索格狄亚那待客厅中的梁木装饰元素可能是绘画的（只有赭色背景是有记录的），但总是雕刻的；我们在待客厅内没有发现有关'空白'梁木的例子。这与中世纪中原的做法形成强烈对比，在中原绘画是梁木装饰元素的主要方法，而至于吐鲁番地区发现的梁木建筑，能够帮助我们辨认其东西方特征，以及这两种特征在这世界性绿洲的交融。"尽管吐鲁番建筑与东回鹘遗址发现建筑的比较对回鹘学非常具有重要价值，但这方面的研究还是空白。

建筑比较：聚落规划

我们完整阐释东回鹘城市规划方案的选项有限，而回鹘都城斡鲁朵八里（哈拉巴拉嘎斯）是我们与粟特聚落规划相比较的重点。如上所述，斡鲁朵八里的城市风貌研究不多，然而，位于中央大道西北段的密集建筑群（HB3）被看作是基于中原建筑原理的内城或宫城建造的[①]。该区域地表陶片的收集和密集进行的地表工作表明，带城堡（HH2）的宫殿—寺庙群[或所谓的"摩尼教寺庙"（HB1）]有其不同的功能[②]。

我们能够比较聚落规划，主要得益于德国考古研究所（DAI）的斡鲁朵八里空中激光雷达扫描图和片治肯特详尽的遗址平面图的帮助（图三）。最引人注目的是聚落的南北向大道和聚落北部的东向纪念性建筑群可比的定位（片治肯特双重建筑群和HB2宫殿—寺庙建筑群）。B. 丹尼强调了其与粟特城市的相似性，指出斡鲁朵八里分散（偏移）的南北向主道和周围密集的建筑布局，与伊朗东部中心城市规划相似，尤其是粟特城市片治肯特[③]。还值得注意的是，精心规划的垂直街道很可能与沙赫里斯坦（Shahkristan）同类，而斡鲁朵八里的城市延伸（尤其是HB3的外墙）很可能是城市规划者心中的关键地标[④]。

HB3"内城"能有像索格狄亚那沙赫里斯坦那样的功能吗？从建筑群的防御工事及其内部建筑的密集布局中可以推论出这样的对比[⑤]。沙赫里斯坦（内城）外其他围墙建筑在某种程度上是垂直布局的。大围墙（通常是多边形或以多边形为目的而建造）内包含一连串依次排列的小围墙。这些大的"街区"或象限一排排布局，目的是创建与东西向长道相交的南北向长道。激光扫描

[①] 这还可能是手工作坊或居住区，但目前确定此建筑群功能的证据不足，参见Arden-Wong 2012, p.37。

[②] 虽然遗址可能有不同的功能，但基谢廖夫注意到从城堡出土的陶器与聚落其余部分出土的陶器类型相似，参见Kiselev 1957, p.94。

[③] Dähne 2015, pp.39-40。

[④] 这些特征的完整描述，请参见Arden-Wong 2012。

[⑤] HB3建筑群的初步地磁调查结果和发掘工作，请参见Fassbinder et al. 2013。

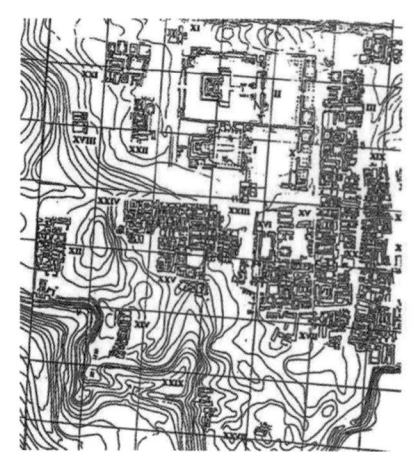

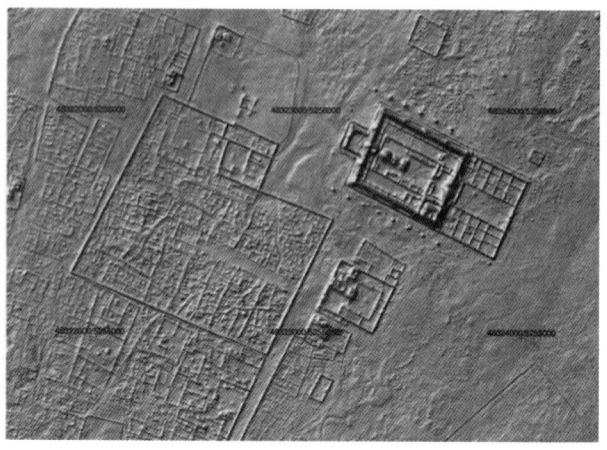

图三　片治肯特聚落东部与斡鲁朵八里北部平面比较图
这些图没有重调至相同比例。片治肯特平面图为正北向
图片来源：Marshak 2002, p.4, fig.1 和 Hüttel and Erdenebat 2010, p.75, fig.32. 版权属于 DAI

图像清晰地显示，中央大道的西侧和聚落南部区域比东部区域发达得多[①]。对图像的审视也使人推测，更严格（精准）规划的正交建筑群很可能是由专业建筑师和工程师建造的。相较于最初正交建筑周围的建筑群，其余形状粗犷的建筑群可能是由后来自然的（或不太熟练的）城市规划发展而来的。然而，如前所述，HB2 内的最新 ^{14}C 结果表明，建筑群的这一部分可能发源于较早的建造阶段，可能可追溯到突厥汗国时期。而且，有关蒙古国其他地区突厥汗国时代非纪念性围墙建筑的数据正在逐日增多。虽然现在还没有足够的证据证明突厥汗国是否有聚落和防御工事广泛存在，但现在清楚的是，突厥汗国时代对建筑环境产生的影响比以前所想象的要深刻。

[①] 聚落外围西部出现另一水源的痕迹。进一步研究城市的水利系统，有助于了解斡鲁朵八里城市规划。此外，回鹘时代dörvölzhin的最新研究表明，回鹘墓葬位于后杭爱省周围聚落西南部。参见 Ėrdėnėbat et al. 2011 和 Ochir et al. 2010。

建筑比较：防御工事和防御网络

回鹘防御工事是其聚落规划的重要组成部分。正如 B. 丹尼指出，斡鲁朵八里是开放型聚落，明显缺乏外围防御设施[1]。这与唐朝都城及粟特围墙聚落没有可比性。相比于如今蒙古、图瓦的其他回鹘城市，缺少防御工事的斡鲁朵八里是个例外。回鹘文碑铭中，有大量关于防护墙的记载，这些防护墙可能围绕营地而建。

一般坐落在斡鲁朵八里外围地区四边形围墙内的圆形 / 椭圆形建筑，可能用作营地、畜圈或耕田[2]。根据塔米姆·本·巴赫尔（Tamim·ibn·Bahr）的记载，回鹘军事营地是圆形的。首领和军官们在军队周围围成圈，这一包围圈有一个或多个缺口，其大小相当于"朝向军队的四道大门"，其内有供放牧的草场[3]。营地的这种构造，是为了防止动物逃走。最近，贝曼等学者分析了这些建筑内及其周围的土壤脂质，结果表明四边形围墙内曾圈养食草动物，而大的椭圆形建筑实际上是果园 / 农耕区[4]。同样地，这与塔米姆·本·巴赫尔的记载相吻合，他在其游记中写道："回鹘都城周围全是农田和果园，以及鳞次栉比的村庄"，这证实，斡鲁朵八里郊区农业是受摩尼教影响而出现的[5]。这也说明，摩尼教在东回鹘汗国内传播过程中，粟特人也许起到了重要作用。如果说摩尼教影响下东回鹘汗国都城出现了农业及相关建筑，那么像这些大椭圆形围墙及附属设施，应归功于粟特摩尼教的影响。虽仍需进一步证实，但我们可以推测，城市防御主要靠其外围的军营，而聚落区及聚落外的围墙设施可能不是围栏或军营，而是果园 / 农田。基于以上推测，军营也许位于椭圆形围墙外。

斡鲁朵八里周围更大范围的防御网路图显示，它的布局可能与索格狄亚那

---

[1] Dähne 2010, p.67.

[2] Arden-Wong 2012, op.cit., pp.42-43, Bemmann et al. 2011, pp.77-79 and Bemmann et al. 2014, p.340.

[3] Minorsky 1948, op.cit., p.284.

[4] Bemmann et al. 2014, pp.358-359.

[5] Jagchid and Heyer in Bemmann et al. 2014, p.359.

的聚落、堡垒体系有关。这样的布局普遍存在于整个索格狄亚那地区，尤其是在泽拉夫尚河谷和布哈拉绿洲。在鄂尔浑河谷内分布的一系列小型围墙也许有这样的功能，然而，缺乏能确定其精确年代的考古分析。Ogi Nuur 湖附近的 Chilen Balgas 遗址是典型案例之一，但其功能和年代还不够明确[①]。波恩大学和蒙古国社会科学院联合考察鄂尔浑河谷，在斡鲁朵八里城郊发现了回鹘时代的围墙设施[②]。遗憾的是，这些遗址及其与斡鲁朵八里的关系尚不清楚。一些最具战略地位的围墙遗址研究也得到了重视。最近研究表明，位于鄂尔浑河附近，鄂尔浑河谷中部东侧台地上的东向 MOR-9 号围墙，很可能是一座祭祀遗址，而不是一座堡垒[③]。因此，到目前，回鹘度城内的围墙设施是否起到防御网络作用，我们尚不清楚。

在图瓦具有东西向中轴线的围墙遗址，可能起到可汗堡垒的作用。回鹘围墙遗址与七河流域聚落之间的相互影响应引起注意。正如之前所述，这些围墙遗址的布局具有其战略地位，目的是防御来自北边哈卡斯地区的攻击。围墙（上面已述）一般建造在防御链最薄弱的地方，这些地方缺乏天然防御屏障。瓦休丁在观察整个系统的不同部分后指出，沙戈纳尔 3 号城址和巴金阿拉卡城址可能是防御网络的行政中心[④]。图卢什研究这些防御工事后指出，用夯土技术建造的围墙属于东回鹘汗国时期，但没用使用泥砖砌墙的方法，而这种方法在索格狄亚那地区常用[⑤]。作为堡垒/聚落，还缺乏更多详细的数据，以便与泽拉夫尚河沿岸粟特中世纪早期防御网络以及七河流域粟特殖民据点相比较。

最后，我将简短比较一下索格狄亚那长墙与图瓦长墙，索格狄亚那长墙参考沿着泽拉夫尚河南北岸布哈拉绿洲的德沃尔·坎皮拉克（Devor-i-Kampirak）遗址，图瓦的长墙称为"成吉思汗道"，此长墙从叶尼塞河左岸一直延伸到赫

[①] 比如，图卢什认为Chilen Balgas可能是可汗可顿（妃子）的住处，参见Dähne 2015, p.251 and Tulush 2015, p.86。
[②] Bemmann et al. 2014 and Grützner et al. 2012.
[③] Bemmann et al. 2011, pp.74-77.
[④] Vasyutin 2011, p.30.
[⑤] 关于索格狄亚那和中亚防御工事的差异及其年代序列，参见Belenitskiĭ 1973, pp.19-21。

姆奇克河上游右岸。从 Elde Kezhig 城堡至图瓦 Eligest 的长墙，可以与中世纪早期绿洲人民用来防御游牧民的防御体系相比较[1]。图卢什争辩称，建造长距离延伸（无地形保护的）的图瓦长墙，不仅是为了修补边界防御的薄弱环节，也是为了防止商队过河，尤其是在冬季。他还指出，长墙的原来高度为 1.5—2 米[2]。在回鹘和粟特"长墙"的构造上存在很大的差异。德沃尔·坎皮拉克遗址最近的发掘结果及其阐释说明，它在其不同的阶段／时期使用了不同的建造方法[3]。可能属于 5 世纪早期的一座墙，墙体由砾石堆积而成，表面由不规则泥砖块砌筑，上部用泥砖砌筑；而属于 8 世纪的部分，只用泥砖砌筑[4]。两者都有堡垒建筑，但也分别使用了中亚的建筑材料和石材。因此，所运用的建造方法和使用的建筑材料是很不一样的。将这些防御工事相互比较是一件艰巨的任务。虽然图瓦长墙与东回鹘堡垒有着某种联系，但两者间年代和功能方面的联系尚需确定[5]。

建筑比较：宫殿和城堡

我们先陈述粟特建筑对中心建筑和堡垒建筑影响的可能性。基谢廖夫发掘了一处建筑（也许是 HB2 的西部建筑），并认为那就是宫殿，但东回鹘时期波尔巴仁和斡鲁朵八里的宫殿与粟特宫殿建筑没有太多相似性[6]。然而，至今还没发现中亚宫殿常见的阿以旺（iwan）或王室，更没有发现粟特房屋中最重要的

---

[1] Kyzlasov L. R. 1969, p.59.
[2] Tulush 2015, pp.46 & 66. 图卢什也认为，这些长墙在黠嘎斯和蒙古时期遭受了相当程度的破坏，参见Tulush 2015, p.111.
[3] Stark and Mirzaakhmedov 2015 and Stark 2015.
[4] Stark and Mirzaakhmedov 2015 and Stark 2015.
[5] 参见Stark and Mirzaakhmedov 2015 and Tulush 2015, p.111。更多的长墙是中亚特有的，当然，在东回鹘汗国建立之前，这类长墙在东亚也是很普遍。
[6] Dähne and Erdenebat 2012, p.247 and Kiselev 1957, op.cit., p.94.

热炕（sufa）[①]。因此，仅凭这些细节，还很难推断其与粟特宫殿的关系，而与唐朝建筑平面布局的比较表明，波尔巴仁和斡鲁朵八里的中心建筑可能是宫殿，也可能起到宗教功能[②]。

由于粟特宫殿通常紧挨着聚落区的堡垒，因此斡鲁朵八里HB2堡垒建筑引来了这次的讨论。堡垒内建有贵族居住区。基谢廖夫的发掘表明，华丽的铺首和瓦当与内院"宫殿"建筑的设计相同[③]。他还指出，"宫殿"建筑具有供热系统，而且是多层的[④]。然而，MAS-DAI KAAK的发掘还没有发现供热系统，但发现了华丽的铺首（也许是饰有花纹的铜钉）和多层建筑的存在[⑤]。角落建筑内发现的，如带装饰的钉头、熟练刻画的柱子、标准的柱础以及精心设计并建造的，带有装饰瓦当的墙体等建筑构件，反映出堡垒突出的位置和制高地位。但是，该建筑所具有的纪念性，提醒我们它的特殊性[⑥]。纵观其建筑群和城市中高耸的位置，我们认为这座堡垒很有可能还有防御功能[⑦]。然而，考虑到基谢廖夫所提供的证据，堡垒和"宫殿"建筑都具有相同的装饰，我们推测两座建筑都属于贵族阶级。因此，堡垒除了是座兵哨，可能还有其他功能。

堡垒面积小，且在防御工事中的位置特殊，与七河流域阿克—贝西姆城址内的城堡有可比性。阿克—贝西姆城址防御设施内建有一座城堡，且其大小比索格狄亚那发现的其他城堡都要小。据谢苗诺夫对城堡内阿克—贝西姆宫殿的阐释，我们认为斡鲁朵八里同样如此。谢苗诺夫认为，阿克—贝西姆城堡和宫

---

① 相对而言，波尔巴仁东部建筑有四道通向中心房屋的门道。这些是两道厢廊/飞廊和连接东西建筑的通道。这样形成了偏离中心的"十"字形平面。"飞廊"可以弯曲，并连接高处和低处两座建筑。学界认为，这种布局也存在于长安大明宫的汉园厅（参见Arden-Wong 2012）。对HB2堡垒建筑及其现存墙体的进一步考古学研究，也许能够提供有关回鹘建筑阿以旺有关的更多资料。

② Arden-Wong 2012, pp.33-36 and Arzhantseva et al. 2011.

③ 相似的遗物还发现于MAS-DAI KAAK的发掘中。参见Franken et al. 2014 and Franken et al. 2018。

④ Kiselev 1957, p.94.

⑤ 参见Franken et al. 2018。

⑥ Franken et al.2014, p.364; Franken et al. 2018 and Arden-Wong 2015.

⑦ 丹尼洛夫（S.Danilov）指出，回鹘角楼和门楼反映了唐朝防御性建筑的影响，参见Danilov 2005, p.113。

殿的面积小，是因为突厥统治者不常在城内住[1]。突厥统治者在城外实施其统治，以便控制更大范围的区域，这与粟特的城市国家模型相反。因此，阿克—贝西姆城堡内的宫殿，不是为了可汗，而是为了城市的行政长官而建造[2]。据塔米姆·本·巴赫尔的记载，他在拜访回鹘可汗时，可汗并不在城市内，而是与将士驻扎于城郊[3]。这也许可以将七河流域突厥聚落行政模式与蒙古高原的东回鹘相比较。近期城堡内发掘出土了些文书，提供了其祭奠和行政方面的证据[4]。值得注意的是，位于蒙古国斡鲁朵八里东部鄂尔浑河谷的 Chilen 一类小堡垒，都拥有凸起的小台，而且还可能具有防御和行政功能。斡鲁朵八里城堡南部 HB2 建筑也值得探讨。堡垒内宫殿朝东或朝南的情况在索格狄亚那片执肯特城址也有发现，譬如在呼罗珊的 Berkut Kala 遗址（不在索格狄亚那），以及七河流域科拉斯纳亚·瑞希卡（Krasnaya Rechka）聚落内的城堡（朝向东南）[5]。然而，这种情况通常不见于所有的粟特城堡中，如阿克—贝西姆遗址内的堡垒位于城市聚落的西南部。这种情况也不见于回鹘城址内。此外，被认为是东回鹘遗址的 Chilen 堡垒，位于防御工事的东北部。

基于以上分析，我们认为斡鲁朵八里堡垒内应该是有宫殿建筑的，而且它的模型可能以七河流域的堡垒宫殿为基础。另外，堡垒的防御工事、宫殿或寺庙建筑（两者是同一座建筑）和内城/城市的围墙等很可能是同时建造的。这与索格狄亚那阿克—贝西姆模式的发展状况相对应。

---

[1] Semënov 2002a, op.cit., p.20。谢苗诺夫关于阿克—贝西姆城堡的发掘与阐释，参见Semënov 2002b。我们认为，粟特行政建筑通常位于城堡墙下或城堡外地势低平处。这不免让人将所谓摩尼教寺庙当作是行政建筑。

[2] 谢苗诺夫指出，在《世界境域志》（Ḥudūd al-'Ālam）中，可汗牙帐位于阿克—贝西姆城之西。但我在其所参考米诺尔斯基（Minorksy）1937年出版的《世界境域志》第99页中没能找到这段话。然而，惠立所撰《玄奘传》中记载，西突厥可汗就居住在阿克—贝西姆城外，参见Li Rongxi 1995, p.42。

[3] Minorsky 1948, p.284.

[4] 文本比较琐碎，难以阐释，然而，其组成和自然特征表明，他们更可能是与唐朝的外交事务有关。参见Arden-Wong 2015, pp.75-100。

[5] 关于与粟特聚落平面的比较，以及这里所涉及的，参见Belenitskiĭ et al. 1973, pl. 1。

建筑比较：砖结构

回鹘利用的建筑材料，同时受到了中亚（也许是粟特）和中原的影响。建造方式方面与粟特存在更多相似性。克兹拉索夫比较了阿克—贝西姆佛寺和片治肯特粟特寺庙，并发现了几处相似性：①东西向中轴线，门道开在东部；②所使用的泥砖、生土砖的大小为 48 厘米 ×24 厘米 ×9 厘米和 44 厘米 ×22 厘米 ×8 厘米；③相同的链条状砌砖方式。根据克兹拉索夫的研究，粟特建筑的显著特点有：①主要使用大泥块；②晒干的泥砖，少量使用烧砖；③整个粟特聚落所使用砖的大小基本上是一样的。在七河流域的其他遗址，如突骑施库兰（Türgesh Kulan）聚落内的城堡，所使用的砖大小为 48 厘米 ×20 厘米 ×10 厘米和 53 厘米 ×23 厘米 ×11 厘米，因此可以说，在七河流域所使用砖的大小是符合粟特标准的[①]。

图瓦回鹘城堡出土的泥砖属于中亚范式。克兹拉索夫的发掘表明，沙戈诺尔 3 号城址外墙泥砖大小为 42（43）厘米 ×20（23）厘米 ×10 厘米，而中心建筑（或城堡）西墙的土坯砖大小为 42—44 厘米 ×21—23 厘米 ×10 厘米。他指出，城堡的砖及其砌筑方式具有同时期中亚中东部土坯建筑的特征[②]。除了这些有趣的阐释，克兹拉索夫最近对砖结构的更多研究表明，城堡外墙用中原夯土技术建造，而且堡垒砖墙与波尔巴仁表面铺烧砖的台基具有很大相似性，这

[①] 参见 Akylbek et al. 2017 p.68。托尔戈耶夫指出，在科拉斯纳亚·瑞希卡佛寺建造的第一阶段所使用的泥砖大小为 40 厘米 ×40 厘米 ×10 厘米，参见 Torgoev et al. 2019, p.362。中亚中世纪早期砖结构表，参见 Voronina 1953, pp.8-9；粟特聚落建筑砖结构的最新描述及围墙结构，参见 Kubaev 2016。本文作者考虑将来详细研究东回鹘砖结构，而本文只是简短描述。

[②] Kyzlasov L. R. 1964, p.418 and Kyzlasov L. R. 1979, pp.150-157.

说明城堡外墙使用的是中原建筑技术，而不是中亚[1]。

当然，研究如今已被淹没的巴金阿拉卡 2 号城址（现位于萨亚诺舒申斯基水库内）表明，城堡遗址早期阶段是用土块、泥砖和大小约为 20 厘米 × 30 厘米的石砖建造的[2]。城堡遗址的底层是用大小为 40 厘米 × 50 厘米 × 70 厘米的土块和 70 厘米 × 30 厘米 × 10 厘米的泥砖建造的[3]。这些泥砖大小远小于中原类型，但其尺寸及使用土块的方法与中亚砖结构有可比性。巴金阿拉卡 2 号城址（正如沙戈诺尔 3 号城址所见）所获的这些数据很有价值，因为这些证据能够补充迄今东回鹘建筑研究所存在的空缺。遗憾的是，遗址在萨亚诺舒申斯基水库内的淹没，使这项研究变得异常艰难。

虽然回鹘建筑群的外墙是用夯土技术建造的，但斡鲁朵八里城内使用泥砖的迹象明显。蒙德考古团队在斡鲁朵八里城堡内西部 HB2 建筑的发掘表明，其内部建筑使用不同的构造类型。用木构架建造墙体并刷灰泥的做法，在中原遗址内很常见，相比于泥砖，更重更结实的夯土也被采用。虽然，所有的建造方式、材料和尺寸与唐朝一样，但其使用方式不同。据我所知，内墙厚重的贵族殿堂在中原并不多见，反而，这些墙体是用泥砖和土坯块整齐砌筑的[4]。这种中原和中亚建筑相结合的案例研究，还需要更多的数据支撑[5]。

---

[1] 根据他们对遗址的调查，波尔巴仁发掘团队主张，在图瓦沙戈诺尔城址和巴金阿拉卡城址城墙可能使用的是夯土技术，而不是之前所认为的泥砖砌筑。更多关于中原影响，而不是粟特建筑影响（粟特建筑使用土块和泥砖），参见 Arzhantseva et al. 2011, p.10。很明显，巴金阿拉卡城址参照的是巴金阿拉卡 1 号城址，这座城址还没被淹没。阿尔赞谢娃的结论很可能是基于城堡外墙的构造。虽然斡鲁朵八里宫殿—寺庙遗址西部建筑可能采用了夯土技术，但其表面刷石膏的做法让我相信这里可能使用了其他建筑材料。确切地讲，我认为这座建筑可能使用了木构架并进行刷灰，还有可能采用了波尔巴仁城址一样的建造技术，参见 Tulush 2015, p.153。

[2] Shchetenko 1983, p.45.

[3] Shchetenko 1983, p.45.

[4] 我这里所说的是中唐建筑，这在唐前期没有发现。有些中原祭奠建筑（除了这些丧葬文书）内包含夯土厚墙（建在夯土台基上）砌筑的房屋。土筑中心塔和地面门楼（如汉阳陵的南门）证实了以上的做法。参见 Shaanxi Province Archaeological Research Institute 2011.

[5] 交河故城凿地筑墙的方法及其聚落规划，值得我们的注意。参见我（Arden-Wong）接下来的论文。

曾有篇关于回鹘建筑使用（重用）烧砖的报道。据我对斡鲁朵八里长方形烧砖和土坯砖的测量，它们的尺寸大致相同，为30—32厘米×17—19厘米×5—7厘米[①]。回鹘乌布尔哈其勒三号四方形遗址和波尔巴仁遗址出土长方形砖的大小与斡鲁朵八里出土砖相同[②]。这说明了东回鹘城址用砖和建筑尺寸的标准化。回鹘城址用砖的尺寸远小于中世纪早期中亚粟特聚落（如阿克—贝西姆和片治肯特）用的砖[③]。但它们与唐朝砖的大小非常接近。例如，唐玄宗（崩于762年）泰陵出土的砖大小为34.8厘米×14.8厘米×6厘米[④]。因此，回鹘虽然用的是粟特/中亚风格的砖，但其尺寸却是唐朝的标准。这说明，回鹘建筑的尺寸也可能用的是唐朝标准。

所谓摩尼教建筑内台基东面的发掘显示，其夯土前部是用泥砖砌筑的。南部（图中的左侧部分）的泥砖砌筑方式很有意思。其砌筑方式为一横一竖，其中竖排砖一排向左倾斜，下一排则向右倾斜。虽然竖砖砌筑方式也见于中亚和中原，但这种砌砖方式可能与七河流域科拉斯纳亚·瑞希卡遗址所用砌砖方式存在某种联系（图四）[⑤]。opus spicatum（建筑墙体由倾斜砖块铺砌，并交替排列）砌砖方式很普遍，这种砌砖方式还发现于中亚其他突厥汗国时代遗址，如

[①] 德蒙联合考古队对斡鲁朵八里的发掘证实了这些测量结果，他们所公布的西部建筑HB2内墙土砖尺寸为36厘米×10厘米×8厘米，参见Dähne 2015, p.179。丹尼的论文指出，不同尺寸的泥砖有不同的功能，如大小为2020cm的泥砖用来砌筑HB2西部"火塘"的外墙，参见Dähne 2015, p.192。

[②] Övör Khavtsal 3号遗址出土砖的大小为28—33厘米×13—15.5厘米×5—5.2厘米，波尔巴仁出土砖大小为30厘米×14厘米×6厘米（阿尔赞谢娃的发掘证实了此点），参见Ta La et al. 2008, pp.45 & 47。

[③] Kyzlasov L. R. 2006, p.274.

[④] Shaanxi Archaeological Institute and Pucheng County Cultural Relics Bureau 2011, p.9.

[⑤] 更多中亚案例和阐释，参见Voroniana 1953。科热米亚科（P.N. Kozhemyako）指出，建筑遗址的这种砌砖方式在10世纪的墓葬遗存也使用。因此，他认为建筑应属于"更早时期"，参见Kozhemyako 1967, p.82。关于阿吉纳特佩（Ajina Tepe）竖砖及其建筑构造，参见Litvinskij and Zejmal 2004, pp.43-73。更多中亚案例和阐释，参见Voroniana 1953。本文没有涉及中原砌砖方式，而拟于将来的论文里分析。然而，唐朝之前的遗址内存在opus spicatum（建筑墙体由倾斜砖块铺砌，并交替排列）砌砖方式，如北魏洛阳城，参见Institute of Archaeology, Chinese Academy of Social Sciences and Nara National Research Institute for Cultural Properties, Japan（2013), p.139, fig. 4。这种砌砖方式在蒙古国也是首次发现。年代稍后的案例则见于萨干—贝西姆（Tsagaan Baishin）遗址，参见Radlov 1892-1899 (Vol. 1), pl. LVII。

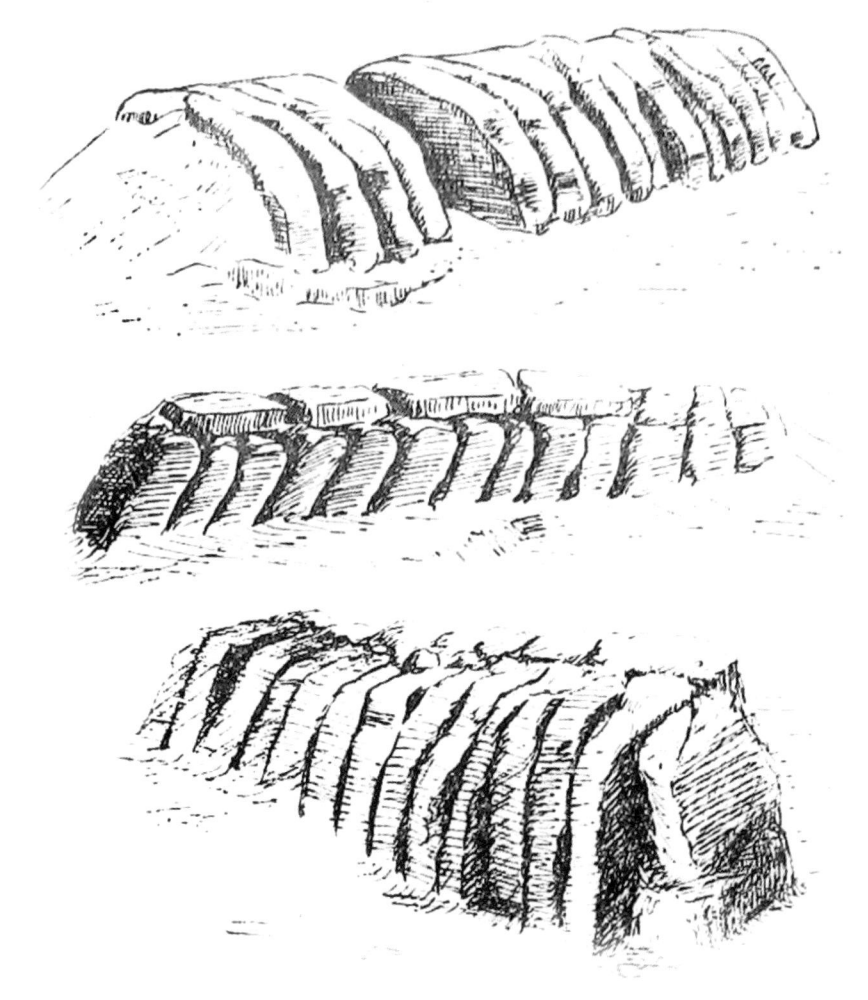

图四　科拉斯纳亚·瑞希卡遗址竖砖
图片来源：kozhemyako1967, p.83, fig.15

在萨克尔（Sarkel）的哈扎尔（Khazar）聚落[①]。

另外，哈扎尔（618—1048）和回鹘之间的联系值得注意[②]。哈扎尔皈依西亚宗教（犹太教）及利用建筑技术（突厥—波斯和拜占庭）建造聚落等方面的

[①] 在哈扎尔的opus spicatum砌砖方式，参见Pletnëva 1996 and Flërov 2010。
[②] 在哈扎尔使用opus spicatum砌筑方式，参见Pletnëva 1996 and Flërov 2010。

研究已经很深入①。还有学者认为两者之间存在族群关系②。最近，蒙古国学者撰论探讨了本文所涉及的斡鲁朵八里出土砖，这些砖在焙烧之前在角和边上刻画相交的线条，由这些线条形成三个同心圆矩形。Èrdènèbat 团队的比较研究显示，在萨克尔的哈扎尔聚落遗址内也发现了相同类型的砖③。斡鲁朵八里出土的砖被众多学者认为是一种九盘棋。蒙古国同仁认为，回鹘使用的这类砖，可能是通过粟特传过来的④。然而，萨克尔砖上的刻划纹饰在一些文献中象征印记，因此这也许是用来印记的⑤。另外，中亚刻有印记的砖往往面朝下⑥，因此，如果在斡鲁朵八里也这样放，那就没法下棋了。这种关系的深层意义需要进一步专门研究。

建筑比较：屋顶

大量的证据清晰地显示，回鹘贵族建筑屋顶建造（除了波尔巴仁城址内的厢房）都使用了瓦片⑦。事实上，中原瓦片的使用表明，在鄂尔浑河流域及图瓦地区缺乏使用西亚、中亚平顶或穹隆顶的文化热情。这可能是因为回鹘更喜欢中原屋顶方式的审美观及其所传达的意境。

然而，回鹘是否完全接受了唐朝屋顶构造还不甚清楚。回鹘城址内发现了唐朝所有类型和风格的屋顶构件，如筒瓦、瓦当、屋檐端瓦和兽面纹瓦当等⑧。

---

① Brook 2006, pp.30-31。戈登关于哈扎尔研究的梳理，参见Golden 2007。
② 哈扎尔族群的兴起，参见Golden 2007, pp.52-55。
③ Èrdènèbat et al. 2011.
④ Èrdènèbat et al. 2011.
⑤ Brook 2006, pp.30-31.
⑥ 沃罗尼娜指出，虽然中亚发现印记的意义和功能尚不清楚，但印记表示的可能是制砖工匠或工匠团队，参见Voronina 1953, pp.6-7。
⑦ Kiselev 1957, Arden-Wong 2012, pp.31-32 and Arden-Wong et al. 2015。只有沙戈诺尔3号城址和波尔巴仁城址发掘出土了瓦片。这让有些学者认为这两座城址可能是回鹘在图瓦的行政中心（上已述）。
⑧ Arden-Wong et al. 2015.

除了这些大量唐朝屋顶构件外[1]，称为鸱尾或鹰头瓦当的建筑构件往往被忽略，而这在唐朝建筑上安在屋脊正中部。我认为有替代鸱尾的建筑构件，这有进一步研究的空间。

有些学者认为，在索格狄亚那和七河流域的一些屋顶是金字塔形的，这与粟特纳骨瓮上的屋顶构造相似[2]。阿基尔别克等人发掘了七河流域8世纪库兰聚落城堡内的2号房，其墙体上部保存完整的凹槽，他们认为是为了装梁佳而做的[3]。他们指出，这些凹槽可能安装的是十字形梁木架，这种构造与瓦拉赫萨（Varakhsha）宫殿内的"红色大厅"相似，而在遍布于中亚地区宗教遗址内的所谓的"帐篷式木构架"也与之相似[4]。他们还特别指出，金字塔形屋顶结构是"前回教时期粟特粟特宗教建筑的典型特征。它们的建筑外观反映了陶纳骨瓮（尤其是它高大的金字塔形盖）复杂的装饰元素。毫无疑问，典型建筑（宗教建筑）屋顶是木结构的"[5]。这些金字塔形木构屋顶不仅用于袄教建筑，还用于七河流域的佛教建筑。托尔戈耶夫发掘科拉斯纳亚·瑞希卡佛寺遗址后总结说，虽然这些佛寺是用泥砖和土块建造的，但根据典型的中亚佛寺及其回廊布局，"寺庙屋顶四边倾斜，并高出旁道'回廊'的屋顶。由于没有出土瓦片，屋顶可能是用厚木板建造"[6]。科拉斯纳亚·瑞希卡的这些惊人发现，支持了阿基尔别克"索格狄亚那和七河流域存在金字塔形屋顶"的观点。

东回鹘首都的这种金字塔形或毡帐形屋顶在大食使者塔米姆·本·巴赫尔的游记中有记载。他写道，距（可汗的）城堡还有5farsakhs[7]时，看到了"专属于可汗的金帐。（它）位于其城堡的顶部（saṭh），能容纳（tasaʻ）100人"[8]。

---

[1] Arden-Wong et al. 2015, p.58.

[2] Pugachenkova 1994.

[3] Akylbek et al. 2017, p.79.

[4] Akylbek et al. 2017, p.79.

[5] Akylbek et al. 2017, p.79.

[6] 他指出，寺庙的年代尚不很明确。他估计建筑早期阶段不会早于8世纪初，"因为在整个遗址内没找到更早的地层"。参见Torgoev et al. 2019, p.362。

[7] Farsakhs，古代阿拉伯测量距离的单位，1farsakhs等于5—5.5公里，译者注。

[8] Minorsky 1948, p.283.

这些描述让人相信，这里所提及的"金帐"可能位于斡鲁朵八里城堡内的HB2建筑上，因为这是聚落内最显眼和最主要的位置①。

目前还缺乏有关这一金帐的考古学证据。然而，据 DAI KAAK 团队的描述，在城堡东南部发现了"佛塔类"建筑②。城堡内 HB2 建筑群东南角建筑东部墙体上面显示，这里可能使用了横向梁木来支撑屋顶③。仅是这条证据就足以证明阿基尔别克所认为金字塔形木屋顶的存在，然而，这座建筑平面呈方形（20米×20米），这点很重要，因为这为此座建筑是多层构造并使用唐式瓦片的可能性提供了证据。首先，佛塔遗址建筑平面通常是方形的，并且使用金字塔形屋顶。其次，这座建筑没用鸱尾是其典型特征，这种情况在佛塔类建筑屋顶上也有所体现，这类建筑的屋脊从四角缓慢向上并在其顶部汇合④。通常，在佛塔顶部是塔刹，但我们不知道此时还未皈依佛教的回鹘是否使用了塔刹。这类金字塔形屋顶是不需要脊顶的，包括HB2城堡角楼在内的几处回鹘遗址发现的鸱尾，是安装在屋顶角端的⑤。

虽然没有出土鸱尾和兽面纹瓦当，但一些学者认为此建筑可能盖有金字塔形屋顶，而这同样没有充分证据。8世纪回鹘皈依摩尼教是最终没发现佛教风格建筑的原因。一些佛塔或宝塔确有金属顶端饰，根据塔米姆·本·巴赫尔，顶端饰可能是金做的。如果顶端饰是用金属做的，那这是整个城市的主要特征，如果不是占领"金帐"的黠嘎斯，那应该是强盗劫走了金属顶端饰⑥。根据目前所具备的证据，我们推测HB2城堡的角楼可能盖有金字塔形屋顶，并使用了中原瓦片技术。

---

① 关于HB2佛塔建筑（以及金帐可能在其之上）的详细阐释，参见Hayashi and Moriyasu 1999, p.199。

② Franken et al. 2018, p.99。

③ Franken et al. 2018, p.101 and Franken et al.2014, p.363, fig.12。

④ 参见 Arden-Wong et al. 2015, p.5。

⑤ 不久后，将公布回鹘遗址出土瓦片的完整详细描述及其他们的功能。对瓦片的分类，将有助于弄清它们在原有建筑上的位置，如HB2城堡建筑。

⑥ 参见Mackerras 1972, n. 296, p.182。虽然顶端饰的存在只是猜测，但斡鲁朵八里这类建筑构件很可能是被偷的。此外，回鹘方形或长方形唐式建筑屋顶，没找到鸱尾或顶端饰，这应该引起足够的重视。再者，没有充分的证据证明塔米姆·本·巴赫尔会把佛塔写成是毡帐。

尽管大量证据表明使用了中原瓦片，但我们应留意屋檐末端瓦当上的图案。边缘饰联珠纹，中间为宝相花纹的瓦当显示出西亚和中亚徽章纹饰的影响，虽然前期有所发现，但这种瓦当在回鹘汗国之前的隋唐时期在中原广泛流行。因此可以说，尽管回鹘瓦片明显表现出中亚徽章纹饰的影响，但瓦当的图案和技术来自中原[1]。7 世纪中期至 8 世纪初，阿克—贝西姆是唐朝在西域的防御中心之一，因此唐朝建筑在这里的发现不足为怪[2]。

建筑比较：壁画

相比于年代明确的粟特聚落建筑，东回鹘聚落的壁画材料还是很缺乏。粟特壁画，尤其是片治肯特壁画，为其文化来源的阐释提供了丰富的材料，这些文化包括本土和外来的神话寓言等[3]。到目前，东回鹘汗国遗址内没发现如此生动的壁画材料。回鹘都城贵族建筑的考古发掘发现了少量的壁画碎片。HB2 西部建筑发现的壁画材料很稀少，而且在东部建筑没有出土任何壁画材料。尽管城堡保存状况很好，但除了在墙底白色（或青白色）或黄色表面上的一段红色绘画，没有其他明显的壁画证据材料[4]。白底红绘在波尔巴仁城址也有发现，但也发现更清楚的应用证据。发现了清晰的人字栱壁画残片，而人字栱是中原木构建筑因素，这在唐朝壁画装饰中很常见[5]。这说明，至少在斡鲁朵八里出现的白底红绘是受到了唐朝建筑的影响，表明了两者审美上的相似性。

除了以上白底红绘的壁画，HB1 主体建筑发现了白灰墙面，上面还绘有一些人像。尽管所存材料很稀碎，但除了主要的红色外，我们还发现了蓝色、粉色、黄色和紫色石膏碎片，这说明这些颜色是用来绘花纹的[6]。这些石膏绘画的发现

---

[1] Kiselev 1957, op.cit., p.168 and see Kushihara 2017.
[2] 阿克—贝西姆在8世纪成为安息都护府重要中心城市之一。有关唐朝的文献记载和阿克—贝西姆建筑，参见Clauson 1961, Forte 1994, Lubo-Lesnichenko 2002 and Kushihara 2017。
[3] 参见Marshak 2002。
[4] Franken et al. 2018, p.102.
[5] Arden-Wang et al.2015, pp.9-10.
[6] Dähne 2015, pp.89 & 124.

表明，墙内侧和顶棚可能有装饰[1]。浑地壕莱（5号墓园）发掘的回鹘墓葬内发现了保存完好的一幅壁画，大小为2.3米×0.74米，横向条带内绘有五朵相同的莲花，周围点缀有花纹。它绘在墓室后壁石灰面上，用黑色、橙红色、绿色和粉白色绘成[2]。据我所知，还未有人对该壁画进行详细分析。这类壁画的详细研究，有助于弄清壁画的影响因素及其象征意义[3]。

其他学者从风格方面对中亚圆花饰进行了比较分析[4]。库兰城堡的8世纪部分发现了重复的莲花纹和花形徽章纹饰。阿基尔别克探讨了亚洲流行的这类纹饰，并引用了来自索格狄亚那的典型例子[5]。

  顶棚下条板前安装有装饰的檐楣，其纹饰是连续分布的莲花纹，檐楣放在与之相交的梁木上，这种木架构尤其在中世纪的近东地区流行，而它应起源于古代东亚艺术。之后这类装饰组合传到各类陶器纹饰上，从而转移到住宅和宫殿的墙上。在邻近索格狄亚那地区6—8世纪寺庙建筑内墙壁画，之后出现在纳骨瓮的外壁上，通常用带各种辐射框的莲花纹装饰。但这种装饰在住宅、公共场所和宫室内还是占主导。

阿基尔别克将这种装饰风格作为"思想体系"的一部分进行语义阐释[6]，但东回鹘遗址出土的壁画仍需进一步研究。对浑地壕莱（5号墓园）发现的壁画进行充分调查之前，我们还缺乏粟特壁画艺术在东回鹘遗址内存在的充分证据，而目前所获证据都倾向于唐朝壁画的影响。

---

[1] Dähne 2015, p.124.

[2] Ochir et al. 2010, pp.24-25.

[3] 虽然与中原艺术范式有相似性，但有些学者认为浑地壕莱3号遗址出土莲花纹壁画与其他回鹘遗址内发现的莲花纹装饰（见于铜钉头和柱础石）有关，而这类纹饰遍布于亚洲各地。参见Èrdènèbold 2011, p.506 and Franken et al. 2014, pp.364-365.

[4] 卢里耶研究粟特木质材料石膏壁画上的圆形联珠纹饰后提出："我们推测这些镶饰可能复制了中原丝绸图案。"参见Lurye 2016, p.22。

[5] Akylbek et al. 2017, p.74.

[6] Akylbek et al. 2017, pp.69-70.

讨论

东回鹘（尤其是斡鲁朵八里）建筑中存在很明显的中亚因素，这很有可能是粟特影响的结果。波尔巴仁和斡鲁朵八里两座东回鹘城址得到了较充分的研究，前主要具有唐朝建筑特征，而后者则含有更多中亚因素。片治肯特城址和斡鲁朵八里城址平面具有更多的相似性，斡鲁朵八里 HB2 城堡与七河流域塑业聚落发现的城堡可能具有相同的功能，某些粟特城址与 HB2 城堡之间的相似性也得到了解释。尽管泥砖在中原建筑中也使用，但泥砖的使用更多显示出中亚影响的迹象。土块砖的缺失不足为怪，因为中原夯土技术很好地替代了它，而且在中亚平顶体系内运用中原的瓦片技术更具实践优势，也具有语义和审美优势。

相对于聚落，斡鲁朵八里的宫殿—寺庙（和城堡）建筑，即内城和所谓的摩尼教寺院，很可能是斡鲁朵八里最初设计的部分[①]。这在某种程度上符合谢苗诺夫粟特人在阿克—贝西姆的观点。换句话说，后来的七河流域和斡鲁朵八里粟特群体，也许按照粟特聚落原则建造了这些城址。城堡的功能和大小也许暗示着阿克贝西姆城堡，因此我们也许该支持谢苗诺夫的观点，回鹘可能对其居民实施了突厥人管理七河流域粟特—突厥聚落一样的政策。这样，我们倾向于相信东回鹘汗国是粟特人迁徙地的假说，因为 8—9 世纪大食入侵并开始占领索格狄亚那，而斡鲁朵八里很可能有粟特聚落存在，但这种假说还缺乏足够的证据。

很明显，东回鹘建筑的多重性是其主要特征之一。中亚 / 粟特和中原建筑的融合因素是回鹘建筑的独特特性。然而，之前的研究表明，中原建筑对草原而言并不新颖，因为在回鹘之前中原建筑的影响业已存在[②]。从匈奴时代至今，在蒙古草原流行的主要中原建筑元素是瓦片。早期阶段中原夯土技术也有使用，铁器时代伊伏尔加（Ivolga）聚落一类遗址还发现了用于供暖的炕。建造于公元前 1 世纪，位于叶尼塞河谷中部塔什巴河沿岸的塔什巴宫殿，借鉴了东亚、西

[①] 正如本文之前所指出的。
[②] 参见 Arden-Wong 2012, pp.38-43。

亚和中亚建筑传统[1]。克兹拉索夫这样描述该建筑：

> 根基其平面，该建筑可分为三层：上层是中部大厅，中部是与之相连的房屋，下层是四座翼房。该建筑的主要元素包括：直且短凸的屋顶，木质顶棚（在西伯利亚有必要这样），不同高度的三层墙，窗户的数量和位置，门，烟囱，围栏和大门……这座宫殿与中原建筑没关系。没有台基的建造技术，用土块和泥浆建造厚重的墙体，近方形平面，中央大厅周围建配套房屋，在地面下设用烟供暖的通道等做法起源于西亚建筑。中原元素体现在瓦片类型及之字纹瓦当上[2]。

至少在回鹘广泛修建各类建筑8个世纪之间，在草原地区已经出现了各类建筑材料、技术和方法[3]。

然而，回鹘城址几乎所有建筑都清晰显示出多种建筑传统因素。丹尼也指出了一些典型特征。他注意到斡鲁朵八里城址内数字"九"的重复使用：宫殿—寺庙建筑群西部建筑中的九根柱子，数字"九"反映在雕于陶盆/烧砖的同心多角刻花纹上（还雕刻在建筑装饰镶条上）以及九瓣莲花纹瓦当上[4]。丹尼指出，这九根柱子可能代表的是回鹘九个部落[5]。如果数字"九"的重复使用表示回鹘的象征符号，那我们可认为斡鲁朵八里的规划、建造和装饰等方面存在当地因素。虽然这些城址的一些特殊功能还难以解释，但回鹘建筑的多重文化属性是很清

---

[1] Kyzlasov I. L. 2008.

[2] Kyzlasov I. L. 2008, p.39.

[3] 斡鲁朵八里发现的供暖系统很有趣。斡鲁朵八里发现的热炕供暖系统首先由基谢廖夫于1957年刊布，研究回鹘时期用中原方式建造的供暖系统很有趣，如果它也使用了像塔什巴拉一样包含"烟囱"的供暖系统，那更有意义了。至今，虽然在报告中提及自然灾害毁坏建筑的迹象，但MAS-DAI KAAK的发掘没有公布斡鲁朵八里供暖系统的有关证据。

[4] Dähne 2010, p.68.丹尼指出，同心方形设计与九子棋很相似，但它还有其他的解释，如用于天文计算和预测等。奇数柱子数量是很有趣的点，值得研究。基于目前所获资料数据，我们认为九根柱子网络组成的廊柱，至少是夯筑墙内部建筑的一部分。这些可能性给予了建造者基于建筑、审美、精神文化或其他因素来选择柱子数量的灵活性。

[5] Dähne 2010, p.68。回鹘联盟内的九个部落，参见Golden 1992, pp.155-158。

晰的。未来，我们可以参照贝巴利城址，以及回鹘碑铭中中原和粟特人参与回鹘城市建造的记载，来更好地阐释他们到底参与到城市建设的那一部分。

结论

中世纪早期粟特建筑对青铜时代至回鹘汗国时代的一系列建筑产生了影响。其中一些特征具有功能性，而其他一些特征则具有审美和语义上的意义。这种建筑方式在七河流域粟特聚落使用，而他们与8—9世纪的东回鹘建筑有着多方面的联系。回鹘建筑所使用的方法和技术很广泛，而基于目前所获材料，我们认为粟特建筑范式并没有得到完全的借鉴和运用。中原建筑的影响显而易见，同时可能还有当地建筑规划存在。有必要指出的是，东回鹘汗国并不是第一个融合西亚、东亚和当地建筑传统的，而且我们必须认识到回鹘建筑范式与早期建筑的借鉴关系。这次研究中，我们认识到若干个回鹘城址规划及城堡建筑与粟特聚落存在某种程度上的相似性。其他一些建筑细节也显示出这种联系的可能性。接下来的数十年，回鹘建筑和城市规划研究对建筑史学家和考古学家来说具有很大的挑战性。

参考文献[①]（Bibliography）

Akylbek et al. 2017

Akylbek, S. Sh., Smagulov, E. A. and Yatsenko, S. A. (2017) "Décor of the Eighth-Century Turkic Rulers Residence in the Citadel of Kulan Town", *The Silk Road*, Vol. 15, pp.65-82.

Arden-Wong forthcoming

Arden-Wong, L. A. (forthcoming) "An Eastern Aspect: Parallels and Discrepancies between Sogdian Temples and Eastern Uighur Architecture".

Arden-Wong 2012

Arden-Wong, L. A. (2012) "The architectural relationship between Tang and Eastern Uighur Imperial Cities", in Zs. Rajkai and I. Bellér-Hann (eds.) *Frontiers and Boundaries : Encounters on China's Margins*. Asiatische Forschungen 156, Wiesbaden: Harrassowitz Verlag, pp.11-47

---

① 参考文献保留原文形式。

Arden-Wong 2014

Arden-Wong, L. A. (2014) *The Eastern Uighur Khaganate: An Exploration of Inner Asian Architectural and Cultural Exchange*, Macquarie University (doctoral dissertation).

Arden-Wong 2015

Arden-Wong, L. A. (2015) "Preliminary Thoughts on the Marble Inscriptions from Karabalgasun", *Journal of Inner Asian Art and Archaeology*, pp.6, 75-100+pls. 225-226.

Arden-Wong 2016

Arden-Wong, L. A. (2016) "Some Thoughts on Manichaean Architecture and Its Application in the Eastern Uighur Khaganate" in Lieu, S. and Mikkelsen G. (eds.) *Between Rome and China: History, Religions and Material Culture of the Silk Road*, Silk Road Series (SRS) Vol. 18, Turnhout: Brepols, pp.181-253.

Arden-Wong et al. 2015

Arden-Wong, L. A., Arzhantseva, I. A. and Inevatkina, O. N. (2015) "Reflecting on the Rooftops of the Eastern Uighur Khaganate: A Preliminary Study of Uighur Roof Tiles", *Sino-Platonic Papers*, No. 258, pp.1-72.

Arzhantseva et al. 2011

Arzhantseva, I., Inevatkina, O., Zav'yalov V., Panin, A., Modin, I., Ruzanova, S. and Härke, H. (2011) "Por-Bajin-An Enigmatic Site of the Uighurs in Southern Siberia", *The European Archaeologist*, No. 35, pp.6-11.

Aržanceva et al. 2012

Aržanceva , I., Härke, H. and Schubert, A. (2012) "Por-Bažyn, Eine «Verbotene Stadt» des Uiguren-Reiches in Südsibirien", *Antike Welt*, No. 3, pp.3-10.

Barthold 1962

Barthold, V. V. (1962) *Four Studies on the History of Central Asia*, Vol. 1, trans. by Minorsky V. and Minorsky T., Leiden: Brill.

Barthold 1977

Barthold, W. (1977) *Turkestan down to the Mongol Invasion*, 4th ed., Havertown: EJW Gibb Memorial Trust.

Belenitskiĭ et al. 1973

Беленицкий А. М., Бентович И. Б., Большаков О. Г. (1973) *Средневековый город Средней Азии*, Ленинград: Наука.

Belenizki 1980

Belenizki, A. M. (1980) *Mittelasien Kunst der Sogden*, Leipzig: VEB E. A. Seeman Verlag

Bemmann et al. 2011

Bemmann, J., Ahrens, B., Grützner, C., Klinger, R., Klitzsch, N., Lehmann, F., Linzen, S., Munkhbayar, L., Nomguunsuren, G., Oczipka, M., Piezonka, H., Schütt, B. and Saran, S. (2011) "Geoarchaeology in the Steppe: First Results of the Multidisciplinary Mongolian-German Survey Project in the Orkhon Valley, Central Mongolia", *Археологийн Судлал*, Vol. 30, Fasc. 5, pp.69-97.

Bemmann et al. 2014

Bemmann, J., Lehndorff, E., Klinger, R., Linzen, S., Munkhbayar, L. Oczipka, M., Piezonka, H. and Reichert, S. (2014) "Biomarkers in archaeology-Land use around the Uyghur capital Karabalgasun, Orkhon Valley, Mongolia", *Praehistorische Zeitschrift*, Vol. 89, No. 2, pp.337-370.

Brook 2006

Brook, K. A. (2006) *The Jews of Khazaria*, 2nd Ed., Lanham: Rowman and Littlefield Publishers, Inc.

Clauson 1961

Clauson, G. (1961) "Ak Beshim-Suyab", *Journal of the Royal Asiatic Society of Great Britain and Ireland*, No. 1/2, pp.1-13.

Dähne 2010

Dähne, B. (2010) "Some Results of the Study of the Uighur Capital Kara-balgasun", *Mongolian Journal of Archaeology, Anthropology and Ethnology*, Vol. 6, No. 1, pp.64-71.

Dähne 2015

Dähne, B. (2015) *Die archäologischen Ausgrabungen der uigurischen Hauptstadt Karabalgasun im Kontext der Siedlungsforschung spätnomadischer Stämme im östlichen Zentralasien*, Universität Leipzig (doctoral dissertation).

Dähne 2016

Dähne, B. (2016) "Karabalgasun-City Layout and Building Structures", in Russell-Smith, L. and Konczak-Nagel, I (eds.) *The Ruins of Kocho: Traces of Wooden Architecture on the Ancient Silk Road*, Berlin: Museum für Asiatische Kunst, pp.35-41.

Dähne and Erdenebat 2012

Dahne, B. and Erdenebat, U. (2012) "Archaeological Excavations in Karabalgasun by K. Maskov during Kotwicz's Expedition of 1912: A new contribution to the research history of the capital of the Eastern Uighur Khaganate", in Tulisow, J., Inoue, O., Bareja-Starzyńska, A. and E. Dziurzyńska (eds.) *In The Heart of Mongolia. 100th Anniversary of W. Kotwicz's Expedition to Mongolia in 1912*, Cracow: Polish Academy of Arts and Sciences, pp.245-264.

Danilov 2004

Данилов, С. В. (2004) *Города в Кочевых Обществах Центральной Азии*, Улан-Удэ: Издательство Бурятского Научного Центра СО РАН.

Danilov 2005

Данилов, С. В. (2005) "Строительные Традиции Кочевников Центральной Азии", *Россия и АТП*, No. 2, pp.108-114.

Ėrdėnėbat et al. 2011

Эрдэнэбат, У., Батсайхан, З., Дашдорж, Б., Амарбилэг, Ч. (2011) "Архангай Аймаг Хотонт Сумын нутаг олон дов хэмээх газар 2010 онд хийсэн археологийн шинжилгээ", *Археологийн Судлал*, Том. XXX, Fasc. 9, pp.146-185.

Ėrdėnėbold 2011

Эрдэнэболд Л. (2011) "Исследование Саркофагов Уйгурских Аристократов На Территории Монголии" в Харинский А. В. (ред.) *Древние Культуры Монголии И Байкальской Сибири (Иркутск, 3-7 мая 2011 г.)*, Вып.2, Иркутск: Издательство Иркутского Государственного Технического Университета, Вып.2, pp.500-510.

Eröòl-Ėrdėnė and Bemmann 2018

Ерөөл-Эрдэнэ Ч., Бемманн Я. (2018) "Хүнүй Голын 'Дөрвөлжин Газар' Сууринд Хийсэн Малтлага, Холбогдох Он Цагийн Тухай", *Археологийн Судлал*. Том. 37, Fasc. 9, pp.120-127.

Fassbinder et al. 2013

Fassbinder, J. W. E., Linck, R. and Franken, C. (2013) "Karabalgasun: The Uigurian Capital In The Orchon Valley, Mongolia. Preliminary Results And First Tests With Magnetometer Prospection", in Neubauer, W. Trinks, I., Salisbury, R. and Einwögerer, C. (eds.) *Archaeological Prospection. Proceedings of the 10th International Conference-Vienna, May 29th-June 2nd 2013*, Vienna: Austrian Academy of Sciences Press, pp.147-149.

Flërov 2010

Флёров, В. С. (2010) *"Города" и "замки" Хазарского каганата. Археологическая реальность*, Москва: Мосты культуры.

Forte 1994

Forte, A. (1994) "An Ancient Chinese Monastery Excavated in Kirgiziya", *Central Asiatic Journal*, Vol. 38, No.1, pp.41-57.

Franken et al. 2014

Franken C., Erdenebat, U. and Batbayar, T. (2014) "Erste Ergebnisse der Grabungen des Jahres 2013 m Karabalgasun und Karakorum /Mongolei", *Zeitschrift Für Archäologie Aussereuropäischer Kulturen*, 6, pp.355-372.

Franken et al. 2018

Franken, C., Rohland, H., Erdenebat, U. and Batbayar, T. (2018) "Karabalgasung, Mongolei. Die Ausgrabungen im Bereich der Zitadelle der alten uighurischen Hauptstadt. Die Arbeiten der Jahre 2015 bis 2017", *E-Forschungsberichte des DAI 2018*, Faszikel 2, pp.99-105.

Golden 1992

Golden, P.B. (1992) *An Introduction to the History of the Turkic Peoples, Ethnogenesis and State-Formation in Medieval and Early Modern Eurasia and the Middle East*, Wiesbaden: Otto Harrassowitz.

Golden 2007

Golden, P.B. (2007) "Khazar Studies: Achievements and Perspectives", in Golden, P.B., Ben-Shammai, H. and A. Róna-Tas (eds.) *The World of the Khazars, New Perspectives*, Leiden: Brill, pp.7-57.

Grenet 1996

Grenet, F. (1996) "Crise et sortie de crise en Bactriane-Sogdiane aux ive-ve s. de n. è. de l'héritage antique à l'adoption de modèles sassanides", *La Persia e l'Asia Centrale da Alessandro al X secolo* (Atti dei Convegni Lincei 127), Rome: Accademia Nazionale dei Lincei, pp.367-390.

Grenet 2010

Grenet, F. (2010) "A View from Samarkand: The Chionite and Kidarite Periods in the Archaeology of Sogdiana (fourth to fifth centuries A. D.)", in Alram, M., Inaba Minoru, Klimburg-Salter and Pfi sterer, M. (eds.) *Coins Art and Chronology II. The First Millenium C.E. in the Indo-Iranian Borderlands*, Wien: Österreichischen Akademie der Wissenschaften, pp.267-281.

Grützner et al. 2012

Grützner, C., Bemmann, J., Berking, J., Frechen, M., Klinger, R., Klitzsch, N., Linzen, S., Mackens, S., Oczipka, M., Piezonka, H., Reichert, S., Schneider, M. and Schütt, B. (2012)"Improving archaeological site analysis: a rampart in the middle Orkhon Valley investigated with combined geoscience techniques", *Journal of Geophysics and Engineering*, Vol. 9, pp.70-90.

Hayashi et al. 1999

Hayashi Toshio 林俊雄, Shiraishi Noriyuki 白石典之 and Matsuda Kōichi 松田孝一（1999）"Site of Bay Balïq" "バイバリク遺蹟", in Moriyasu Takao and Ochir, A. (eds.) 孝夫；オチル（责任編輯）Provisional Report of Researches on Historical Sites and Inscriptions in Mongolia from 1996 to 1998 モンゴル国現存遺迹・碑文調査研究报告森安, Toyonaka 豊中市: The Society of Central Eurasian Studies 中央ユーラシア学研究会, pp.196-198.

Hayashi and Moriyasu 1999

Hayashi Toshio 林俊雄 and Moriyasu Takao 森安孝夫（1999）"Palace and City of Qara-

Balgasun" "カラ＝バルガスン宮城と都市遺址", in Moriyasu Takao and Ochir, A. (eds.) 孝夫；オチル（责任编辑）Provisional Report of Researches on Historical Sites and Inscriptions in Mongolia from 1996 to 1998 モンゴル国現存遺迹・碑文調査研究报告森安，Toyonaka 豊中市：The Society of Central Eurasian Studies 中央ユーラシア学研究会，pp.199-208.

Hüttel and Erdenebat 2010

Hüttel, H.-G. and Erdenebat, U. (2010) *Karabalgasun and Karakorum-Two late nomadic urban settlements in the Orkhon Valley*, Ulaan Baatar.

Isakov 1994

Isakov, A. I. (1994) "Sarazm: An Agricultural Ceneter of Ancient Sogdiana", *Bulletin of the Asia Institute*, Vol. 8, pp.1-12.

Khudyakov 1990

Худяков, Ю. С. (1990) "Памятники уйгурской культуры в Монголии", *Центральная Азия и соседние территории в средние века*, Новосибирск, pp.84-89.

Khudyakov 1994

Худяков, Ю. С. (1994) *Фортификация Центральной Азии: Метод. указания к курсу "Основы Археологии"*, Новосибирск: Новосибирский государственный университет.

Khudyakov 1999

Худяков, Ю. С. (1999) К вопросу об укрепленных поселениях и оборонительных сооружениях в Южной Сибири, *Кузнецкая Старина*. Вып. 4. Новокузнецк: Издательство "Кузнецкая крепость", pp.104-119.

Kiselev 1957

Киселев, С. В. (1957) "Древние города Монголии", *Советская Археология*, 1957, № 2, pp.91-101.

Klements 1895

Клеменц, Д. А. (1895) "Археологический дневник поездки в Среднюю Монголию в 1891 г.", *Сборник трудов Орхонской экспедиции* (отд. отт.), т. 2, Санктпетербургъ: Императорской Академии наук.

Kolbas 2005

Kolbas, J. (2005) "Khukh Ordung, A Uighur Palace Complex of the Seventh Century", *Journal of the Royal Asiatic Society*, Vol. 15, No. 3, pp.303-327.

Kozhemyako 1967

Кожемяко, П. Н. (1967) "Раскопки жилищ горожан X-XII вв. на Краснореченском городище", *Древняя и раннесредневековая культура Киргизстана*, Фрунзе: Илим, pp.53-90.

Kubaev 2016

Кубаев, С. Ш. (2016) "Приемы Строительства Стен Жилых Помещений Раннесредневекового Согда" Лурье, П. Б. (ред.) *Материалы Пенджикентской Археологической Экспедиции, Тезисы докладов научной конференции «Аспекты Согдийской культуры» к 70-летию археологических работ в Пенджикенте г. Пенджикент, 3-5 августа 2016 г.*, Вып.XX, Петербург, pp.51-58.

Kushihara 2017

Kushihara Kōichi (2017) "Tiles from the Ak Beshim No. 2 Shakhristan Ruins" " アク・ベシム 遺跡第 2 シャフリスタン出土の瓦 ", Silk Road Studies, Collection of Reports，シルクロード学 研 究 会，報告集，Teikyo University Institute for Cultural Properties Research, Teikyo University Silk Road Research Center for Academic Research and the Kyrgyzstan National Academy of Sciences，帝 京大学文化財研究所，帝京大学シルクロード总合学術センター，キルギス共和国国立科学 アカデミー，Tokyo 東京：Endless エンドレス，pp.55-62.

Kwanten 1979

Kwanten, L. (1979) *Imperial Nomads: A history of Central Asia 500-1500*, Leicester: Leicester University Press.

Kyzlasov, I. L. 2008

Кызласов, И. Л. (2008) "Основы реконструкции гуннского дворца на реке Ташебе", *Российская Археология*, No. 2, pp.28-39.

Kyzlasov L. R. 1969

Кызласов, Л. Р. (1969) *История Тувы в средние века*, Москва: Московский Государственный Университет.

Kyzlasov L. R. 1979

Кызласов, Л. Р. (1979) *Древняя Тува (от палеолита до IX в.)*, Москва: Московский Государственный Университет.

Kyzlasov L. R. 1981

Кызласов, Л. Р. (1981) "Культура древних уйгур" Рыбаков Б. А. (ред.). *Степи Евразии в эпоху средневековья. Археология СССР*, Том 1(20), Москва: Издательство "Наука", pp.52-54.

Kyzlasov L. R. 2006

Кызласов, Л. Р. (2006) *Городская цивилизация Срединной и Северной Азии. Исторические и археологические исследования*, Москва: Восточная литература РАН.

de la Vaissière 2005

de la Vaissière, É. (2005) *Sogdian Traders A History, trans.* by Ward J., Brill, Leiden, Boston.

de La Vaissière 2011

É. de La Vaissière (2011) "Sogdiana iii. History and Archeology", Encyclopædia Iranica, online edition, 2011, available at http://www.iranicaonline.org/articles/sogdiana-iii-history-and-archeology (accessed 04/03/2011).

Li Rongxi 1995

Li Rongxi (trans.) (1995) *A Biography of the Tripitaka Master of the Great Ci'en Monastery of the Great Tang Dynasty*, Berkeley: Numata Center for Buddhist Translation and Research.

Litvinskij and Zejmal 2004

Litvinskij B. A. and Zejmal T. I. (2004) *The Buddhist Monastery of Ajina Tepa, Tajikistan, History and Art of Buddhism in Central Asia*, Rome: Instituto Italiano per L'Africa e L'Oriente.

Lubo-Lesnichenko 2002

Лубо-Лесниченко, Е. И. (2002) "Сведения китайских письменных источников о Суябе", *Суяб Ак-Бешим*, Санкт-Петербург: Государственный Эрмитаж, С, pp.115-127.

Luoyang. Institute of Archaeology, Chinese Academy of Social Sciences and Nara National Research Institute for Cultural Properties, Japan 2013.

Luoyang. Institute of Archaeology, Chinese Academy of Social Sciences and Nara National Research Institute for Cultural Properties, Japan (2013) "Architectural foundation No. 5 of the Northern Wei Palace found at Han-Wei Luoyang City, Henan", *Chinese Archaeology* 13, pp.135-139.

Lurye 2016

Lurye, P.(2016) "Depictions, Imprints, Charcoal and Timber Finds-Few Notes on Wooden Architectural Elements in Sogdiana", in Russell-Smith, L. and Konczak-Nagel, I. (eds.) *The Ruins of Kocho: Traces of Wooden Architecture on the Ancient Silk Road*, Berlin: Museum für Asiatische Kunst, pp.16-26.

Lurye 2014

Лурье, П. Б. (2014) "Еще Раз О 'Капеллах' Пенджикента И Верхнего Зеравшана", *Российская Археология*, No.1, pp.88-99.

Mackerras 1972

Mackerras, C. (1972) *The Uighur Empire According to the T'ang Dynastic Histories: a study in Sino-Uighur relations 744-840*, Canberra: Australian University Press.

Marshak 2002

Marshak, B. (2002) *Legends, Tales, and Fables in the Art of Sogdiana*, New York: Bibliotheca Persica Press.

Minorsky 1937

Minorsky, V. (trans.) (1937) *Ḥudūd al-'Ālam "The Regions of the World"*, A Persian Geography,

London: Messers. Luzac & Co.

Minorsky 1948

Minorsky, V. (trans.) (1948) Tamīm ibn Baḥr "Tamīm ibn Baḥr's Journey to the Uyghurs", *Bulletin of the School of Oriental and African Studies*, 1948, Vol. 12, No. 2, pp.275-305.

Modin et al. 2010

Modin, I. N., Arzhantseva, I. A., Andreyev, M. A., Akulenko, S. A. and Kats, M. Ya. (2010) "Geophysical Investigations on Por-Bajin Island in the Republic of Tuva", *Moscow University Geology Bulletin*, Vol. 65, No. 6, pp.428-433.

Moriyasu 1999

Moriyasu Takao 森安孝夫 （1999） "Site and Inscription of Šine-Usu" "シネウス遺迹・碑文" in Moriyasu Takao and Ochir, A. (eds.) 孝夫；オチル（责任编辑）Provisional Report of Researches on Historical Sites and Inscriptions in Mongolia from 1996 to 1998 モンゴル国現存遺迹・碑文調査研究報告，森安，Toyonaka 豊中市：The Society of Central Eurasian Studies 中央ユーラシア学研究会，pp.177-195.

Naymark 2003

Naymark (2003) "Returning to Varakhsha", The Silk Road Newsletter, Online Edition, Vol. 1, No. 2, http://www.silkroadfoundation.org/newsletter/december/varakhsha.htm (accessed 09/05/19).

Ochir et al. 2010

Ochir A., Odbataar T., Ankhbayar B. and Erdenebold L. (2010) "Ancient Uighur Mausolea Discovered in Mongolia", *The Silk Road*, Vol. 8, pp.16-26.

Pugachenkova 1994

Pugachenkova G. A. (1994) "The Form and Style of Sogdian Ossuaries", *Bulletin of the Asia Institute*, Vol. 8, pp.227-243.

Radlov 1892-1899

Radlov, V. V. (1892-1899) Атлас Древностей Монголии, Труды Орхонской экспедиции, Санктпетербург: Императорской Академии наук.

Raspopova 1990

Распопова, В. И. (1990) *Жилища Пенджикента (Опыт Историко-Социальной Интерпретации)*, Ленинград: «Наука» Ленинградское Отделение.

Raspopova 2014

Распопова, В. И. (2014) "Здание VII века в Пенджикенте" в *Записки Института истории материальной культуры РАН*, Санкт Петербург: Дмитрий Буланин, No. 9, pp.141-151.

Rong Xinjiang 2014

Rong Xinjiang 荣新江（2014）Medieval China and Sogdian Culture 中古中国与粟特文明, Beijing 北京：SDX Joint Publishing Company 生活·读书·新知三联书店.

Shchetenko 1983

Щетенко, А. Я.(1983) "Раскопки средневекового городища Бажын-Алаак", Древние культуры евразийских степей, Ленинград: «Наука» Ленинградского отделения, pp.45-47.

Semënov 2002a

Семёнов Г. Л. (2002a) Согдийский город V-XI вв. Формирование плана (по материалам Пайкенда в Бухарском оазисе и Ак-Бешима в Семиречье), СанктПетербург: Государственный Эрмитаж (doctoral dissertation).

Semënov 2002b

Семёнов, Г. Л. (2002b) "Раскопки 1996-1998гг.", *Суяб Ак-Бешим*, Санкт-Петербург: Государственный Эрмитаж, pp.11-114.

Shaanxi Province Archaeological Research Institute 2011

陕西省考古研究院（2011）《汉阳陵帝陵陵园南门遗址发掘简报》,《考古与文物》2011年第 5 期，第 3—13 页，图版 1—4。

Shanxi Archaeological Institute and Pucheng County Bureau of Cultural Relics 2011

陕西省考古研究院, 蒲城县文物局（2011）《唐玄宗泰陵陵园遗址考古勘探发掘简报》,《考古与文物》2011 年第 3 期，第 3—11 页。

Shchetenko 1983

Щетенко, А. Я. (1983) "Раскопки средневекового городища Бажын-Алаак", *Древние культуры евразийских степей*, Ленинград: «Наука» Ленинградского отделения, pp.45-47.

Shishkina 1994

Shishkina, G. V. (1994) "Ancient Samarkand", *Bulletin of the Asia Institute*, Vol. 8, pp.81-99.

Shkoda 2009

Шкода, В. Г. (2009) Пенджикентские храмы и проблемы религии Согда (V-VIII вв.), Санкт-Петербург: Государственный Эрмитаж.

Stark 2015

Stark, S. (last updated: 2015) "Preliminary Results of the Field Season 2013", http://www.isaw.nyu.edu/research/bukhara-project/reports/season-2013 (accessed 10/07/2017).

Stark and Mirzaakhmedov 2015

Штарк, С. и Мирзаахмедовт, Д. К. (last updated: 2015) "Результаты исследований оазисной стены Бухарского Согда «Девори-Канпирак» в 2011г.", http://www.isaw.nyu.edu/research/bukhara-project/reports/2011-fi eld-season (accessed 10/07/2017).

Ta La et al. 2008

塔拉，恩和图布信，陈永志，奥其尔（主编）Ta La, Ėnkhtuvshin, Chen Yongzhi and Ochir, A. (eds.) (2008) 蒙古国浩腾特苏木乌布尔哈其勒三号四方形遗址发报告 Mongolia Ȯvȯr Khavtsal site no. 3 Excavation Report, Beijing 北京：Cultural Relics Press 文物出版社.

Ṭabarī 1990

Ṭabarī, Abū Ja'far Muḥammad ibn Jarīr (1990), M. *The History of al- Ṭabarī, The Zenith of the Marwānid House*, Vol. 23, trans. by Hinds, Albany: State University of New York Press.

Torgoev et al. 2019

Torgoev, A. I., Kulish, A. V., Kiy, E. A. and Kolchenko, V. A. (2019) "The Buddhist Monastery of Krasnaya Rechka Settlement", Baumer, C. and Novák, M. (eds.) *Urban Cultures of Central Asia from the Bronze Age to the Karakhanids. Learnings and conclusions from new archaeological investigations and discoveries. Proceedings of the First International Congress on Central Asian Archaeology held at the University of Bern, 4-6 February 2016*, Wiesbaden: Harrassowitz Verlag, pp.349-363.

Tsėvėėndorzh et al. 2008

Цэвээндорж, Д., Баяр, Д., Цэерендагва, Я., Очирхуяг, Ц. (2008) *Археология Монголии*, Улаанбаатар: Studia Archaeologica Instituti Archaeologici Academiae Scientiarum Mongolae.

Tulush 2011

Тулуш, Д. К. (2011) "Локализация некоторых средневековых крепостей Тувы по материалам «Чертежа земли Красноярского города» С. У. Ремезова" в Харинский А. В. (ред.) *Древние Культуры Монголии И Байкальской Сибири (Иркутск, 3-7 мая 2011 г.)*, Иркутск: Издательство Иркутского Государственного Технического Университета, Вып. 2, pp.481-485.

Tulush 2015

Тулуш, Д. К. (2015) *Фортификационные Сооружения на Территории Тувы (конец I тыс. до н. э. - конец I тыс. н. э.)*, Государственное бюджетное научно-исследовательское и образовательное учреждение Тувинский институт гуманитарных и прикладных социальноэкономических исследований (doctoral dissertation).

Vainstein 1964

Вайнштейн, С. И. (1964) "Древний Пор-Бажин", Советская Этнография, 1964, №6., pp.103-114.

Vasyutin 2011

Васютин, С. А.(2011) "Уйгурский Каганат-Цивилизационная Альтернатива Пасторальным Империям Центральной Азии I Тыс. Н. Э.", *Вестник Томского Государственного Педагогического Университета*, 11, pp.28-34.

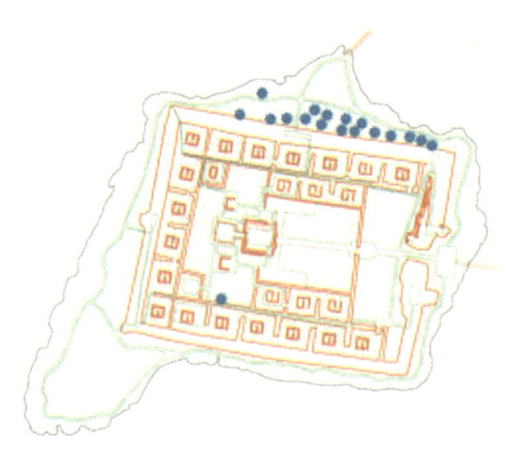

附图一　波尔巴仁城址平面图
Aržanceva et al. 2012, p.4, fig.3a

附图二　斡鲁朵八里出土瓦当
DAI 复制

附图三　波尔巴仁外防御设施揭露的夯土构造
Aržanceva et al. 2012, p.6, fig. 5

附图四　斡鲁朵八里所谓摩尼教建筑群东部建筑的东面结构
Dähne 2010, p.70, fig.8

世界遗产阿维拉古城及其城外教堂

——兼论城墙类遗产申报反映出的遗产保护理念变化

黄 雨[*]

摘　要：西班牙"阿维拉古城及其城外教堂"于1985年列入《世界遗产名录》，作为遗产构成要素之一的阿维拉古城墙是欧洲地区保存最为完整的中世纪古城墙。本文在阿维拉古城的城市建成历史及构成要素分析的基础上，从阿维拉古城、平遥古城列入名录的时间节点和遗产价值出发，结合当时遗产申报阶段的流行思潮，试图讨论世界遗产保护主要理念的变化及对我国"中国明清城墙"申报世界遗产的启发。

关键词：阿维拉古城；世界遗产；遗产保护理念；变化与发展

阿维拉坐落在西班牙中部高亢的卡斯蒂利亚高原之上，被格雷多斯山（南部）与瓜达拉马山脉（东部）环绕，海拔1132米，是西班牙地势最高的城市，隶属于西班牙卡斯蒂利—莱昂自治区。古城位于阿维拉城市西部、杜罗河支流阿达哈河右岸的一个岬角之上，以其宏伟的中世纪城墙及密集分布的宗教建筑闻名于世，是西班牙乃至欧洲保存最为完好的中世纪古城。阿维拉古城及其城外教堂（Old Town of Ávila with its Extra-Muros Churches）于1985年被联合国教科文组织列入《世界遗产名录》。

一、遗产形成的历史背景

由于特殊的地缘特征，阿维拉古城在公元初年已成为罗马帝国在西班牙经营的重要城市，并延续至西哥特人统治时期。公元8世纪初，强大的穆斯林跨

---

[*] 作者简介：黄雨，中国建筑设计研究院建筑历史研究所。

越直布罗陀海峡登陆伊比利亚半岛，开启了伊斯兰文明对半岛长达 4 个世纪的统治，而基督教徒针对穆斯林发动的反抗也几乎同时从半岛北部山区开始，史称"收复失地运动"。阿维拉古城所在的卡斯蒂利亚高原，作为伊比利亚半岛中部的地理屏障成为 8 世纪中期至 11 世纪中期穆斯林与基督徒之间统治领土的自然界线，同时也成为双方势力争夺的关键地带。公元 1085 年，卡斯蒂利亚王国阿方索六世成功收复中央山脉以南的伊斯兰重镇托莱多，并将都城从北部莱昂迁都于此，成为基督教"收复失地运动"的重大转折。伴随着卡斯蒂利亚王向南扩张，新的军事防线重新建立，阿维拉即在这一历史阶段作为军事堡垒重新崛起。为了抵抗穆斯林的反攻，阿方索六世时期派驻骑士团到阿维拉修建军事防御堡垒，包括高大坚固的城墙、宫殿及承载基督徒信仰的教堂等。阿维拉古城留存至今的大部分军事防御性遗存，均是在 11 世纪以后形成的。

16 世纪，出生于阿维拉的天主教圣徒特蕾莎·德·塞佩达·伊·阿乌马达（Teresa de Cepeda y Ahumada）也对阿维拉的城市发展产生过重要影响。特蕾莎被视为罗马天主教会最伟大的神秘主义者和宗教女性之一，曾发起对加尔默罗修会的改革，先后在西班牙创建了 16 座加尔默罗派修道院，使一度衰落的加尔默罗会得以复兴。她去世后，被教皇格里高利十五世封为圣徒。阿维拉古城中分布有大量与圣女特蕾莎有关的宗教建筑，古城也因此而被称为"圣徒城"。

二、遗产要素构成

1985 年，阿维拉古城在申报世界遗产过程中，申报对象包括古城整体及城外的四座罗马式教堂，分别为 Churches of San Vicente、San Pedro、San Andres 和 San Segundo。2007 年，又将三座罗马式教堂（the Churches of San Nicolás、Santa María de la Cabeza 和 San Martín）及三座 15—16 世纪的修道院（the Convents of La Encarnación、San José 和 the Real Monasterio de Santo Tomás）纳入遗产本体。

根据 2007 年缔约国向世界遗产委员会提交的遗产分布图，目前有 36 处历史建筑作为遗产要素构成"阿维拉古城及城外教堂"的遗产整体。主要类型有城墙防御体系、大教堂、宫殿、修道院及其他宗教建筑、宅邸等等。

（一）城墙防御体系

城防体系包括完整连续的石质城墙、87 座半圆形塔楼、9 个城门及 2500 个墙齿。

城墙周长 2516 米，由花岗岩砌筑而成，呈东西长不规则形状，考古证据表明有小部分城墙可追溯至罗马时代，城墙大部分工程应建于 12 世纪下半叶到 13 世纪初。城墙共分布有九个城门，东、南、北各开三门，西侧临河仅开一门。城墙上每隔约 20 米分布一半圆形塔楼（图一），其分布类似中国城墙之马面，但体量更为高大，东墙（图二）塔楼可高出城墙 8 米，是城防体系中最为瞩目的部分。

图一　阿维拉古城墙北墙（笔者自摄）

图二　阿维拉古城墙东墙（1996）
西班牙文化遗产研究所图档

阿维拉城墙的整个防御体系建造得并不平均，四面城墙呈现出较大差异。城东由于无自然防御屏障，因此墙体、城门及塔建造得较其他面墙体更为雄伟坚固。同时，阿维拉大教堂也分布于东侧墙体，教堂与城墙相连，构成阿维拉古城的第二道防御堡垒（图三）。

有趣的是，阿维拉古城也受到了19世纪下半叶欧洲城市规划运动的影响，古城墙一度被认为是妨碍城市发展的象征，拆除城墙的声音不绝于耳，但城墙终究在市政厅的坚持与资金短缺的窘境中被保留了下来。

（二）大教堂

阿维拉大教堂（图四）坐落在一座献给萨尔瓦多（救世主）的建筑遗迹上，

图三　城外西北角四柱台远眺古城（笔者自摄）

图四　阿维拉大教堂远眺（阿维拉古城官网）

是西班牙第一座哥特式大教堂。1172 年，大教堂在阿方索八世时期开始进行扩建，整个工程完成于 16 世纪末至 17 世纪初。大教堂采用拉丁十字布局，由三个高度不一的中殿、一个耳堂和半圆形的后殿组成，在扶壁之间设有双回廊和小教堂，教堂西侧建有两座塔楼。

阿维拉大教堂既是教堂又是堡垒，教堂的后殿建于城墙之上，构成东城墙最壮观的炮塔，不仅是阿维拉城市的重要景观，也是开展城市各类活动的核心场所。

（三）各类建筑

阿维拉城内及城外密集地分布有各类教堂、修道院、宫殿等。12—17 世纪期间，伴随着古城的兴建数量不断增加，成为阿维拉古城重要的文化氛围载体。城内主要的建筑有圣·特雷莎修道院（Convento de Santa Teresa）（图五）、苏曼达宫（Palacio de Superunda）等，城外有圣·维森特教堂（Basilica of San Vicente）等十处教堂建筑。

图五　圣·特雷莎修道院（笔者自摄）

三、城墙类遗产申报与遗产保护理念变化

城墙作为古代城市防御系统的核心构成，尽管其自身包含着复杂的构成要素以及一套完整的运行系统，但在世界遗产的语境中，仍更倾向于将其置于整个城市系统中观察，故城墙鲜少作为单独的世界遗产进行申报。纵观历年被列入《世界遗产名录》的各遗产地，城墙多作为军事堡垒或者历史城镇的要素构成出现，如本文所述阿维拉古城及其城外教堂（1985，西班牙）、平遥古城（1997，中国）和沃邦防御工事（2008，法国）等。

同时，这些成功列入名录的遗产，也不同程度反映了世界遗产保护运动开展五十年以来，遗产保护理念与关注重点的持续变化。本节将从包含有城墙遗迹的世界遗产阿维拉古城及其城外教堂、平遥古城列入世界遗产名录的时间节点和突出普遍价值出发，结合当时遗产申报阶段的流行思潮，试图讨论世界遗产保护主要理念的变化及对我国"中国明清城墙"申报世界遗产的启发。

（一）阿维拉古城的申报与"历史城镇保护"理念

阿维拉古城及其城外教堂以其符合世界遗产突出普遍价值标准[①]的第Ⅲ、Ⅳ条被列入《世界遗产名录》，其中标准Ⅲ价值描述为"阿维拉古城完好保存的城墙是中世纪防御性城市的杰出典范，城内外密集分布的宗教的和世俗的纪念建筑使其成为具有杰出价值的城市整体"，标准Ⅳ价值描述为"阿维拉是卡斯蒂利亚王国在征服托莱多城市后推行人口恢复政策而崛起的军事城市中最著名的范例"。阿维拉古城至今仍保存了中世纪的城市格局，作为中世纪城市的必要元素如城墙、城内外重要的建筑均保持完好，特别是阿维拉城墙，是欧洲保存最为完整的中世纪城墙。

阿维拉古城于1985年成为世界遗产，是自1977年《世界遗产公约》实施以来较早进入世界遗产名录的遗产地。尽管在公约形成之初已对世界遗产的概

[①] 相关价值描述译自UNESCO世界遗产中心网站：https://whc.unesco.org/en/list/348。

念、类型等进行了长期深入的探索，但在 20 世纪 80 年代初国际古迹遗址理事会（ICOMOS）即发现在名录建立过程中对城镇类型遗产主题识别和归类的困难。同时，二战后的城市建设和现代化进程造成大片历史街区的消失，引发学术界对历史街区、城镇保护的重视，使得历史城镇保护这个议题成为 20 世纪下半叶的遗产保护的主要思潮。

1975 年"欧洲建筑遗产年"，《欧洲建筑遗产宪章》在阿姆斯特丹颁布，认为欧洲建筑遗产不仅包含最重要的纪念建筑，还包括那些位于城镇和特色村庄中的次要建筑群及其自然与人工环境；同年 ICOMOS 大会（德国）将主题定位"小城镇保护"，通过了《保护历史小城镇决议》，讨论了历史小城镇的分类及相关保护问题等。1982 年，ICOMOS 成立"国际历史城镇科学委员会（CIVVIH）"[①]，该科学委员会成立的首要任务即是制定历史城镇保护宪章。1987 年 ICOMOS 大会制定了保护历史城镇华盛顿宪章作为指导文物保护修复的《威尼斯宪章》的补充，提出了对历史城镇具体的保护指导[②]。同时，世界遗产委员会将历史城镇作为特殊类型遗产列入《操作指南》，推动了大量欧洲历史城镇列入名录，阿维拉古城即是在这一阶段列入名录的典型案例。

（二）平遥古城的申报与"文化多样性"理念

平遥古城以其符合世界遗产突出普遍价值标准[③]的第Ⅱ、Ⅲ、Ⅳ条被列入《世界遗产名录》，其中标准Ⅱ价值描述为"平遥古城城镇景观很好地反映了五个世纪以来，受不同民族和不同地区文化影响的古代中国建筑风格和城市规划的演变发展"。标准Ⅲ价值描述为"平遥古城是 19 世纪至 20 世纪初中国的金融中心，城内的店铺和传统民居共同见证了平遥古城经济繁荣的历史阶段"。标准Ⅳ价值描述为"平遥古城是明清中国（14—20 世纪）汉族城市的杰出典范，在很大程度上保留了其所有的城市特征"。平遥古城的遗产构成与阿维拉古城

---

① 相关信息译自 ICOMOS 国际历史城镇科学委员会网站：https://civvih.icomos.org/about/。
② 史晨暄：《世界文化遗产"突出的普遍价值"评价标准演变》，《风景园林》2012 年第 1 期。
③ 相关价值描述译自 UNESCO 世界遗产中心网站：https://whc.unesco.org/en/list/812/。

高度相似，包括整个古城及城外双林寺、镇国寺两处寺院，很好地保留了14—20世纪中国中部汉族县级城市的历史形态。其中，平遥古城的城墙全长6163千米，是中国保存最为完整的明代城墙。

20世纪90年代初，冷战的结束推动整个世界格局向多极化发展，不同的文化开始在国际舞台显示其魅力。同时，这一阶段《世界遗产名录》反映出的"欧洲基础"愈发明显，欧洲地区的遗产在数量和类型上均有明显的优势，例如欧洲遗产数量大约占到1994年名录总数量的45%，列入类型也多为反映欧洲古代世界发展的各类历史城镇、皇宫、城堡、教堂等。持续变化的世界秩序与名录反映出的不平衡性引发了教科文组织的关注，也将"文化多样性"的理念引入世界遗产的识别与保护工作。1994年，世界遗产委员会启动了致力于构建一个具有代表性、平衡性和可信性的《世界遗产名录》的"全球战略"，其目的是为了确保名录能较好地反映具有突出普遍价值的世界文化与自然多样性。全球战略的提出进一步扩展了遗产的概念，遗产识别也从20世纪初形成的"纪念性建筑"视角转变为更为宽泛的"世界不同文化的物质证据"视角[1]，这也引发了对真实性的重新思考。

1993年，日本法隆寺地区的佛教遗迹申报世界遗产的过程中，从《威尼斯宪章》继承而来的真实性标准在亚洲地区木构建筑真实性认定中遇到了极大的挑战，并因此诞生了《奈良真实性文件》（1994）。文件提出："不同文化间，甚至是相同文化中，对文化遗产所有价值的评估和相关信息来源可信度的评估都有所差异。因此，不可能产生固定标准的价值和真实性评估的基础。相反，对所有文化的尊重要求必须在遗产所属的文化环境中对其进行考虑和评定"。《奈良文件》的通过，体现了世界对认识亚洲遗产特别是木构建筑遗产的结构及建造特征的巨大进步，推动亚洲木构建筑遗产成为构成世界文化多样性的重要组成。

平遥古城由砖石城墙及城内古代建筑、传统民居构成。除部分窑洞式民居外，绝大部分建筑均为木构或砖木结构建筑，其中镇国寺万佛殿是中国最古老

---

[1] 史晨暄：《世界文化遗产"突出的普遍价值"评价标准演变》，《风景园林》2012年第1期。

的木构建筑之一。在《奈良真实性文件》通过的第三年，平遥古城与城外两处寺庙被列入《世界遗产名录》，在一定程度上反映了这一时期在"文化多样性"思潮影响下，亚洲木构建筑遗产对世界的价值贡献与保护理念已被世界所普遍接受。

（三）"中国明清城墙"与"可持续发展"理念

中国城墙申遗始自 2006 年江苏南京、陕西西安、湖北荆州、辽宁兴城 4 座城市城墙组成"中国明清城墙"联合申遗项目列入《中国世界文化遗产预备名单》。2012 年国家文物局公布更新后的名单，增加了湖北襄阳、浙江临海、安徽寿县、安徽凤阳 4 座城市城墙。此后，河南开封、河北正定、河北宣化、福建长汀、广东肇庆、安徽歙县 6 市（县）也积极申请加入该申遗项目，形成了"8+6"的联合申报格局。

2022 年，是《世界遗产公约》实施的 50 周年，教科文组织在全球范围内举办了"下一个 50 年"纪念活动，"世界遗产是子孙后代复原力、人类文明和创新的源泉"是关键词，直接反映了《公约》对追求人类社会可持续发展，泽被后世的核心精神。

2015 年，联合国通过了《变革我们的世界：2030 年可持续发展议程》，明确了 17 个可持续发展目标（SDG）和 169 个具体目标。其中，目标 11"使城市和人类居住区具有包容性、安全性、恢复力和可持续性"中明确提出"进一步加强保护和维护世界文化和自然遗产的努力"。同年，世界遗产大会第 20 届会议通过了《将可持续发展观纳入〈世界遗产公约〉的政策文件》，提出将世界遗产的保护和管理与可持续发展相结合，世界遗产可持续发展已成为国际遗产保护的重要思潮。

城墙作为中国古代城市规划的重要组成部分，不仅是整个城市防御体系的核心构成要素，也反映了古代中国在中央集权制度下形成的礼制差序。与阿维拉古城、平遥古城等世界遗产不同的是，"中国明清城墙"是将城墙作为唯一对象进行申报，因此在当下"可持续发展"理念下，如何理解城墙遗产与城市之间的关系是值得思考的。

城墙是中国古代社会城市营建中最为重要的环节，不仅与周边山水形势共同构成古代城市的军事防御体系，同时奠定了古代城市的规模、主要格局及城市级别。一般来说，城墙内区域始终是城市发展的核心区域，并逐渐演变为现代城市格局发展的基础。同时反映出古代城市治理的文物古迹多分布于城墙内部，无形中形成了以城墙为分界的文物集中分布区，与城墙共同形成最重要的城市景观，也是推动城市居民形成文化认同感与自豪感的"纪念性建筑"。因此，尽管"中国明清城墙"的申报并未将整个古代城市治理体系纳入其中，但在保护与管理工作中将城墙纳入整个城市中考虑是必要的，城墙遗产也只需要在与城市和居民的互动中，寻求其当代价值的延续。

四、结语

自人类开启定居时代始，通过挖掘环壕与构筑围墙形成闭合形态的聚落空间，是以农业为主要生业的人群对生存空间坚持至今的追求。因此"城墙"这种文化现象广泛分布于世界各农业文明地带，并为现代社会留下大量珍贵的城墙遗产。《世界遗产公约》诞生以来，城墙遗产以不同的认知视角和类型被列入《世界遗产名录》，反映了世界遗产保护运动50年来保护理念的变化，也说明城墙系统在整个古代社会治理与运行中的重要性和复杂性。在全球顺应时代不断调整的遗产保护思潮下，对城墙类遗产的认知值得进一步探索。